木造建築遺産保存論

―日本とヨーロッパの比較から―

マルティネス アレハンドロ

中央公論美術出版

口絵1 解体修理中の「変容の教会」(ロシア・キジ島) (108頁参照)

口絵2 ブリッゲン地区（ノルウェー・ベルゲン）（96頁参照）

口絵3 ボルグンド教会（ノルウェー・ソグン・オ・フィヨーラネ県）

口絵4 ウルネス教会　北門の彫刻（ノルウェー・ソグン・オ・フィヨーラネ県）（91頁参照）

口絵5 グレート・コックスウェル納屋。梁が1868年に添木によって修理された。(イギリス・オックスフォードシャー)(198頁参照)

口絵6 キングス・ヘッド・エッピング(イギリス・エセックス)

口絵7 トッレ・ハウレギア（スペイン・ナバラ州）（102頁参照）

口絵8 ホティニエツ教会（ポーランド・ポトカルパチェ県）

口絵9 関家住宅 全景（神奈川県）（143頁参照）

口絵10 関家住宅 主屋内部。曲がった梁が近代的な技法を適用して修理された。

口絵11　内子の本芳我家住宅。奥に大村家住宅が見える。(愛媛県) (148頁、298-301頁参照)

口絵12　熊野神社長床 (福島県) (183頁参照)

口絵13　燈明寺本堂（神奈川県）（186頁参照）

口絵14　法華経寺祖師堂（千葉県）（332-335頁参照）

目　次

序　章

1　研究の背景と課題 ………………………………………………………… *3*

2　研究の構成 ………………………………………………………………… *4*

3　研究の対象と方法 ………………………………………………………… *5*

4　先行研究 …………………………………………………………………… *6*

第I部　木造建築遺産保存の理念の検討

1　建築遺産保存原則の形成過程 …………………………………………… *13*

   1　はじめに ……………………………………………………………… *13*

   2　フランス・イギリス・イタリアの保存指針に見る19世紀における
　　保存原則の形成 …………………………………………………………… *14*

   3　国際保存憲章における保存原則の確立と普及 ……………………… *24*

   4　おわりに ……………………………………………………………… *33*

2　木造建築遺産への保存原則の適応 ……………………………………… *43*

   1　はじめに ……………………………………………………………… *43*

   2　木造建築遺産保存憲章のための初期の提案 ………………………… *43*

   3　木の委員会カトマンズ会議と1999年の憲章 ………………………… *45*

   4　『木造建築遺産保存のための原則』 ………………………………… *51*

   5　おわりに ……………………………………………………………… *53*

3 建築遺産における「文化的意義」、「真正性」および
「完全性」の概念の変遷と特質 ……………………………… *57*
　　1 はじめに ………………………………………………… *57*
　　2 建築遺産の文化的意義の概念の変遷 ……………………… *58*
　　3 建築遺産の真正性・完全性の概念の変遷 ………………… *61*
　　4 おわりに ………………………………………………… *66*

第Ⅰ部 小　結 ………………………………………………… *73*
　　1 木造建築遺産の保存原則の課題 ………………………… *73*
　　2 木造建築遺産の文化的意義の特性 ……………………… *74*
　　3 異なる修理へのアプローチ ……………………………… *80*

第Ⅱ部　木造建築遺産保存の方法における
　　　　 日本とヨーロッパの比較検討

4 ヨーロッパの木造建築遺産保存における基本方針の検討 ……… *87*
　　1 はじめに ………………………………………………… *87*
　　2 ヨーロッパの木造建築遺産保存における延命方針 ……… *88*
　　3 ヨーロッパの木造建築遺産保存における蘇生方針 ……… *99*
　　4 おわりに ………………………………………………… *111*

5 日本の木造建築遺産保存における基本方針の検討 …………… *119*
　　1 はじめに ………………………………………………… *119*
　　2 日本の木造建築遺産保存における変形の修正 …………… *120*
　　3 日本の木造建築遺産保存における「復原」 ……………… *131*
　　4 木造建築遺産保存における基本方針に関する
　　　 日本とヨーロッパの比較 ……………………………… *148*
　　5 おわりに ………………………………………………… *151*

6 保存原則の観点から見た
　 木造建築遺産の修理技法の比較検討 ………………………… *157*
　　1 はじめに ………………………………………………… *157*

2　ヨーロッパの木造建築遺産の修理マニュアルの分析 ……………… *160*

3　先端が腐朽した構造木部材の修理技法の体系化 ………………… *166*

4　保存原則の観点から見た構造木部材の修理技法の比較検討 …… *205*

5　おわりに ………………………………………………………… *212*

結　章

1　建築遺産保存の行為が抱えている根本的な矛盾 ……………… *221*

2　木造建築遺産およびその保存の特性 …………………………… *224*

3　木造建築遺産の保存修理への多様なアプローチ ……………… *225*

4　日本の木造建築遺産保存の特性 ………………………………… *227*

5　国際的な観点から見た木造建築遺産の保存 …………………… *230*

参考文献 …………………………………………………………… *233*

巻末資料

巻末資料－1　木造建築遺産保存憲章等 ………………………… *247*

巻末資料－2　『歴史的木造構造物保存のための原則』(1999)、

　　　　　　　『木造建築遺産保存のための原則』(2017) 比較表 … *277*

巻末資料－3　日本における文化財民家建築の修理事例の検討 … *285*

巻末資料－4　日本における文化財寺社建築の修理事例の検討 … *331*

初出一覧 ……………………………………………………………… *373*

あとがき ……………………………………………………………… *374*

英文目次・英文要旨 ………………………………………………… *376*

訳　注

1　本書では、ヨーロッパの建築遺産保存関連用語を基本的に下記の通りに日本語訳した。

Conservation（英）, conservation（仏）, conservazione（伊）	保存
Consolidation, consolidation, consolidamento	強化
Intervention, intervention, intervento	介入
Maintenance, entretien, manutenzione	維持
Monument, monument, monumento	記念物
Preservation, preservation, preservazione	保護
Reconstruction, reconstruction, ricostruzione	再建
Reinforcement, renforcement, rinforzo	補強
Repair, reparation, riparazione	修理
Restoration, restauration, restauro	修復

2　日本の文化財建築修理において行われている「復原」（建物の姿を過去の特定な時点に戻す行為）について、第Ⅱ部第5章「3日本の木造建築遺産保存における「復原」」を参照。

木造建築遺産保存論
―日本とヨーロッパの比較から―

本書は、独立行政法人日本学術振興会平成三十年度科学研究費補助金(研究成果公開促進費)の交付を受けた出版である。

序　章

1　研究の背景と課題

　本研究は、木造建築遺産保存の理念と方法について日本とヨーロッパの比較を行うものである。この比較を通して、日本の木造建築遺産保存の特質を明確にすることを目的とする。

　従来、日本とヨーロッパの建築遺産保存の比較は、日本およびヨーロッパの研究者によって、「木造建築」対「石造建築」、または「木の文化」対「石の文化」として理解されてきた。その結果、日本とヨーロッパの違いは主に建築の材料の特性に基づいて説明されることが多かった。一方、日本とヨーロッパにおける建築遺産の評価基準の違いなどの理念的な側面は、充分に注目されなかった。

　本研究は、従来の「木」対「石」の対立を乗り越えるために、日本と西洋の木造建築遺産保存を理念・方法の双方から再検討する。

　本研究において、「木造建築遺産」は全体または一部が木で造られ、文化的意義を持つ建造物を指す。「木造建築遺産」には、その文化的意義はいまだに充分に認識されず、法律上「文化財」として指定されていない建造物も含まれる。

　また、本研究において、「ヨーロッパ」は西ヨーロッパ諸国（特にフランス、イギリス、イタリア、ドイツ、スペイン）、北ロシア北西部を指す。これらにおいて、多様な木造建築遺産が多数残存し、その保存には各々の異なった理念と方法が適用されている。しかし、それぞれの建築遺産保存の理念と方法は国・地域間の密接な交流の中、相互に影響し合いながら発展した。

　一方、日本では、ヨーロッパとほぼ没交渉な形で建築遺産保存の理念と方法が発展した。木造建築の修理は古来から行われ、さらに古建築が文化遺産として認識されて以降、木造建築遺産保存に対する固有の理念と方法が確立していった。

　また、ヨーロッパでは建築遺産保存が石造モニュメントの保存から始まり、木造のヴァナキュラー建築・住宅建築および見え隠れ部分の木造小屋組・床

3

組が建築遺産として認識されるようになったのは、一般的に第二次世界大戦後のことである。これに対して、日本では建築遺産保存は木造建築から始まり、建築史と密接に関係して発展してきた。

上記の通り、日本とヨーロッパでは異なる事情を背景にした木造建築遺産の保存がそれぞれに行われてきた。しかし、本研究で行われる日本とヨーロッパの比較は、両方の相違点を単に指摘することを目的とするのではない。むしろ、木造建築遺産保存をめぐる普遍的な課題を認識し、これらについて日本とヨーロッパ各国においてどのような答えが出されたかを体系的に分析し、ヨーロッパにおいて日本と同様なアプローチが採られた事例にも注目する。日本の特質を明確にするとともに、その特性の背景を論理的に解説することで、文化遺産保存における国際的な相互理解に貢献することを期待する。

2　研究の構成

建築遺産保存に関する考察は、様々なレベルで展開することができる（図1）。

建築遺産の概念は、ある特定の文化的・歴史的・社会的背景の中に生まれる。この背景によって、建築遺産に認識される文化的意義が異なってくる。建築遺産保存は、この文化的意義を真正かつ完全な状態で保持し、後世に伝えることを目的とする。そのため、修理を行う際に守るべきルール、すなわち、「保存原則」が定められる。これらの原則に基づいて、修理の基本方針（大まかなアプローチ）が決定される。最後に、修理を実施する適切な技法を選択する必要がある。

本書は「理念」の検討と「方法」の検討の二部で構成される。

第Ⅰ部では、木造建築遺産保存の理念に関して検討する。

第1章および第2章では、修理の具体的なルールである「保存原則」に注目する。

第1章では、建築遺産保存の始まりに遡り、保存憲章等の分析を通して、建築遺産保存原則の形成過程を検討する。第2章では、木造建築遺産への保存原則の適応の試みについて検討する。

続いて、第3章では、「文化的意義」およびその「真正性」と「完全性」

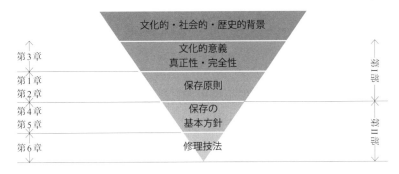

図1　研究の構成

の概念に注目し、建築遺産保存の形成と変遷について再検討する。

第I部の小結では、木造建築遺産保存を巡る理念的な課題を纏める。

第II部では、事例の分析を通して、木造建築遺産の保存の基本方針と修理技法について、日本とヨーロッパの比較検討を行う。第4章および第5章において、一棟の建造物を検討の単位とし、木造建築遺産の基本方針について検討する。第4章では、西洋の事例を検討する。第5章では、日本の木造建築遺産の基本方針について検討したうえで、西洋との比較を行う。

一方、第6章では、一本の木部材を検討の単位とし、その修理技法の体系化を行ったうえで、保存原則の観点からそれぞれの修理技法の比較検討を行う。さらに、日本と西洋で使用されている修理技法の特質について考察する。

結章では、各章での成果を纏めたうえ、日本の特質の課題に迫るとともに、今後の展望と課題について考察する。

3　研究の対象と方法

本研究では、上記の「建築遺産保存に関連するレベル」のうち、直接修理の実務に関連するものを対象とする。すなわち、文化的意義とその真正性・完全性、保存原則、保存の基本方針、修理技法を考察範囲に入れる。一方、建築遺産の概念の背景にある文化的・歴史的・社会的背景は意識するものの、直接研究の対象とはしない。

第I部では、主に文化遺産保護憲章などの資料を対象とし、それぞれの憲

章の原文およびその憲章が作成された会議の議事録等を分析する。さらに、それぞれの憲章の内容・作成過程を比較することによって、建築遺産保存の理念の変遷を検討する。

第II部では、日本とヨーロッパの木造建築遺産の修理事例を対象とする。

ヨーロッパについては、主にイコモス木の委員会の国際会議で報告された修理事例を検討する。本委員会は、1975年に設立して以降、20回に渡って国際会議を開催している。その一部については、議事録が発行されており、会議で報告された修理事例に関する情報が得られる。その他、各国のイコモス国内委員会などの建築遺産保存専門家団体によって開かれた、木造建築遺産の修理を主題とする会議で紹介された事例も調査範囲に含めた。

ヨーロッパの木部材の修理技法については、木造建築遺産の修理マニュアルを調査した。これらのマニュアルは、1960年代から各国で発行されるようになった。

一方、日本の修理事例については、主に国指定の国宝・重要文化財建造物を対象とした。国宝・重要文化財建造物は、修理工事の際に詳細的な報告書が発行されており、修理の基本方針および使用された修理技法に関する情報が得られる。現在の傾向を把握するため、昭和25 (1950) 年制定の文化財保護法の下に実施された修理事例を対象とした。

4　先行研究

先述のように、本研究は日本の木造建築遺産保存の特質を明らかにすることを目的とする。しかし、過去にこの課題について日本および海外の専門家によって、いくつかの論考が発表されている。ここでは、主な先行研究の要点を整理したうえで、本研究の位置づけを明らかにする[1]。

4.1　海外の専門家による論考

(1) Larsen, Knut Einar (1994) *Architectural Preservation in Japan*, Tapir

ラルセンの研究は、海外の研究者が日本の建築遺産保存の全体像を英語で書いた初めてのものとして極めて重要な成果である。日本の木造建築遺産保

存は、伝統的な修理技法と現代的な文化遺産保存概念の融合として説明され、特に修理の際に行われる綿密な調査、高度な木工技術の使用、修理記録の作成と公表が高く評価されている。一方、復原に対しては疑問が投げかけられる。日本の木造建築遺産保存の独自性が主に「伝統」に基づいて説明されている。例えば、全解体修理は古来周期的に行われ、現代の文化財木造建築修理はその延長線で行われている、という説明がされている。しかし実際には、近世以前の全解体修理は稀である。このように、「伝統」のみでは現代の修理方法が説明しきれない部分がある。

(2) Enders, Siegfried RCT, Gutschow, Niels（1998）*Hozon - Architectural and Urban Conservation in Japan*, Axel Menges

　エンデルスとグッチョウは日本へ留学経験を持つ、ドイツの建築家である。事例を通して日本の建築遺産および町並み保存の全体像が描かれる他、グッチョウによって日本の復原と再建について考察が行われている。グッチョウは、文化財建築の復原、遺跡の再建、金閣寺の再建、天守閣の再建などは全て同じ志向の表現であると主張し、このように復原を強く求める傾向は日本の建築遺産保存の一つの特徴であるとする。。

(3) Henrichsen, Christoph（2003）*Historic Wooden Architecture in Japan: Structural Reinforcement and Repair*, Theiss

　ヘンリフセンは高野山の金剛峯寺不動堂などの修理現場で活躍したドイツの大工・建築家である。現場の経験および事例の詳細な分析に基づいて、日本の木造建築遺産保存において適用されている様々なアプローチや技法を紹介し、特に阪神淡路大震災以降行われるようになった構造補強に注目する。

4.2　日本の専門家による論考

(4) 関野貞（1929）『日本における古建造物保存事業』国際工学会議提出報告原稿

　昭和4（1929）年に東京で開催された世界工学会議に提出され、日本の建築遺産保存を国際的に紹介する初めてのものである。原稿は関野貞が執筆し、

専門用語の検討を経て、東京美術学校教授の矢代幸雄が英語に翻訳し、会議での発表は岸田日出刀が代行した。内容は古社寺保存法の時期に行われた修理の概要であり、日本でもヨーロッパと同様な保存原則の下で建築遺産の保存が行われていることを主張する（原稿は『協会通信』37号に転載されている）。

(5) 関野克（1978）"Principles of Conservation and Restoration Regarding Wooden Buildings in Japan", *International Symposium on the Conservation and Restoration of Cultural Property – Conservation of Wood*, Tokyo National Research Institute for Cultural Properties, p. 127-142

　1977年、東京文化財研究所が開催した「木の文化財の保存と修復に関する国際シンポジウム」において、日本の木造建築遺産保存を紹介することを目的として発表された論考。日本では、『ヴェニス憲章』の原則に従って木造建築遺産の保存が行われていると主張し、解体修理と部材の取り替えが数回行われた建物の場合でも、内部の主要構造材については当初材の残存率が高いことを説明し、日本でも古材が保持されていると強調する。

(6) 伊原恵司（1990）「古建築の修理周期」『普請研究』32号

　多数の建物の修理歴の分析を通して、日本の木造建築を周期的に修理する必要があると主張する論文である。前述のラルセンの研究にも引用され、海外へもその影響が比較的強いと思われる。しかし、日本では建物の破損状況に応じて修理が行われるのではなく、決まった周期で解体修理が行われる、という読解を招いた可能性がある。実際には、20世紀まで一度も全解体修理が行われなかった建物が多い。

(7) 鈴木嘉吉（1995）「日本の木造建築の保存と修理」『シルクロード・奈良国際シンポジウム記録集No.2』シルクロード学研究センター

　日本の木造建築遺産保存を対外的に説明することを目的とした論考で、従来の説明に見られる「古材の残存率」および「周期的な修理」などの概念を受け継ぎつつ、木造建築遺産の真正性に関する考察が加えられており、構造体の真正性・完全性の保持は修理の最も重要な目的として位置付けられる。

　この他、近年、日本の建築遺産保存の総論として、新建築学大系編集委員

会編『新建築学大系50　歴史的建造物の保存』（彰国社、1999年）、奈良文化財研究所編『木造建造物の保存修復のあり方と手法』（奈良文化財研究所、2003年）および同研究所編『木造建造物の木造建築の保存修理のあり方と手法（提言）』（奈良文化財研究所、2006年）が挙げられる。また、日本の建築遺産保存の通史として、村上訒一『日本の美術525号　文化財建造物の保存と修理の歩み』（ぎょうせい、2010年）が参考になる。

　上記の研究の要点を整理すると、海外の専門家による論考においては、解体修理と復原に注目が集まり、日本の特質を「伝統」に求められることが多い。一方、日本の専門家による論考においては、日本ではヨーロッパと同様な保存原則が守られていることを実証することに重点が置かれている。本研究では、先行研究では見られない、ヨーロッパと日本の修理事例の本格的な比較検討を行うことによって、両方とも同じ枠組みの中で理解することを試みる。このことによって、ヨーロッパにおける木造建築遺産保存は一律ではなく、様々なアプローチが共存していることを確認したうえで、この枠組みの中で日本を位置づけることを目的とする。

註

1 ここで列挙する日本の木造建築遺産保存の特質に関する先行研究の他、ヨーロッパ
　における建築遺産保存の原則、木造建築遺産の修理事例、修理の技法など、本研究
　で扱う各課題に関する先行研究については、該当章の冒頭において触れている。

第I部　木造建築遺産保存の理念の検討

1 建築遺産保存原則の形成過程

1 はじめに

1.1 研究の背景と目的

　古建築が文化遺産として認識されるようになって以降、各国においてその価値を保護し、未来に継承するための方法論が展開される。この動きとともに、文化遺産保護に携わる専門家の活動を指導し、規制する原則が形成された。これらの保存原則は、種々の専門家団体によって作成された憲章・指針・ガイドライン・倫理規定などの文書に整理され、公表されている。

　現在は、いくつかの保存原則について、広く国際的に合意が得られており、数多くの保存憲章などに反映されている。主なものとして、「最小限の介入」（minimum intervention：建物に手を加える度合を抑える原則）と「材料の最大限保持」（maximum retention of material：現存する材料を極力残す原則）が挙げられる。加えて、「可逆性」（reversibility：元の状態に戻すことが可能な修理方法を選択する原則）、行われた作業の記録を残す原則、付け加えられた新材を古材と区別すると同時に古材に調和させる原則、伝統的な修理技術を優先する原則が、多くの保存憲章に含まれている。

　本章においては、上記の原則に注目して、その原点、変遷、現在に普及するまでの過程を辿る。

1.2 先行研究と本研究の位置付け

　ヨーロッパにおける建築遺産の概念の形成、各国で展開された保存論および保存の理念の国際化については、ユッカ・ヨキレットによる『建築遺産の保存－その歴史と現在』（*A History of Architectural Conservation*, Butterworth-Heinemann, 1999）[1]がある。ヨキレットの研究は、建築遺産の概念の形成と各

13

第 I 部　木造建築遺産保存の理念の検討

国の歴史的・政治的・文化的・社会的背景の関係に注目する。一方、本研究ではこれらの背景を意識しながら、研究の対象を修理の実務に直接関連する「保存原則」（すなわち、文化的意義を守るための具体的な修理のルール）に限定する。保存原則に絞って考察することにより、それぞれの国と時代における建築遺産の修理に対する考え方の特徴を浮彫にし、その比較検討および変遷の究明が可能になる。

　また、ヨーロッパにおける文化遺産保護の発端、各国の保護制度の設立、そして20世紀における国際保存憲章と文化遺産保護に関する国際協力の広がりについては、伊藤延男「世界における文化遺産の保護」（『新建築体系50　歴史的建造物の保存』彰国社、1999）にまとめられている。さらに、20世紀の主要な保存憲章については、日本イコモス国内委員会憲章小委員会編『文化遺産保護憲章－研究・検討報告書』（1999）において、日本語訳および一部の内容について解説がされている。

　本章では、保存憲章などの原文とその作成過程を分析し、保存原則が形成された過程とその理念的背景を解明することを試みる。第一節では、19世紀にヨーロッパ諸国で記念物の概念が生まれるとともに、最初の文化遺産保存のための指針と憲章が作成される過程に注目し、保存原則の原点について検討する。第二節では、20世紀に文化遺産保存に関しての国際協力が始まることをきっかけに、国際保存憲章が作成され、普遍性のある保存原則が追求されていく過程に注目する。

2　フランス・イギリス・イタリアの保存指針に見る
19世紀における保存原則の形成

2.1　フランスにおける文化遺産保存の発端と19世紀前半の保存原則

　フランスでは革命直後から国家の文化遺産としての歴史的記念物（monuments historiques）の概念が形成され、その保存を図るための目録作成に取り組んだ。そして1830年代に、歴史的記念物総監（Inspecteur général des monuments historiques）の官職が置かれるとともに、文化遺産の保存管理に関

1　建築遺産保存原則の形成過程

わる複数の組織が設立された。

そのうちの一つである美術記念物歴史的委員会（Comité Historique des Arts et Monuments）は、既にこの段階で歴史的記念物の保存修理のための原則を提示している。この委員会は、1837年に公共教育大臣が委員を任命し、その役割を歴史的記念物および美術品に関して研究を進めフランスの美術史を構築するとともに、文化遺産の保存のための指導を行うこととされた。1843年までの委員には、初代歴史的記念物総監リュドヴィック・ヴィテ、その職を引き継いだプ(2)ロスペル・メリメ（図1-1）、考古(3)

図1-1　プロスペル・メリメ（1803-1870）（Reutlinger撮影）

学者アドルフ・ナポレオン・ディドロン、そしてヴィクトル・ユーゴーが(4)(5)いた。(6)

美術記念物歴史的委員会による保存のための指針がその機関紙（*Bulletin Archéologique*）に発表されている。ここで、記念物を「損失した記念物」、「遺(7)構が散乱された記念物」、「荒廃した記念物」、「破損した記念物」、「未完成の記念物」、「完成で保存状況の良い記念物」、「新築の記念物」の七つに分類し、(8)それぞれの区分について事例を挙げて具体的な対策を提案している。

建物の修理方法については、特に「破損した記念物」の項で論じ、「建築家は、修復や完成させる口実を、担当する建物に対して、ものを取り去ったり、付け加えたりする傾向がある。しかし我々は、むらや狂いを修正することでさえ容認できない。このような狂いや対称性の欠陥こそが、興味深い歴史的事実であり、しばしばある時代・流派・象徴概念を示すことのできる考古学的な痕跡であるからだ」と注意する。そして保存の方法について、「破(9)損した記念物の場合には、修理するよりは強化する、修復するよりは修理する、美化するよりは修復する方がよく、いかなる場合でも取り壊してはならない」と指示する。この文章は、「建物に対する介入を最小限に抑える」お(10)

15

第Ⅰ部　木造建築遺産保存の理念の検討

図1-2　ヴィオレ・ル・デュク（1814-1879）
（Nadar撮影、LACMA所蔵）

および「現存する材料を保持する」という現在の保存原則の原形として理解できる。そして、この二つの原則が、過剰な修復を行い、記念物を補完したり、美化したりしていた当時の建築家の行動を制限するために形成されたと判断できる。

また、「損失した記念物」については、以前の建設地に記念碑を設けることを提案し、「遺構が散乱された記念物」の古材を保管するために専用の国立博物館を設立することを求め、「荒廃した記念物」については、遺構の学術的価値と景観的価値に基づいてその保存の必要性を訴える。[11]

一方、「未完成の記念物」については、使用上の必要のため、何かを付け加えなければならない場合、付加物が記念物の性質を損ねたり、量したりしないことを条件に認める。例として教会を挙げ、礼拝のため聖具室を増築しないといけない場合、「聖具室には教会と同じ様式と時代を採用するべきである」[12]と主張する。この文章は、「修理の際に付け加えた部分を古い部分に調和させる」という原則を表していると言えるが、後に重視される「新材と古材を区別できるようにする」必要が、この時点で認識されていないと判断できる。また、「完成で保存状況の良い記念物」については、その保護と維持を推奨する。

最後に、「新築の記念物」について、過去の様式を模範としないで新しい建築様式を開発することを最適とするが、当分はそのような建築様式が存在しないため、過去の様式を採用することが余儀なくされるとし、教会建築の場合は古典主義よりもキリスト教の建築に適切な様式を採用するべきとする。

このような保存の方針を、1894年にメリメとヴィオレ・ル・デュク（図1-2）が保存修理工事を担当している建築家に向けてさらに具体的かつ実践[13]

1　建築遺産保存原則の形成過程

的に展開し、『司教管区内の建造物、特に大聖堂の保存・維持と修復のための指針[14]』として現場に配布した。その冒頭に「司教管区内建造物、特に大聖堂を担当する建築家は、彼らの目的が建物の『保存』であり、この目的を達成するための手段は『維持』であることを、決して忘れてはならない。いかに巧妙であろうと、建物の修復はやむ得なくも遺憾であり、それは賢明な維持によって防がれるべきである[15]」とあり、改めて「最小限の介入」の原則が強調されている。そして、工程・記録・足場・石工・排水・防災・木工・屋根・金具・彫刻・ステンドグラス・塗装工事・建具・備品の順番に、建物の部位ごとに詳細な指針を提示する。例えば、石工事については、「古い部材の取り替えは、建物の安定性と保存を明らかに危うくしているものに限って行う[16]」、また「取り替えられた古材は、その形・材料、またはその他の理由で興味深いものである場合、ラベルを付けて分類し、現場または収蔵庫に保管するべきである[17]」、さらに「繰形や彫刻が施された古材は、建築家またはその補佐がそのように印をつけた場合に限って取り替えられる[18]」と指示し、現在の「材料の最大限保持」と同様の原則をここで明確に表明する。一方、「取り替え材は古材と同質と同じ形にし、当初と同じ技法によって据え付けるべきである[19]」と指示し、「新材を古材に調和させる」原則をより具体的に展開している。さらに、木造小屋組については、現在使われなくなった当初の構造形式のまま修理するべきであるとし、また屋根葺き材は変更するためには特別な許可を必要とすることにするなど、修理前の仕様を厳密に引き継いで修理を行うことを重視している。

　ヴィオレ・ル・デュクは後に「修復することは、維持することでも、修理することでも、再建することでもなく、どの特定な時点にも実在しなかったかもしれない完全な状態に、建物を回復させることである[20]」と修復を定義し、19世紀後半にかけて、上記の「最小限の介入」と「材料の最大限保持」の原則からはるかに離れた方針で修復を行っている。この矛盾の背景には、上記の指針が文化遺産修理を経験していない建築家に対して、保守的な保存原則を提示することによって、修理の最低限の水準を保つことを目的とした一方で、ヴィオレ・ル・デュク自身は修理経験と建築史研究を通して、中世の建築技術に関する知識を蓄積するにつれて、より大胆な修理を試みるようになったためと考えられる[21]。

17

2.2 イギリスにおける「保存運動」の原則

イギリスで生まれた「保存運動」は評論家ジョン・ラスキン[22]（図1-3）の著作に起源する。ラスキンは記念物に関する考え方を纏めた『建築の七燈』の中の「記憶の燈」で、「建築の最大の栄光は、その石にあるのではない。その黄金にあるのでもない。その栄光は年代にあるのだ」[23]と記述し、経年による建物の変化には「一種の美しさ、すなわち他の何物にも代え難い一種の美しさが存在する」[24]として、「建築は四世紀あるいは五世紀を経過しないうちは成熟期にあるとは言えない」[25][26]と主張する。すなわち、歴史の深さを現す建物の古びた姿の美学的および感情的な価値を古建築の最も重要な価値とする。また、「職人の手と目によって得られた当初の精神は、決して呼び戻すことはできないのである。他の精神は他の時代によって作られる。新しい時代に手が加われば新たな建築となる」と主張し、当初の材料に内在する精神的な価値を重視し、これを修復によって取り戻すことが不可能であると断言する。

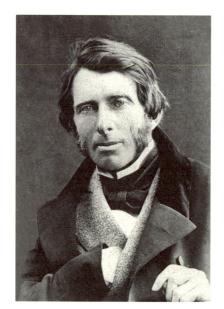

図1-3 ジョン・ラスキン（1819-1900）（William Downey撮影、National Portrait Gallery所蔵）

ラスキンは上記のような記念物の価値を損なう修復を批判し、修復はどれほど忠実に行われても、結果として出来上がるものは「冷たい模型」、本物の建物の「死骸」に過ぎないとする。そして、記念物の理想的な修理方法について、次の通りに記述する。

緩んだ箇所は新たに鉄で結束し、傾いたところは木で支えることだ。補助に使ったものが格好悪くとも気にすることはない。手足を失うより杖をついている方が良いだろう。愛情をもって、尊敬の念をもって、絶えずそのよ

うにするのである。そうすれば何代も何代も、子孫がその陰の下で生まれ、死んでいくことができるのだ。そしてついに最後の日が来るに違いない。それでも、その日は予期したとおり公然と来るのだ。そして不名誉にも、虚偽の代替物を使って記憶を葬り去ってはならない。⁽²⁷⁾

すなわち、金具、支柱など最小限の保存措置によって、建物を傾いたまま補強することを

図1-4 ジョージ・ギルバート・スコット（1811-1878）（R. Taylor & Co、大英博物館所蔵）

推奨する。この修理方法の目的は、建物を健全な状態に取り戻すのではなく、経年による劣化を減速させることによってその寿命を延ばすことである。そのため、最終的に「最後の日」が訪れて、建物が倒壊することは避けられない運命とする。そしてその時、失われた建物を再建してその記憶を捏造してはならないとする。

ラスキンによる建物の古びた姿と当初の材料を重視した価値観はイギリスに大きな影響を与え、この考え方に基づいた保存のための指針を作成する動きが始まった。1862年に、修理工事で豊富な経験を持つジョージ・ギルバート・スコット⁽²⁸⁾（図1-4）が、『古建築記念物と遺構の保存について』⁽²⁹⁾と題した論文を王立英国建築家協会（Royal Institute of British Architects、略称RIBA）に発表し、ラスキンの理念に基づいた保存原則の整理を試みた。

スコットはイギリスの建築遺構を「上古の遺構」（ストーンヘンジと古代ローマ遺構）・「荒廃した建造物」・「現役の建造物」・「断片的な遺構」⁽³⁰⁾（より小規模の民家などの古建築）の四つに分類し、特に「荒廃した建造物」と「現役の建造物」について、それぞれの修理方法を論じている。

16世紀の修道院の廃止と17世紀の城の解体によって、イギリスに多く残っていた「荒廃した建造物」について、スコットは「記憶の燈」を直接引

19

第Ⅰ部　木造建築遺産保存の理念の検討

用し、その内容を全面的に受け入れる。そして、壁の上部をコンクリートでコーティングして雨水の浸透を防ぐ、緩くなった石をセメントで取り付け直す、亀裂などをセメントで塞ぐ、倒壊する恐れのある壁を支柱で支える、繊細な彫刻に含浸処理を施すなど、ラスキンの保存概念を実践するための修理技術を提案する。支柱やバットレスなどの補強は、「隠そうとせず、オリジナルの建造物を支えるための付加物であることを明確にする[31]」ことが好ましいとする。すなわちこの文章で、スコットは「修理の際に付け加えられた部材を古材と区別できるようにする」という原則を明文化している。さらに遺構の記録図を作成することによって、実物が消えた後でも、その意匠の記録が残るように備えることを推奨する。

　一方、現在使用されている教会と住宅建築などの「現役の建造物」については、ラスキンの「支持」（sustentation）の方法では不充分であると主張し、「建築の形が崩れている部分は、石壁と構造体の破損を修理し、壁や他の部位の構造を健全かつ耐久性のあるな状態にする[32]」ことが適切な方法であるとする。そして、「古材を最大限に保存することは最も大事な原則である[33]」としながらも、破損した石材の補修や取り替えを認める。この場合には、「総合的ではなく、部分的かつ漸進的な手順を採るべきであり、完全に劣化した石材の取り替えから着手し、大胆な態度を示さず、適切な方法を手探りしながら、より小規模の修理を試みる[34]」ことを勧める。また、「取り替え材は古材の正確な写しにし、つまりその寸法と加工技法も極力古材に倣うべきである[35]」とする。さらに、基本的な姿勢としては、「古建築を最高の価値を持つものとして扱い、その完全性と真正性を最重要な事柄とみなす[36]」ことを主張する。

　つまりスコットは、「現役の建造物」については、構造体の安定性と健全性を取り戻す目的で、ラスキンの理念には見られない「部材の取り替え」などの手法も容認するが、これを「古材の最大限の保持」と「最小限の介入」の保存原則に従って行うべきとする。そしてこの場合には、取り替え材を古材と区別せず、古材の完全な写しにするべきであるとする。

　スコットは上記のような方法が、「修復」（restoration）よりも「修理」（repair）という単語で表現するほうが適切であると指摘し、自分が担当した仕事への反省も込めて、「過剰な修復」（overdone restoration）の危険性に対して注意し、様式の統一を求めずに、建物を「石に刻まれた歴史」として理解するべきであると断言する。修復を実行するかどうかは別として、建築家が建物の詳細

20

な調査を行い、発見した痕跡を実測図に記録する、「紙上の修復」を行うことを勧める。また、再利用に堪えない彫刻が施された断片などを教会の境内に保管し、建築家が修理の詳細な記録を作って、これも教会に保管することを望ましいとする。

スコットの論文を基に、1865年にRIBAは『古記念物と遺構の保存』と題して、保存修理の指針を発行した。

イギリスの保存運動は19世紀後半にさらに展開し、1877年に「古建築保護協会」(略称SPAB) が設立された。スコットの仕事に対

図1-5　ウィリアム・モリス (1834-1896)
(Mackail, J. W. (1899) *The Life of William Morris*, Longmans, Green and Co より転載)

して批判的であった作家ウィリアム・モリス[37] (図1-5) が、SPABの『宣言』[38]において、あらゆる修復を否定し、ラスキンの原理を再強調する。モリスは、従来建物が改造されるときに、それぞれの時代の建築様式によって変更が加えられてきたことに対して、19世紀に独自の様式が存在しないため、「修復」という近代的な方法が生まれ、これによって建物の古びた外観が取り除かれ、代わりに「迫力も命もない偽物」が作り上げられたと断言する。そして、建物は「美術的なもの・ピクチャレスクなもの・歴史的なもの・古代のもの・上質のもの」を全て、時代と様式を問わず保護に値するものとし、その方法として次のように記述する。

> 『修復』の代わりに『保護』を置いて、日々の手入れによって劣化を食い止め、不安定な壁を支え、雨漏りする屋根を修理し、これらの修理の手段を隠そうとせず明確なものにし、これ以外は建物を現状のまま残して、その材料と装飾に手を加えることを控え、現在の使用に不便になった場合には、変更や増築をせず、代わりに新しい建物を建てる。つまり、我々の古建築を、過ぎ去った技術によって作り上げられているため、現

第Ⅰ部　木造建築遺産保存の理念の検討

代の技術では壊さずに介入できない、過去の記念物として扱うべきである[39]。

　すなわち、モリスが率いる反修復運動は、ラスキンの保存と「最小限の介入」のアプローチを受け継ぎながら、建物の真正性を損なう修復に反発して「新旧の区別」の原則を重視し、修理にあたって付け加えられた補強と本物の建物を明確に区分する「正直な修理」を主張する。

2.3　イタリアにおける「文献学的修復」の原則

　イタリアにおいては、中世の建物の保護がフランスとイギリスから遅れて始まり、両国の影響を受けながら文化遺産保存の考え方が構築された。19世紀後半に、歴史を知るための史料として古建築を理解する「文献学的修復」（restauro filologico）が形成され、その考え方が1883年に建築家カミロ・ボイト[40]（図1-6）によって纏められた[41]。1883年に第4回イタリア技師・建築家会議で採択されたこの文章は、イタリアにおける『最初の修復の憲章』（Prima Carta del Restauro）として知られている[43]。

　この憲章においては、「過去の建築記念物は、建築学の研究の対象であるだけではなく、種々の民族や時代の歴史を現す貴重な資料でもあり、同様に神聖なるものとして尊重するべきである。そこに加えられた変更が、いくら軽いものでも、当初のものと勘違いされるものであれば、誤解や間違った推測をもたらすものである[44]」と冒頭に置き、続けて保存と修復の原則を七条に纏めて定める。

　第一条には、「建築記念物は、議論の余地がないほどそれに手を加える必要性が証明された場合に、修理するより強化する、修復するより修理することが好ましく、ものを付け加えることや新しくすることを極力避けるべきである[45]」と書き、フランスの美術記念物歴史的委員会の指針とほぼ同じ表現[46]を使って、最小限の介入の原則を採用する。

　第二条と第三条には、ものを付け加えることや新しくすることが避けられないと判断した場合の原則が挙げられている。当初の部分が残っておらず、その形式が判明できない場合には、「補足または取り替えする部分は記念物

22

1 建築遺産保存原則の形成過程

と違う性格のものにしつつ、その外観が記念物の美術的価値を損なわないように注意するべきである」[47]とする。一方、当初の形式が正確に再現できる場合には、「補足材・取替材を当初と同じ形にしつつ、明らかに違う材料にするか、または印か修復年代を刻むことによって、注意を払って観察したときに区別がつくようにするべき」[48]とする。ただし、古代のものなど、主に考古学的な価値を持つ記念物の場合、当初の形式が判明した場合でも、補足する部分に装飾などを施さず、無地の幾何学的な輪郭をもつ立体に留めるべきであるとする。すなわち、ボイトはフラン

図1-6　カミロ・ボイト（1836-1914）（Varischi, Artico e C. 撮影、*Milano e l'Esposizione Internazionale del Sempione*, 1906 より転載）

スの指針の原則である「補足・取り替えする部分を古材と同じ仕様・寸法のものにする」とSPABの原則である「修理の際に付け加えるものを記念物と明らかに違うものにする」の中間を取り、推測による修復を排除したうえで、「新旧を調和させつつ区別する」原則を明確化する。

　第四条には、特にその古びた姿、ピクチュレスクな外観や荒廃した状態などによって価値があるとされる記念物について、これらの特徴を損なわないように強化を最小限に抑える必要性を強調する。

　第五条には、「当初の建物が成立してから、後の全ての時代に付け加えられた部分および変更された部分を記念物の一部として認識し、そのように扱うべきである。ただし、建物より明らかに美術的な価値と歴史的な価値が劣っており、同時に建物の優れた部分を量したり隠したりしている場合に限っては、後世に付け加えられた部分と変更された部分を取り去ること、または取り外すことが勧められる」[49]と定める。この文章は、『ヴェニス憲章』第十一条の内容とほぼ一致しており、一般的な方法である「保存」に対して、「修復」を特定の条件下に限って認められる例外的な方法として位置付けて

第Ⅰ部　木造建築遺産保存の理念の検討

いる。一方、建物から取り外したもの、またはその一部を記念物の近辺で保
管することを望ましいとする。

　第六条には、修理前、修理工程の主要な段階および竣工後の写真を撮り、
保存・強化・再建・更新・変更・取り外し・取り壊しを行った部分を色分け
して表した図面と修理の理由・手順を説明した報告書を作成し、これらの記
録を公共教育省に送付するとともに修復された教会または修復された記念物
の管理組織に保管するように規定する。修理に伴って作成される記録の重要
性は、メリメとヴィオレ・ル・デュクの指針、スコットの論文でも認識され
ていたが、この憲章においてより明確にその必要性が主張され、より具体的
にその内容が定められている。

　最後に、第七条においては、修理年代と主な修理内容を記録した銘板を記
念物に設置することを定める。

　つまり、「最小限の介入」と合わせて、後世の増改築も含めて古い材料を
保存することが主張される。さらに新旧を調和させつつ区別する原則と修理
の記録を取る原則が明文化され、「可逆性」以外の現代の保存原則がほぼ確
立している。

3　国際保存憲章における保存原則の確立と普及

3.1　建築記念物の保存修復に関するマドリッド会議の決議書

　1904年にマドリッドにおいて開かれた第六回国際建築家会議には、ヨー
ロッパ諸国および米国、メキシコ、カナダの建築家が参加し、近代的な技術
の建築への影響、建築学の教育、建築基準法など、当時の建築業界を巡る諸
課題について議論が行われた。その一つとして取り上げられた「建築記念
物の保存修復」について、議論の末に六項目からなる決議書が採用された[50]。
この文書は国際的に合意した保存原則を定める最初の試みとして評価できる。
　この課題に関する議論は、ゲント大学教授の建築家ルイ・クロケ[51]と、ス
ペイン公共教育美術省の建築家ルイス・マリア・カベヨ・イ・ラピエドラ[52]
が発表した二つの論文を基に展開された。

24

1　建築遺産保存原則の形成過程

　クロケの論文では、記念物が過去の文明の遺構であり、使用されなくなった「死んだ記念物」（monuments morts）と、当初と同じ目的で使用されている「生きた記念物」（monuments vivants）に分類される。「死んだ記念物」については、その価値が歴史的および技術的であるとし、これが記念物とともに消滅することを避けるために、必要不可欠な強化を行って「保存」するべきであるとする。一方、「生きた記念物は、機能性が建築の美しさの要素の一つであるため、使われ続けられるように修復するべきである」とする。そして、「様式の統一性も建築の美しさの要素であり、原始的な幾何形態の正確な再現が可能である」ため、記念物の修復を当初の様式によって行うことを定める。ただし、「全体と異なる様式で作られた部分も、その様式も価値があるものであり、かつ全体の美学的なバランスを崩さないものであれば、尊重されるべきである」とする。さらに、クロケは建築家の個人的な好みが影響を与えないように注意するべきであると加える。この最後の点が決議書には削られているが、他の項目については、そのまま決議書に反映されている。

　記念物を「死んだ記念物」と「生きた記念物」に分類し、それぞれの価値に合わせて異なったアプローチをとる点はスコットの論文にも見られるが、スコットは使用されている建物の場合でも、「最小限の介入」と「材料の最大限保持」を尊重するべきであるとし、安定化と構造的な健全性を目的とした「修理」を適切な方法としているのに対して、クロケはこれらの原則から離れて、様式の統一性および機能性を求めた「修復」を主張しているところが大きく異なっている。また、後世の増改築について、「原則的に除去し、価値がある場合に保持する」というクロケの姿勢と、「原則的に保持し、価値が低い場合に除去が認められる」というボイトの憲章の原則が、逆のアプローチを採っていることが指摘できる。

　一方、カベヨ・イ・ラピエドラの論文は、主に保護制度の課題に注目する。保存修復工事の担当者は国家の管理下にある建築家に限定し、各国に文化遺産保護法を制定する必要を訴え、見学会や展示会などを催して記念物への興味を促すことを推奨するとともに、「記念物保護のための国際連盟」を設立することを提案しており、現在の「国際記念物遺跡会議」（略称イコモス）のような国際機関を考案しているようにも捉えられる。しかし、後の議論ではこれらの提案が会議の権限を越えており、実現が困難であるとされ、決議書においては、記念物の保存修復は国の資格を得た建築家が担当する点、そし

25

第 I 部　木造建築遺産保存の理念の検討

て各国に記念物保護のための団体を設立する点のみが採択される。

　すなわち、マドリッド会議の決議書においては、基本的にベルギーのクロケが提案した理念が反映された。絶対的な保存原則が規定されておらず、その代わりに「保存」と「修復」という二つの方法を並列し、優先する記念物の価値に応じて適切な方法を選択するべきであるとする。[57]

3.2　『アテネ憲章』

　第一次世界大戦後、国際連盟の諮問機関として知的協力国際委員会（International Committee on Intellectual Cooperation）が置かれ、その傘下に国際博物館事務所（International Museums Office）が設立された。本事務所は、博物館学と文化遺産保存に関する研究と国際協力を促すことを目的とし、1931年にアテネで「芸術的・歴史的記念物の保存のための国際専門家会議」を開催した。[58] 議事録に掲載された本会議の結論が、後に『アテネ憲章』と知られる[59]ようになった。

　この憲章は、「理念・原則」、「歴史的記念物に関する制度・法律」、「記念物の価値高揚」、「修復の材料」、「記念物の劣化」、「保存技術」、「記念物保存における国際協力」[60]の七項目に分かれており、会議で議論された記念物保存に関する課題の幅広さを反映している。

　「理念・原則」の項目において、「代表国には、完全な修復を行わず、これに伴う危険を避ける傾向が優勢であることを確認できた」[61]とある。ただし、修復が不可避である場合、「いかなる時代の様式も除外せず、過去の歴史的・美術的要素を尊重すること」[62]を推奨する。上記の記述が、会議で発表された各国の状況報告を反映している。フランスの文化遺産保存の歴史について発表した建築史家ポール・レオン[63]は、フランスでは前世紀の徹底的な修復から保存へと風潮が変わったと説明し、その理由として、様式の統一性を求めた修復に対する考古学者や評論家などの批判や、保存技術の向上とともに、1913年制定の法律によって個人所有の物件も保護対象になり、指定物件が数百件から七千五百件へと増加した経緯を挙げている。[64]その結果、今は記念物が「復活するよりも、生き延びる時代」[65]になったと説明する。一方、建築家グスタボ・ジョバンノーニ[66]も様式の統一性を求めた修復を批判し、イ

26

1 建築遺産保存原則の形成過程

タリアでは基本的にボイトの原則に基づいて文化遺産保存が行われていると報告する。また、アルハンブラ宮殿の修理工事を担当していたレオポルド・トレス・バルバースは、スペインでは1920年代までヴィオレ・ル・デュクの影響を受けた修復が行われてきたが、それ以降は保存が主流になったと報告する。

また、本項目では、記念物の歴史的・美術的価値を尊重した用途のもとに活用されることを推奨する。

「記念物の価値高揚」の項目では、記念物が立地する地区の景観が重視され、記念物の近辺に新築する建造物は歴史的景観に調和させることと、広告や電柱、騒音のもとになる産業を撤去することを推奨する。

「修復の材料」の項目においては、記念物の強化のための近代的な技術と材料、特に鉄筋コンクリートの使用を認め、「特に保存する部材を解体して据え直す際に伴う危険を避けるため」に推奨する。この記述は、本会議で発表された多くの論文に近代的な技術による修理の実績が評価されていることを反映している。特に、フランスの歴史的記念物総監ピエール・パケは、フランスでは1902年以降、鉄筋コンクリートが壁と基礎の強化の他、木造の小屋組と床組の修理にも使用されるようになったと報告し、コンクリートを注入することによって、解体せずに腐朽した梁の先端を補修できた事例を紹介している。しかし、このような鉄筋コンクリートによる修理技術は、後に、「可逆性」の原則と相反していることが指摘されている。

「保存技術」の項目においては、記念物を遺跡とその他の記念物に分類して、それぞれの扱いについて記述する。遺跡の場合には、綿密な保存を必要とし、可能であればアナスティローシスを行うことを推奨する。この場合、挿入した新しい材料が明確に区別できるべきとする。この記述の背景には、会議の五日目にアテネのアクロポリスの修理現場の見学会が開かれ、工事を担当していたニコラオス・バラノスとの意見交換会が行われた経緯がある。この意見交換会の議事録によると、会議の参加者が基本的にパルテノンとエレクテイオンの列柱のアナスティローシスを評価した。

一方、遺跡ではないその他の記念物では、「強化」と「部分的な修復」を手段として挙げ、事例ごとに破損の性質を綿密に調査したうえで、個別に対策を講じるべきであるとする。

27

第 I 部　木造建築遺産保存の理念の検討

3.3　イタリアの1932年の『修復の憲章』

『アテネ憲章』の翌年、参加者の一人であったジョバンノーニが、会議の結論に、ボイトの憲章の原則と自分の理念を加えて、イタリアに適応した憲章の作成に取り組む。これが、イタリア記念物美術審議会が承認し、1932年に『記念物の修復のための規定』（通称『修復の憲章』))と題して発表される。[76]

『修復の憲章』では、『アテネ憲章』と同様に、記念物の適切な活用を推奨し、記念物が立地する地区の景観を重視し、古代遺構のアナスティローシスを認め、修理の際に近代的な技術の使用を推奨する。ただし、近代的な技術の使用は、「古来と同じ建築技術では目的が達成することができない場合」[77]に限り勧められる。

一方、『アテネ憲章』には含まれない、ボイトの『修復の最初の憲章』と類似した「新旧の区別」に関する原則が組み込まれている。その内容は、新しく付け加えた部材について、簡素なものにし、幾何学的な模様以外の装飾を施さず、異なる材料を使用するか、印をつけることによって、明確に古材と区別することを定める。また、『修復の最初の憲章』と同様に、写真と図面を掲載した報告書を作成することを要求する。

さらに、『アテネ憲章』とボイトの『修復の最初の憲章』と同様にジョバンノーニの『修復の憲章』においても全ての時代の要素を尊重するべきであるとする。ただし、窓や列柱を塞ぐ壁など、後世に付加された価値の低い要素を撤去する場合には、「それぞれの部分の価値を比較したうえで、撤去の判断を慎重に行い、修復設計者の一個人の判断に任せない」[78]ことを定める。

3.4　『ヴェニス憲章』

第二次世界大戦後、知的協力国際委員会の後を継いだユネスコが、1957年にパリに記念物の保護を課題とした国際会議を開催する。引き続いて、1964年にヴェネツィアで『第二回修復に関する国際会議』が開かれた。日本を含む61カ国から622人の専門家が参加し、[79]会議の結果『記念物と遺跡

28

の保存修復のための国際憲章』[80]（通称『ヴェニス憲章』）が採択され、記念物遺跡国際委員会イコモスが設立された。

　『ヴェニス憲章』は、基本的に『アテネ憲章』とジョバンノーニの『修復の憲章』に基づいて作成された。これらの憲章を更新する必要に迫られた背景について、イタリアの建築家ロベルト・パネが[81]、経済成長がもたらした開発と記念物保護を調和させる必要と、戦災後に多く行われた大規模な修復と再建の課題が原因と言及する。そして、ワルシャワの事例を取り上げて、このような修復と再建が例外的な状況下で、国民感情に応えて行われたとし、ヴェネツィア会議が開催される時点には、再び従来の保存の理念について確認する必要があると主張する[82]。

　憲章の冒頭に、記念物は人類共有の遺産であり、その真正な価値を後世に伝えるべきであると提唱している。そして、「定義」、「目的」、「保存」、「修復」、「歴史的地区」、「発掘」、「公表」[83]に項目を分けて、十六ケ条から構成されている。

　第一条には、偉大な作品とともに、より地味な建物や都市・農村の歴史的な地区も保護の対象とするべきであると提唱し、個別の記念物を対象としていた以前の憲章と比較して、重要な視野の拡張が確認できる。

　第五条には、『アテネ憲章』とジョバンノーニの『修復の憲章』と同様に、記念物を活用することが推奨される。会議では、マドリッド会議の決議書にある「生きた記念物」と「死んだ記念物」の分類が不適切とされて、遺跡など当初の機能がなくなったものについても、教育的な機能を果たしているため、常に記念物を社会の中で生きたものとして認識するべきであるとしている[84]。

　第七条には記念物の移築が、その保護のために必要不可欠な場合、あるいはきわめて重要な国家的・国際的利害がある場合に限って認められると定める。『アテネ憲章』には、記念碑のような彫刻の移動に反対する言及があったが、『ヴェニス憲章』には移築に対してより厳格な姿勢が採られている。その背景に、ダムの建設に伴って各国で記念物の移築が多く行われていた経緯があると考えられる[85]。また、会議の冒頭では、パネがヨーロッパから移築した教会建築を展示しているニューヨークのクロイスターズ美術館を「考古学的な虐殺」[86]と批判している。

　「修復」の項（第九条〜第十三条）においては、『アテネ憲章』とジョバンノーニの『修復の憲章』を引き継いで、記念物にある全ての時代の要素を尊重す

第Ⅰ部　木造建築遺産保存の理念の検討

るべきとし、またジョバンノーニと同様に、これらを撤去する場合には、その判断を一個人に任せないことを定める。さらに、後世の要素の撤去は、「例外的な条件下、撤去される部分の価値が低く、露出される部分の歴史的、考古学的、あるいは美的価値が高く、かつその保存状況が処置を正当化するのに十分なほど良好である場合」[87]に限り認められるとする。さらに、推測に基づいた修復を否定し、「当初の材料と確実な資料」[88]を尊重して修復を行うべきであるとする。すなわち、『ヴェニス憲章』は以前の憲章に比べ修復に対する姿勢が一層制限的である。一般的な手法である維持と保存に対して、より度合の高い介入となる修復を例外的な手法として位置付け、「最小限の介入」の原則、および「材料の最大限保持」の原則が、より強調されている。このことには、会議の参加者が前述の戦災後の大胆な修復と再建に歯止めをかける必要性を感じた背景がある。[89]

　また、新材と古材の区別については、補足材が「全体と調和して一体となると同時に、当初材と区別できる」[90]べきであるとする。新材を古材から区別できるようにする点を強調し、補足材に異なる材料を使用することを提案するジョバンノーニと比較して、より寛容な態度を示し、さらに「全体と調和する」という点を明確化し、記念物の歴史的資料としての価値と美術的作品としての価値を同等に重視するべきであると提唱する第三条との一貫性が示されている。

　一方、第十条では「伝統的な技術が不適切であることが明らかな場合には、科学的なデータおよび経験的にその有効性が立証されている近代的な保全・構築技術を用いて、記念建造物の補強をすることが許される」[91]とし、近代的な技術を積極的に取り入れる姿勢を見せる『アテネ憲章』と比較して、より慎重な態度が採られており、伝統的な技術が優先されている。

　また、発掘に関する第十五条においては、「原則として、あらゆる種類の再建を除外するべきである。ただアナスティローシス、すなわち、ばらばらになって残存する部材の再組立ては認められる」[92]とある。この条項も、積極的にアナスティローシスを行うことを推奨するアテネ憲章より制限的である。その背景に、アナスティローシスの名目で行われた大規模な再建への批判が含まれている。[93]

　最後に、第十六条においては、ボイトとジョバンノーニの憲章と同様に、写真と図面を掲載した報告書を作成することが求められているが、『ヴェニ

ス憲章』ではさらに報告書を公共機関に保管して研究者が閲覧できるようにすることが定められ、また報告書を刊行することが推奨される。

3.5　フェイルデンの『保存の原則』

1956年に、ユネスコによってローマに設立された国際文化遺産保存修復研究所（ICCROM）は、1962年から建築の保存に関する国際研修を開いてきた。1977年から1981年まで所長を務め、国際研修の講師でもあった建築家バーナード・フェイルデン（図1-7）が、1979年に『保存への入門』(Introduction to Conservation) と題した小冊子に文化遺産保存に関する基本的な内容を纏めた。その中に「保存の原則」(The Principles of Conservation) が集約されている。

ノリッジ大聖堂とヨーク大聖堂の修理工事などを担当し、現場の豊富な経験を有したフェイルデンが、ヴェニス憲章の理念を受け継ぎ、その内容をより具体的に展開する。

まず、ヴェニス憲章に挙げられた歴史的価値と美学的価値の他、文化遺産には数多くの価値があると認識し、それらを文化的価値、利用価値、感情的な価値の三種類に区分する。

そして、文化遺産に手を加えるすべての行為を総括して「介入」(intervention) と呼ぶ。「介入」には七種類あるとし、介入する度合の低いものから、「劣化の予防」(文化遺産の環境の調整)、「保存」(定期的な維持管理)、「強化」(接着剤と補強材の挿入による安定化)、「修復」(当初のコンセプトの復活)、「再現」(複製)、「再建」(新しい材料による再建、アナスティローシス、移築

図1-7　バーナード・フェイルデン (1919-2008)
(*The Guardian*, 21/11/2008)

第Ⅰ部　木造建築遺産保存の理念の検討

を含む行為）、「整備」（活用するための改造）と分類する[97]。

　フェイルデンが、「ほとんどの場合で介入は文化遺産が持つ価値の一部を損失させるが、ものを未来に残すために容認するべきである」[98]とし、介入を本質的に有害な行為として認識する。そのため、「介入は必要最小限に抑えるべきである」[99]とする。すなわち、上記の七種類の介入のうち、文化遺産の残存という目的を達成できる中で、最も介入の度合が低いものを選択しなければならない。ここで、現在と同じ用語で表現した「最小限の介入」の原則が確立する。

　さらに、介入は「現存する材料を最大限に保持することを可能にする」[100]べきであるとする。これは、『ヴェニス憲章』の第九条と第十一条の精神に含まれている原則であるが、フェイルデンによってさらに明確に表現されている。また、『ヴェニス憲章』と同様に、詳細な記録を作成することが要求されており、新しい部分と古い部分を調和すると同時に区別する原則も含まれている。この原則に、フェイルデンは新しく付け加えた部分が古い部分よりも目立たないようにする、という条件を加える[101]。

　その上、上記の原則に加えて、フェイルデンは『ヴェニス憲章』には含まれていない「可逆性」の原則を導入する。ただし、この原則を実現することが困難であると容認し、「技術的に可能な場合」という条件を加えた。他の場合では「少なくとも、次に再び介入することが必要となった時に、それを妨げない」[102]方法を採るべきであるとする[103]。

　フェイルデンの「保存の原則」は後に、ユネスコの機関紙（*Courier*）にも発表され[104]、さらに1982年にフェイルデンが執筆した建築保存のマニュアルとして影響力の高い『歴史的建造物の保存』（*Conservation of Historic Buildings*）に組み込まれる[105]。

3.6　保存原則の普及

　以上のように確立した保存原則は、1980年代からイコモスが漸進的に作成している数多くの憲章に含まれて普及し、広く受け入れられるようになった。1979年にオーストラリア・イコモスが作成した『バラ憲章』[106]が、1981年に改訂され、「保存原則」の章が追加され、その項目に現存する材料を尊重

1 建築遺産保存原則の形成過程

することが要求され、介入を最小限に抑える原則が含まれる。さらに、1999年に「保存過程」という概念を導入し、その一種として「変更」が挙げられ、文化的意義を損なう変更は可逆的であるべきとする。また、伝統的な技術と材料を優先的に使用するべきとし、記録の作成と公表を定める。これらの原則は、2013年に発表された最新の改訂版にも維持されている。

イコモス各国内委員会にて採択された憲章のうち、1982年に採択されたカナダ・イコモス・フランス語国内委員会の『デシャンポール宣言』[107]および1983年に採択されたカナダ・イコモス英語国内委員会の『アップルトン憲章』[108]においては、「最小限の介入」の原則が明文化されていないが、現存する材料を最大限に保持する原則は含まれ、可逆性のある方法を採ることが推奨されている。また、1992年にニュージーランド・イコモス国内委員会が作成した憲章[109]には、材料の損失を最小限に抑え、最小限の度合の介入を選択することが推奨され、介入について徹底した記録を作成することが定められている。さらに、中国イコモス国内委員会が、ゲッティ文化遺産保存研究所・中国国家文物局と協力して、2000年に作成し、2010年および2015年に改訂した『中国文化遺産の保存のための原則』[110]では、「最小限の介入」の原則が明確に記され（第十二条）、保存措置は将来の介入を妨げないで、可能な場合に可逆なものにすることが要求される（第十四条）。さらに、材料を極力保持することが推奨されている（第二十七条）。

また、イコモスが2003年に採択した『建築遺産の分析、保存と構造的修復のための原則』[111]において、介入を最小限に抑えることが要求され（第3.5条）、全ての措置が可能な限り可逆的であることを推奨し、少なくとも次回の介入を妨げないよう行うことを定め（第3.9条）、歴史的な材料の撤去を避けるべきであるとする（第3.14条）。

4 おわりに

本章において、建築遺産保存のための憲章・指針などの文書とその背景の分析の結果、保存原則について次の経緯が明らかになった。

建築遺産の修理にあたって、建物に対する介入の度合を最小限に抑える原則、そして現存する材料を最大限に保持する原則が、文化財保護が行政の指

第 I 部　木造建築遺産保存の理念の検討

導下に行われ始めた時期のきわめて早い時点から成立した。フランスでは、19世紀前半に作成された公的な指針に既にこれらの原則が反映されている。一方、この段階には取り替え材や補足材など、修理の際に付け加える新材と残存する古材を区別する必要性が認識されておらず、新材は古材と同様な仕様のものにし、建物の様式に合わせることが要求されている。

　一方、イギリスにラスキンの著作に基づいた保存運動は、「最小限の介入」と「最大限の材料の保持」の原則をさらに強調し、修理の際に付け加えられた支柱や金具などの補強材を当初の建築と明確に区別することが求められる。このような考え方は、モリスが執筆したSPABの提言に反映されている。

　19世紀末に、フランスとイギリスの影響を受けて、イタリアの憲章を作成したボイトが、最小限の度合の介入を優先し、材料を極力保持する必要性を提唱する。さらに、新材と古材を明確に区別しながら、全体の外観を損なわないように調和させる、という原則を成立させる。また、修理の詳細な記録を残すことを要求する。この時点では、既に『ヴェニス憲章』に見られる保存原則がほぼ確立している。

　20世紀に入って、建築遺産保存に関する国際憲章が作成されるようになる。その発端である『マドリッド会議の決議書』には、様式の統一を求める修復の影響がいまだに大きく、記念物を生きたものと死んだものに分け、それぞれに対して異なった原則を適用することを提唱する。しかし、第一次世界大戦後に作成された『アテネ憲章』およびイタリアでジョバンノーニが作成した『修復の憲章』では、「最小限の介入」と「最大限の材料の保持」が再び絶対的な原則として置かれる。第二次世界大戦後に作成された『ヴェニス憲章』では、戦後に起こった歴史的地区の再建と修復への反発を背景に、修復に対してより限定的な態度が採られ、移築と遺跡の再建が排除される。さらに、新材と古材を区別しつつ調和させる原則が明文化し、修理の記録の作成とともにその公表も推奨される。また、修理にあたって伝統的な技術と材料を優先することも勧められる。

　「最小限の介入」と「最大限の材料の保持」の原則が、フェイルデンによってより明確化され、介入の「可逆性」の原則とともに、1980年代からイコモスが作成する多くの憲章に組み込まれ、国際的に広く受け入れられるようになった。

註

1 日本語訳：益田兼房監修、秋枝ユミ・イサベル訳（2005）『建築遺産の保存－その歴史と現在』アルヒーフ。

2 Ludovic Vitet, 1802-1873.

3 Prosper Mérimée, 1803-1870.

4 Adolphe Napoléon Didron, 1806-1867.

5 Victor Hugo, 1802-1885.

6 Comité Historique des Arts et Monuments（1843）"Histoire et composition du comité", *Bulletin Archéologique*, Premier Volume.

7 "Rapport a M. Cousin, ministre de l'instruction publique, sur les travaux du comité pendant la Session de 1839", *Bulletin Archéologique*, Premier Volume, 1843. この報告は、当時の委員長 Adrien de Gasparin と事務局長 Didron が著名する。

8 "monumens disparus", "monumens dont les ruines sont disperses", "monumens ruinés, mais debout", "monumens délabrés", "monumens incomplets", "monumens intacts et complets", "monumens projetés"

9 "Les architectes ont de la propension à retrancher ou à ajouter dans les édifices confiés à leurs soins, sous le prétexte de les restaurer ou de les compléter. On ne doit pas se permettre de corriger même les irrégularités, ni d'aligner les déviations, parce que les déviations ou les manques de symétrie sont des faits historiques pleins d'intérêt, et qui souvent fournissent des caractères archéologiques propres à accuser une époque, une école, une idée symbolique."

10 "En fait de monumens délabrés, il vaut mieux consolider que réparer, mieux réparer que restaurer, mieux restaurer qu'embellir; en aucun cas il ne faut supprimer."

11 "L'antiquaire pas plus que le géologue ne doit dédaigner un débris, parce que ce débris peut le conduire à la connaissance d'un fait important. Et puis d'ailleurs c'est que les ruines, et les Anglais le comprennent mieux que nous, sont pour beaucoup dans la beauté des paysages."

12 "le style et l'âge de l'église qui réclame une sacristie doivent s'imposer à cette sacristie même."

13 Eugène Emmanuel Viollet-le-Duc, 1814-1879

14 "Instruction pour la conservation, l'entretien et la restauration des édifices diocésains, et particulièrement des cathedrals", *Bulletin du Comité Historique des Arts et Monuments*, Tome I, p. 139-155, 1849. この文書は、共教育宗教大臣 Alfred de Falloux が著名し、「宗教美術建造物委員会が、委員であるヴィオレ・ル・デュク とメリメの報告を基に本指針を議論し、承認する」とある。

15 "Les architectes attachés au service des édifices diocésains, et particulièrement des cathédrales, ne doivent jamais perdre de vue que le but de leurs efforts est la conservation de ces édifices, et que le moyen d'atteindre ce but est l'attention apportée à leur entretien.

第Ⅰ部　木造建築遺産保存の理念の検討

Quelque habile que soit la restauration d'un édifice, c'est toujours une nécessité fâcheuse; un entretien intelligent doit toujours la prévenir."

16　"on ne remplacera que les parties des anciennes constructions reconnues pour être dans un état à compromettre la solidité et la conservation du monument".

17　"Tout fragment à enlever, s'il présente un certain intérêt, soit pour la forme, la matière ou toute autre cause, sera étiqueté, classé et rangé en chantier ou en magasin".

18　"Toute pierre vieille portant moulure ou sculpture ne pourra être remplacée que lorsqu'elle aura été marquée par l'architecte ou ses agents".

19　"Tous les matériaux enlevés seront toujours remplacés par des matériaux de même nature, de même forme, et mis en oeuvre suivant les procédés primitivement employés".

20　"Restaurer un édifice, ce n'est pas l'entretenir, le réparer ou le refaire, c'est le rétablir dans un état complet qui peut n'avoir jamais existé à un moment donné." (Viollet-Le-Duc, Eugène Emmanuel (1866) *Dictionnaire raisonné de l'architecture française du XIe au XVIe siècle*, Tome huitième, A. Morel, Éditeur, p. 14.

21　ヴィオレ・ル・デュクの建築史研究と修復設計の関係について、羽生修二 (1992) 『ヴィオレ・ル・デュク――歴史再生のラショナリスト (SD選書)』鹿島出版会に詳しい。

22　John Ruskin, 1819-1900.

23　Ruskin, John (1849) *The Seven Lamps of Architecture*, Smith, Elder, and Co. 日本語訳：杉山真紀子訳 (1997)『建築の七燈』鹿島出版会。

24　"the greatest glory of a building is not in its stones, or in its gold. Its glory is in its Age" (杉山真紀子訳)

25　"there is a beauty in those effects themselves, which nothing else can replace" (杉山真紀子訳)

26　"a building cannot be considered as in its prime until four or five centuries have passed over it" (杉山真紀子訳)

27　"Bind it together with iron where it loosens; stay it with timber where it declines; do not care about the unsightliness of the aid; better a crutch than a lost limb; and do this tenderly, and reverently, and continually, and many a generation will still be born and pass away beneath its shadow. Its evil day must come at last; but let it come declaredly and openly, and let no dishonoring and false substitute deprive it of the funeral offices of memory." (杉山真紀子訳)

28　George Gilbert Scott, 1811-1878

29　Scott, George Gilbert (1862) "On the conservation of Ancient Architectural Monuments and Remains", *Papers Read at The Royal Institute of British Architects*, Session 1861-62, p. 65-84.

1 建築遺産保存原則の形成過程

30 "mere antiquities", "ruined buildings", "buildings still in use", "fragmentary remains"

31 "in no degree to mask it, but rather to make it manifest that it is only added to sustain the original structure."

32 "the external stonework and all structural dilapidations would be so far repaired as to bring out the architectural forms, where seriously decayed and mutilated, and to render the structure of the walls and other parts sound and durable."

33 "The great principle to start upon, is, to preserve the greatest possible amount of ancient work intact".

34 "This would be done, not on a wholesale principle such as could be described in a specification, but in a tentative and gradual manner; first replacing the stones which are entirely decayed, and rather feeling one's way and trying how little will do than going on any bold system".

35 "Every new stone would, thus be a perfect transcript of that which it replaced; and this would, so far as possible, extend to its dimensions and the mode of workmanship".

36 "to deal with an ancient work as with an object on which we set the greatest value, and the integrity and authenticity of which are matters which we view as of paramount importance."

37 William Morris, 1834-1896.

38 Morris, William (1877) *The Manifesto of the Society for the Protection of Ancient Buildings*

39 "to put Protection in the place of Restoration, to stave off decay by daily care, to prop a perilous wall or mend a leaky roof by such means as are obviously meant for support or covering, and show no pretence of other art, and otherwise to resist all tampering with either the fabric or ornament of the building as it stands; if it has become inconvenient for its present use, to raise another building rather than alter or enlarge the old one; in fine to treat our ancient buildings as monuments of a bygone art, created by bygone manners, that modern art cannot meddle with without destroying".

40 Camillo Boito, 1836-1914.

41 前掲 Jokilehto, 1999.

42 *Atti del quarto congresso degli ingegneri e d architetti italiani radunato in Roma nel Gennaio del 1883*, Tipografia Fratelli Centenari, 1884.

43 第4回イタリア技師・建築家会議とボイトの憲章の背景、および1883年採択の憲章と1893年にボイトが作成した憲章の改訂版について、横手義洋 (2002)「C・ボイトの修復理論に関する史的考察」『日本建築学会計画系論文集』第552号、p. 327-333、に詳しい。

44 "i monumenti architettonici del passato, non solo valgono allo studio dell'architettura, ma servono, quali documenti essenzialissimi, achiarire e ad illustrare in tutte le sue parti la storia dei vari tempi e dei vari popoli, e perciò vanno rispettati con scrupolo religioso, appunto

37

第Ⅰ部　木造建築遺産保存の理念の検討

come documenti, in cui una modificazione anche lieve, la quale possa sembrare opera originaria, trae in inganno e conduce via a deduzioni sbagliate. "

45 "I monumenti architettonici, quando sia dimostrata incontrastabilmente la necessità di porvi mano, devono piuttosto venire consolidati che riparati, piuttosto riparati che restaurati, evitando in essi con ogni studio le aggiunte e le rinnovazioni. "

46 註6参照。

47 "le aggiunte o rinnovazioni si devono compiere con carattere diverso da quello del monumento, avvertendo che, possibilmente, nell'apparenza prospettica le nuove forme non urtino troppo con il suo aspetto artistico"

48 "i pezzi aggiunti o rinnovati,pure assumendo la forma primitiva, siano di materia evidentemente diversa, o portino un segno inciso o meglio la data del restauro, sicché neanche su ciò possa l'attento osservatore venire tratto in inganno. "

49 "Saranno considerate per monumenti, e trattate come tali, quelle aggiunteo modificazioni che in diverse epoche fossero state introdotte nell'edificio primitivo, salvo il caso in cui, avendo un'importanza artistica e storica manifestamente minore dell'edificio stesso e nel medesimo tempo svisando e smascherando alcune parti notevoli di esso, si ha da consigliare la rimozione o la distruzione di tali modificazioni o aggiunte. "

50 この会議の議事録 VI Congres International Des Architectes Madrid, Avril 1904 -Comptes-Rendus, Imprenta de J Sastre y Alameda, 1906) において、議論の記録と決議書の原文（フランス語）が掲載されている。また、Locke, W.J (1904) "The Sixth International Congress of Architects, 1904, Madrid – Report of the Secretary of the Institute" (Journal of The Royal Institute of British Architects, Vol. XI, Third Series, p. 343-346) と題して RIBA 事務局長の参加報告書が発表されており、その中に決議書の英訳が含まれている。

51 Louis Cloquet, 1849-1920.

52 Luis María Cabello y Lapiedra, 1863-1936.

53 "Les monuments vivants, eux, doivent se restaurer, pour qu'ils puissent continuer a servir, car en Architecture, l'utilité est une des bases de la beauté. "

54 "l'unité de style étant ausei une des bases de la beauté en architecture; et les formes géométriques primitives sont parfaitement reproduisables. "

55 "On doit respecter les parties exécutées en un style différent de celui de l'ensemble, si ce style a du mérite en lui-méme et s'il ne détruit pas barbarement l'équilibre esthétique du monument. "

56 "Ligue Internationale de Défense pour les monuments historiques et artistiques"

57 建築記念物の保存修復」の課題の議論には、スペイン、ベルギー、イタリア、フランス、米国、ポルトガル、メキシコ、ロシア、オランダ、そしてオーストリアの代表者が参加しているが、会議に参加していたイギリスRIBAの二人の代表が、議事

1　建築遺産保存原則の形成過程

録を見る限り発言していないことが指摘できる。

58　本会議が開催される経緯について、前掲Jokilehto,1999、および池亀彩（1999）「解題　アテネ憲章（1931）」日本イコモス国内委員会憲章小委員会編『文化遺産保護憲章――研究・検討報告書』に詳しい。

59　*La Conservation des Monuments d'Art et d'Histoire*（Société des Nations, Institut International de Coopération Intellectuelle, 1933）。結論の文章はフランス語、英語、ドイツ語、スペイン語、イタリア語で掲載されている。なお、会議で発表された論文は、International Museums Officeの機関紙Mouseion 17号〜24号に連載されている。

60　"Doctrines. General Principles", "Administrative and Legislative Measures Regarding Historical Monuments", "Aesthetic Enhancement of Ancient Monuments", "The Deterioration of Ancient Monuments", "The Technique of Conservation", "The Conservation of Monuments and International Collaboration".

61　"there predominates in the different countries represented a general tendency to abandon restorations in toto and to avoid the attendant dangers".

62　"it recommends that the historic and artistic work of the past should be respected, without excluding the style of any given period".

63　Paul Léon, 1874-1962.

64　Léon, Paul（1932）"La Restauration des Monuments en France", *Mouseion*, No. 17-18, p. 5-13

65　"une période de survie plutôt que de résurrection" 前掲Léon, 1932.

66　Gustavo Giovannoni, 1873-1947.

67　Giovanonni, Gustavo（1932）"La Restauration des Monuments en Italie", *Mouseion*, No. 17-18, p. 39-45.

68　Leopoldo Torres Balbás, 1888-1960.

69　Torres Balbás, Leopoldo（1932）"La Restauration des Monuments dans l'Espagne d'Aujourd'Hui", *Mouseion*, No. 17-18, p. 23-25.

70　"They recommended their adoption more particularly in cases where their use makes it possible to avoid the dangers of dismantling and reinstating the portions to be preserved."

71　Pierre Paquet, 1875-1959.

72　Paquet, Pierre（1932）"Le Ciment Armé dans la Restauration des Monuments Anciens", *Mouseion*, No. 19, p. 11-18。第6章参照。

73　Nikolaos Balanos, 1860-1942.

74　"Proceedings of the Conference on the Anastylosis of the Acropolitan Monuments", *La Conservation des Monuments d'Art et d'Histoire*, Société des Nations, Institut International de Coopération Intellectuelle, 1933.

75　アテネ憲章とBalanosの仕事の関係は、前掲　池亀彩、1999に説明されている。

39

第 I 部　木造建築遺産保存の理念の検討

76 Consiglio Superiore Per Le Antichità e Belle Arti, (1932) *Norme per il restauro dei monumenti.*

77 "quando l'adozione di mezzi costruttivi analoghi agli antichi non raggiunga lo scopo."

78 "il giudizio di tali valori relativi e sulle rispondenti eliminazioni debba in ogni caso essere accuratamente vagliato, e non rimesso ad un giudizio personale dell'autore di un progetto di restauro."

79 *The monument for the man - Records of the II International Congress of Restoration (Venezia, 25-31 maggio 1964)*, Marsilio, 1971.

80 "International Charter for the Conservation and Restoration of Monuments and Sites"

81 Roberto Pane, 1897-1987.

82 Pane, Roberto (1971) "Conférence Introductive", *The monument for the man - Records of the II International Congress of Restoration (Venezia, 25-31 maggio 1964)*, Marsilio.

83 "Definitions", "Aim", "Conservation", "Restoration", "Historic Sites", "Excavations", "Publication"

84 Crespi, Luigi (1971) "Monumenti Vivi o Morti", *The monument for the man - Records of the II International Congress of Restoration (Venezia, 25-31 maggio 1964)*, Marsilio.

85 最も著名な事例は、アスワン・ハイ・ダムの建設に伴って1964年から行われたア ブ・シンベル神殿の移築である。さらに会議では、スペインとユーゴスラヴィアの 事例が報告された。

86 "génocide archéologique" 前掲Pane, 1971.

87 "in exceptional circumstances and when what is removed is of little interest and the material which is brought to light is of great historical, archaeological or aesthetic value, and its state of preservation good enough to justify the action."

88 "original material and authentic documents."

89 Gazzola, Piero and Pane, Roberto (1971) "Proposte per una Carta Internazionale del Restauro", *The monument for the man - Records of the II International Congress of Restoration (Venezia, 25-31 maggio 1964)*, Marsilio,

90 "Replacements of missing parts must integrate harmoniously with the whole, but at the same time must be distinguishable"

91 "Where traditional techniques prove inadequate, the consolidation of a monument can be achieved by the use of any modern technique for conservation and construction, the efficacy of which has been shown by scientific data and proved by experience." (日本イコモス国内 委員会訳)

92 "All reconstruction work should however be ruled out "a priori". Only anastylosis, that is to say, the reassembling of existing but dismembered parts can be permitted."

93 前掲Gazzola, and Pane, 1971.

40

1 建築遺産保存原則の形成過程

94 Bernard Feilden, 1919-2008.

95 Feilden, Bernard M.（1979）*Introduction to Conservation*, UNESCO.

96 「修復」をある既存物に対する「介入」としてとらえる理論が、Brandi, Cesare（1963）*Teoria del Restauro*, Edizioni di Storia e Letteratura（日本語訳：小佐野重利監訳、池上英洋、大竹秀実訳（2005）『修復の理論』三元社）に展開されている。

97 "Prevention of deterioration", "Preservation", "Consolidation", "Restoration", "Reproduction", "Reconstruction", "Re-evaluation"

98 "Interventions practically always involve some loss of a "value" in cultural property, but are justified in order to preserve the objects for the future."

99 "The intervention should be the minimum necessary"

100 "Interventions should:（...）allow the maximum amount of existing material to be retained"

101 "Interventions should:（...）be harmonious in colour, tone, texture, form and scale, if additions are necessary, but should be less noticeable than original material, while at the same time being identifiable"

102 "at least not prejudice a future intervention whenever this may become necessary"

103 この原則は、前掲Brandi執筆の *Teoria del Restauro* に基づいたイタリアの1972年の *Carta del Restauro* にも見られ、後に英語でre-treatability という単語で表現される。

104 Feilden, Bernard M（1981）"Principles of Conservation", *The UNESCO Courier.*

105 Feilden, Bernard M（1982）*Conservation of Historic Buildings*, Architectural Press.

106 ICOMOS Australia（1979）*The Australia ICOMOS Guidelines for the Conservation of Places of Cultural Significance（"Burra Charter"）*

107 ICOMOS Canada（1982）*Charter For The Preservation Of Quebec's Heritage - Deschambault Declaration.*

108 ICOMOS Canada（1983）*Appleton Charter for the Protection and Enhancement of the Built Environment.*

109 ICOMOS New Zealand（1992）*ICOMOS New Zealand Charter for the Conservation of Places of Cultural Heritage Value.*

110 ICOMOS China（2000）*Principles for the Conservation of Heritage Sites in China.*

111 ICOMOS（2003）*Principles for the Analysis, Conservation and Structural Restoration of Architectural Heritage.*

41

2　木造建築遺産への保存原則の適応

1　はじめに

　第1章では、建築遺産保存の基本的な保存原則の形成過程と国際的な普及について検討した。本章では、これらの原則が木造建築遺産に適応される際の課題について検討する。

　この課題について行われ議論の結果、木造建築遺産保存憲章のための複数の提案が作成され、幾度憲章の改訂が重ねられてきた。本章では、これらの憲章の分析を通して、木造建築遺産保存に関する考え方の変遷を明らかにし、木造建築遺産への保存原則の適応が抱えている課題について考察を行う。

2　木造建築遺産保存憲章のための初期の提案

2.1　イコモス木の委員会の設立とフェイルデンの『倫理規定』

　木造建築遺産の特質に適応した保存原則を考案し、国際的な合意を得た憲章を作成するための活動が、イコモス木の国際学術委員会（ICOMOS International Wood Committee、以下、木の委員会）を中心に行われてきた。1972年に、当時イコモス総事務局であったレイモンド・ルメールは文化遺産保護を巡[1]るそれぞれの課題を専門的に扱う国際学術委員会を置くことを提案し、歴史的建造物と構造物における木の保存に関しては、スイスのエルンスト・マーティン（図2-2）に委員会の設立を依頼した。これを受けたマーティンが1975[2]年に委員会を設立し、初代委員長になった。そして、専門家間での国際協[3]力と意見交換を推進することを目的として、1977年から、約2年ごとに木の員会の国際会議が開催されてきた。

　1979年にフランス・トロワで開かれた第2回国際会議において、バーナー

第 I 部　木造建築遺産保存の理念の検討

ド・フェイルデンが『木造構造物保存のための倫理規定の提案』[4]（巻末資料―1
①）と題した論考を発表し、憲章作成のための基礎を築いた。この倫理規定
の内容は、フェイルデンが同年に発表した『保存の原則』[5]（第1章3.5参照）と
基本的に一致しており、「最小限の介入」、「材料の最大限保持」、「可逆性」
の保存原則を提唱し、七つの程度ごとに分けた介入の分類を提案する。

　また、フェイルデンは木が有機材料であるため発生する諸問題を認識して、
上記の一般の保存原則には見られない、木造建築に特化した二点を導入する。

　一つは、構造体の重要性である。フェイルデンは、組積造の建造物と比
較して、軸組構造の木骨建造物の場合には、結合部と各部材の劣化が構造体
の安定性の欠損につながる、より決定的な要素であるとする。従って、「木
造建築の保存においては、材料の特質のため、他の価値よりも構造的な完全
性・安定性・耐久性を優先するべきである」[6]と主張する。

　もう一つは、伝統的な技術の重要性である。フェイルデンが発表した一般
の保存原則では、『ヴェニス憲章』と同様に、伝統的な修理技術と材料を優
先し、これらが不充分である場合は近代的な技術の使用を認める態度が採ら
れている。しかし、版築や木など、腐朽しやすい材料でできた建築の場合は、
それに付け加え伝統的な技術と材料の重要性を強調する。ただし、「職人は、
習得した技術を活かして、修理するよりも、更新する傾向がある」[7]と注意し、
これは現存する材料を最大限に保持するという原則と相反するため、保存建
築家が職人に原則を守るように指示する必要があるとする。

　フェイルデンの『倫理規定』は、木の委員会の委員であり、イギリスで木
造建築の修理に特化した最初の建築事務所を設置した保存建築家チャールズ
が1984年に執筆した木造建築の修理マニュアル[8]に掲載されて普及する。

2.2　メニムの『木造構造物の保存のためのガイドライン』

　1983年に、木の委員会はICOMOS総事務局から国際憲章を作成する依頼
を受け[9]、1988年に委員であったイギリスの建築家マイケル・メニム[10]が『木
造構造物の保存のためのガイドライン』（巻末資料―1②）を作成し、当時二
代目の木の委員会委員長であったカナダ・イコモスの建築家マーティン・
ウィーバー[11]がこれに批評と修正を加える[12]。

44

2 木造建築遺産への保存原則の適応

　本ガイドラインにおいては、「最小限の介入」、「材料の最大限保持」と「可逆性」の原則が受け継がれている。しかし、材料の他に、当初の技術も最大限に保持するべきであると主張し、伝統的な技術を一層強調し、具体的な修理方法についても規定する。スチールとエポキシ樹脂などの近代的な材料による修理を「最終手段」として位置付け、木材の腐朽した部分の矧木による取り替えを基本的な修理方法とする。矧木の場合には、当初の材料の損失を最小限に抑え、新材に修理年代の刻印を押すとともに、「取り替え材は当初材と同樹種にし、丸太から当初と同じ方法によって加工し、乾燥させる[13]」ことを定めている。

　一方、木材を一旦分解し、補修したうえで組み直す修理方法、いわゆる「解体修理」に関する直接な記述がみられないが、「構造体に手を加えることを原則的に避けるべきである[14]」とあり、さらに調査の目的は「当初の建物の形態と建築方法および後の変遷を解明することであるが、建物の部材を分解すること、すなわち破壊することが最終手段である[15]」と主張し、最小限の介入の原則を重視して、「解体修理」に対して否定的な態度が取られていることが明らかである。

3　木の委員会カトマンズ会議と1999年の憲章

3.1　木の委員会カトマンズ会議

　1991年に、イコモスの会長ロランド・シルバが国際学術委員会の会議を[16]ヨーロッパと北米以外の国に開催することを推奨し、これを受けて木の委員会の第八回国際会議が1992年にネパールのカトマンズで開催される。

　カトマンズ盆地では、木骨煉瓦造の建築遺産が数多く残存し、1972年からドイツをはじめとして、ヨーロッパ諸国、米国および日本がその保存に関する国際協力事業を実施してきた[17]。1979年に、歴史的地区七地区を構成要素として、カトマンズ盆地が世界遺産に登録された。

　木の委員会の国際会議において、ネパールと米国による寺院の修復、日本による僧院の全解体修理、ドイツとオーストリアによる楼閣の再建などの現

45

第 I 部　木造建築遺産保存の理念の検討

Members of the IIWC at Himalaya Hotel. From left: Knut Einar Larsen, Yasumichi Murakami, Hideo Noguchi, Ron Cockcroft, (David Michelmore's fiancee), Nobuo Ito, Graham Moss, Phillip Ziba, Herb Stovel, Astrid Opsal, David Michelmore, Nils Marstein, Dag Nilsen. (Ernest Martin and Panu Kaila were not present when the picture was taken).

図2-1　1992年木の委員会カトマンズ会議の参加者（村上裕道提供）

　場の視察会が行われ、それぞれの担当者から事業の説明が行われ、意見交換会が行われた。[18]会議の結果として作成された『推奨』[19]では、「本委員会が視察した保存事業において、保存技術に関するいくつかの深刻な課題が指摘された」[20]とあり、そのうち「解体修理・解体を行わない修理を巡る議論」[21]が冒頭にあげられている。この課題について、当時副委員長であったデービッド・ミチェルモア[22]が、「ユネスコの事業として行われている修理において、解体せずに修理する試みよりも、解体と再建による修理の方が明らかに多すぎる」[23]と指摘する。また、耐震補強を行うための解体修理について、耐震性能の向上と当初の材料の保持の間のバランスをとる必要があると主張し、その時点までの事業においては前者に偏っていると記述する。[24]

　さらに、木の委員会がカトマンズ盆地で歴史的に使用されてきた上質なサラソウジュの木材の入手が困難になっており、建築遺産修理に必要な資材を確保するための「歴史的保存林」を設置する必要を指摘し、[25]また建築遺産保存に関わる技術者と職人を養成する必要性を強調した。[26]

　上記のような事情を背景に、木造建築遺産の保存原則に関する議論が再熱し、1994年に木の委員会の三代目の委員長ニルス・マルステイン[27]（図2-2）と

2 木造建築遺産への保存原則の適応

図2-2　1992年のカトマンズ会議で現場視察する木の委員会初代委員長エルンスト・マーティン（中央）と三代委員長ニルス・マルステイン（右）（ICOMOS International Wood Committee, 1994より転載）

図2-3　クヌート・アイナール・ラルセン（2015年撮影）

47

第Ⅰ部　木造建築遺産保存の理念の検討

事務局長クヌート・アイナール・ラルセン（図2-3）が、木造建築の保存のための国際憲章の『第一草案』（巻末資料―1③）を作成した。この憲章は最終的に1999年に『歴史的木造構造物保存のための原則』(29)（巻末資料―1④）と題してイコモスの総会によって採択される。さらにマルステインとラルセンは、同じくカトマンズの会議に参加した当時のイコモス総事務局長長ハーブ・ストーヴェル(30)、および木の委員会の委員であった伊藤延男とともに、1994年に『真正性に関する奈良ドキュメント』の作成に中心的な役割を果たした。(31)すなわち、木の委員会カトマンズ国際会議は、『歴史的木造構造物保存のための原則』と『真正性に関する奈良ドキュメント』の作成に至る道を築いた重大イベントであったといえる。

3.2　『歴史的木造構造物保存のための原則』の作成過程

　1994年に作成されたマルステインとラルセンによる『第一草案』(32)は、フェイルデンとメニムの文書から引用された部分と、新しく書き加えられた部分より構成されている。

　フェイルデンとメニムと同様に、『第一草案』では「材料の最大限の保持」と介入の「可逆性」が提唱されており、メニムの取り替え材に関する原則を受け継ぎ、取り替え材を当初材と同樹種にし、当初と同じ技術によって加工し、刻印を押すことを定める。また、伝統的な技術がさらに強調されており、古材と新材の継ぎ剝ぎは伝統的な方法で行うことが定められている。修復については、『ヴェニス憲章』の内容に従って行うべきであるとする。さらに、各国に「歴史的保存林」を設置し、技術者と職人の養成研修の制度を設立されることが推奨されている。上記の条項は全て、1999年に国際憲章として採択される最終草案にも含まれている。

　しかし、『第一草案』にはフェイルデンとメニムの文書の中で最も重要な原則である「最小限の介入」の原則が含まれていない。そしてその代わりに、下記の条項がある。

　　現地の伝統、または特定の構造的な条件に応じて、木造建築の保存修理
　　工事は、建物を解体せずに、または解体して部材の補修と取り替えを

2　木造建築遺産への保存原則の適応

図2-4　1994年木の委員会姫路会議の参加者。中央左側に伊藤延男、右側にラルセン。（ラルセン提供）

行ったうえで組み直す方法で実施することが認められる。」[33]

　すなわち、地域の伝統と建物の特徴の多様性を重視して、ネパールでの会議の際に議論の的になった「解体修理」を妥当な修理方法として受け入れる姿勢を示している。

　ラルセンは、1989年から1990年にかけての一年間にわたって、伊藤延男の指導の下に日本の建築遺産保存について研究を行い、その成果を1994年の奈良会議に合わせて発行した著書『日本における建築保護（*Architectural Preservation in Japan*）』[34]に纏めている。『第一草案』では、「最小限の介入」という絶対的な原則をあえて取り外すことによって、日本の「解体修理」を肯定的に捉え、適切な修理方法として再解釈する意図を示している。

　建物の部材を分解し、すべての破損と変形を修正することで建物を健全な状態に戻す徹底的な方法である「解体修理」は、建物に手を加える度合を抑えることを主張する「最小限の介入」の原則と異なる考え方を反映している。「最小限の介入」の原則は、フェイルデンの『保存の原則』に説明されているように、建物に介入することがその価値の一部の損失を伴う見解に基づいている。一方、日本においては、修理によって建物の文化的価値が取り戻すことができるという前提で修理が行われている。また、「間に合わせの

49

第Ⅰ部 木造建築遺産保存の理念の検討

修理を重ねて時間を稼ぎ、修理技術の向上を待つ[35]というフェイルデンのアプローチと、徹底的な修理を行うことで、次回の修理までの期間を延ばすという「解体修理」の意図[36]も相反している。すなわち、「最小限の介入」の原則と「解体修理」は、根本的に矛盾しているのである。

この矛盾は、1999年に憲章が採択されるまでの五回にわたって行われた憲章の改訂を通して引き継がれている。1994年に姫路で開催された木の委員会の第九回国際会議において、マルステインとラルセンが『第一草案』を発表し、これに変更を加えて『第二草案』が作成された[37]。『第二草案』においては、取り外されていた「最小限の介入」の原則が導入され、「解体修理」に関する条項が次のように変更されている。

　　歴史的木造構造物に対する最小限の介入が理想的である。しかし、伝統、または特定の構造上の要求によって、木造建造物の保護（保存）は解体して、部材の補修と取り替えを行ったうえで組みなおすことによって実施することが認められる。

すなわち、「最小限の介入」と「解体修理」の対立を認識し、「最小限の介入」を基本的な方法として、「解体修理」を例外的な条件下で容認する姿勢が採られている。

さらに、1998年に木の委員会が作成した『第五草案』がイコモス各国内委員会に配布され、それぞれのコメントを受けて『最終草案』が作成される。最終的に1999年に採択された憲章においては、「解体修理」に関する条項が次のように変更されている。

　　歴史的木造構造物に対しては最小限の介入が理想的である。ある一定条件下では、歴史的木造構造物を保護・保存するためには、その全体または一部を解体し、修理したうえで組み直すことが必要であり、この行為も最小限の介入の意味に含まれる[38]。

すなわち、「解体修理」を「最小限の介入」の範囲内にあると解釈することによって、議論に決着を付けている。しかし、前述のように、「最小限の介入」と「解体修理」の間には根本的に異なる理念があり、「解体修理」を「最

50

2　木造建築遺産への保存原則の適応

小限の介入」の範囲に含めることが受け入れ難く、この憲章においては両者
の矛盾が乗り越えられていないと言わざるを得ない。

　一方、修理の際に伝統的な継手仕口を使用し、当初と同じ道具によって木
材を仕上げるなど、伝統的な技術を優先する条項は、日本および北ヨーロッ
パの修理方法を反映しているが、伝統的な修理技術が途絶えており、近代的
な技術を用いた修理が主流になっている南ヨーロッパなどの地域においては、
このような要求を守ることが困難である。

　上記のような事情を背景に、近年、木の委員会で国際憲章を再度更新する
活動が行われた。

4　『木造建築遺産保存のための原則』

　1999年に採択された『歴史的木造構造物保存のための原則』では、伝統
的な技術の使用が強く主張されている。部材の取り替えに関する項目では、
「部材の一部を取り替える時、もし適切で、構造的要求と両立するのであれ
ば、新材と現存部分を接合するためには、伝統的な木工継手仕口を用いるべ
きである[39]」と指示されており、さらに「釘その他の補助材料は、当初のもの
を複製すべきである[40]」とある。

　憲章が作成された当時、日本、ノルウェーでは、このような原則の下で修
理が行われており、両国の経験が憲章の内容に反映されたと推定できる。

　しかし、伝統的な技術を優先する原則に対して、最大限の材料の保持を実
現するためには、伝統的な技術にこだわらず、近代的な技法・材料も含めて
あらゆる修理技法を適用するべきであるという反論が行われ[41]、2012年にメ
キシコで開催された木の委員会の第18回国際シンポジウムにおいて、再び
憲章を改定する必要が訴えられた。

　5年間にかけて行われた憲章の改訂に関する議論においては、上記の伝統
的修理技術の位置付けの課題の他、仮設的の構造物（temporary structures）・移
築可能の構造物（movable structures）・現在変遷中の構造物（evolving structures）
も保護対象に含める必要性が指摘され、さらに建設・修理に関連する技術な
どの木造建築遺産の無形的な側面や、地域社会が木造建築遺産の保存に果た
す役割などが強調された。

51

第 I 部　木造建築遺産保存の理念の検討

　この議論の内容を反映して、タイトルが『木造建築遺産保存のための原則』(42)（巻末資料-1⑤、巻末資料-2）に変更され、2017年にインド・デリーで開催されたイコモス総会において公式的に新しい憲章が採択された。

　『木造建築遺産保存のための原則』では、以前の憲章より具体的な内容が展開されており、実際の保存修理の過程に沿って、「検査、調査および研究」・「分析および評価」・「現代的な材料および技術」・「記録および資料化」・「モニタリングおよび維持」の項目が設けられ、さらに「歴史的保存林」および「教育および養成」の項目があり、最後に「用語集」が付録されている。

　伝統的な技術の課題については、取り替え材を当初材と類似する技術・道具で加工することを推奨しつつ、1999年の憲章にあった木工継手仕口の使用および釘の複製などの具体的な要求が削除されている。

　また、「最小限の介入」と「解体修理」に関する条項は、次のように変更されている。

　　　介入は、建造物の存続を確保し、その真正性・完全性を守り、安全にその機能を果たし続けることを可能にする最小限のものにするべきである。しかし、下記の条件下には、構造体の部分的または完全な解体が可能である。

　　　a.当初材を原位置で修理するのに容認できない度合の介入が必要になる場合。

　　　b.その適当な挙動が取り戻せないほど、構造体の変形が進んでいる場合。

　　　c.構造体を変形したまま維持するためには、不適当な追加措置が必要になる場合。

　　　あらゆる解体の適性に関する判断は、各文化的文脈の中で行い、建造物の真正性を守る目的で行うべきである。

　　　また、判断を行ううえでは、木材、継手仕口、釘などの結合部材に対して、解体することによって非可逆な破損を与える可能性を考慮に入れ、評価するべきである。(43)

　すなわち、「最小限の介入」を基本とし、「解体修理」が建物に破損を与えられうる危険な方法と位置付けられながら、一定の条件下で認められている。そして、以前の憲章と異なり、「解体修理」が認められる条件が具体的

に記載されており、これらの条件は地域の修理の伝統と関連するものではなく、構造体の破損状況と関連するものである。

さらに、構造体の挙動を正確に理解する必要性が強調され、不要な構造補強および構造的安定性に影響のない変形の修正を避けるべきであるとする。

5　おわりに

本章では、イコモス木の委員会が作成した憲章の分析から、木造建築遺産保存に対する考え方の変遷について下記の事情が明らかとなった。

木造建築遺産に適応した保存憲章については、1975年に設立されて以降、木の委員会が継続して検討してきた。憲章を作成する際に、基本的に一般の建築遺産保存の原則である「最小限の介入」・「最大限の材料の保持」・「新旧の区別と調和」・「可逆性」の原則が引き継がれ、伝統的な技術・材料の重要性がさらに強調され、また部材の取り替えに関する規定が付け加えられた。

しかし、徹底的な修理を行うことで建物を健全な状態に取り戻すことを目的とする「解体修理」の方法は、「最小限の介入」の原則と相反しており、従来の枠組み内ではその理念的な位置付けが困難である。

さらに、「伝統的な技術の活用」と「最大限の材料の保持」の調和も困難な課題である。

上記のような課題は、木造建築遺産の文化的意義が様々な価値から構成されており、これらの価値には相反している部分があることに起因する。次章では、木造建築遺産の文化的意義を構成する価値の特質、および文化的意義の真正性・完全性について検討を行うことにする。

第 I 部　木造建築遺産保存の理念の検討

註

1　Raymond Lemaire, 1921-1997.

2　Ernest Martin

3　Martin, Ernest (1983) "Opening Speech in Bergen 13.VI.1983 ", *Proceedings of the V International Symposium,* ICOMOS International Wood Committee.

4　Feilden, Bernard (1979) "A Possible Ethic for the Conservation of Timber Structures" *Symposia on the Conservation of Wood : Stockholm, 11-14 Mai-May 1977, Troyes, 16-19 Mai-May, 1979,* ICOMOS International Wood Committee.

5　Feilden, Bernard M. (1979) *Introduction to Conservation,* UNESCO.

6　"Due to the nature of the material in the conservation of timber structures, the ethic imposed by considerations of structural integrity, stability and durability generally takes precedence over other values. "

7　"craftsmen prefer to use their skill in renewing rather than repairing "

8　Charles, F.W.B. (1984) *Conservation of Timber Buildings,* Hutchinson.

9　前掲 Martin, 1983.

10　Michael Mennim, 1921-2005.

11　Martin E. Weaver, 1938-2004.

12　Mennim, Michael (1988) "Guidelines for the Conservation of Timber Structures", *Transactions of the Association for Studies in the Conservation of Historic Buildings,* Vol. 13.

13　"Replacement timber should be of the same species as the original and converted from the log and seasoned in the original way "

14　"Frames should not normally be disturbed"

15　"The object should be to understand the form and techniques of erection of the original structure and all subsequent development; but opening up and therefore destroying parts of the building should only be a last resort. "

16　Roland Silva, 1933-2020

17　Gutschow, Niels (2003) "Conservation in Nepal - A Review of Practice", *The Sulima Pagoda,* Orchid Press.

18　ICOMOS International Wood Committee (1994) *8th International Symposium,* Tapir

19　ICOMOS International Wood Committee (1994) "ICOMOS International Wood Committee Recommendation", *ICOMOS International Wood Committee (IIWC) 8th International Symposium,* p. 195-199, Tapir.

20　"The Committe's review of several conservation projects in progress highlighted a number of significant technical conservation issues. "

21　"the dismantling/in situ repair debate"

2 木造建築遺産への保存原則の適応

22 David Michelmore, 1945-

23 "In common with all the other members of the who attended the symposium, I was concerned that there seemed to have been have been far too much dismantling and reconstruction in the work carried out as a result of the UNESCO initiative rather than attempts to repair in situ."

24 Michelmore, David (1994) "Notes on the Icomos International Wood Committee Symposium in Patan, Nepal, November 1992", *ICOMOS International Wood Committee (IIWC) 8th International Symposium*, p. 183-194, Tapir.

25 Larsen, Knut Einar, and Marstein, Nils, (1994) "Introduction From The Management Group of IIWC", *ICOMOS International Wood Committee (IIWC) 8th International Symposium*, p. 7-10, Tapir.

26 前掲Larsen and Marstein, 1994.

27 Nils Marstein, 1950-

28 Knut Einar Larsen, 1946-

29 ICOMOS International Wood Committee (1999) *Principles for the Preservation of Historic Timber Structures.* (巻末資料一1④)

30 Herb Stovel, 1984-2012.

31 第3章参照。

32 Larsen, Knut Einar, and Marstein, Nils, *Code of Ethics for the Preservation of Historic Timber Buildings - Draft Document*, 1994年1月作成、1994年3月、姫路における木の委員会の会議において配布 (巻末資料一1③)。

33 "Depending on local or regional traditions, or on particular structural conditions, preservation work on a timber building may be carried out in situ, or by dismantling, followed by repair or replacement of the individual members and subsequent reassembly."

34 Larsen, Knut Einar (1994) *Architectural Preservation in Japan*, Tapir.

35 "in many cases it is wise to buy time with temporary measures in hope that some better technique will evolve especially if consolidation may prejudice future works of conservation." (前掲Feilden, 1979)

36 高品正行 (2013)「保存修理の現状——技術者の立場から」『文化財建造物の保存修理を考える第1回シンポジウム「保存修理の理念とあり方」の記録』文化財建造物保存技術協会。

37 ICOMOS International Wood Committee, (1995) "Committee Meeting in Himeji City, Japan, 12 March 1994 - Resolutions" *Japan Icomos Information*, Period 2, Vol. 10

38 "The minimum intervention in the fabric of a historic timber structure is an ideal. In certain circumstances, minimum intervention can mean that their preservation and conservation may require the complete or partial dismantling and subsequent reassembly in order to allow

第 I 部　木造建築遺産保存の理念の検討

for the repair of timber structures"

39　"If a part of a member is replaced, traditional woodwork joints should, if appropriate andcompatible with structural requirements, be used to splice the new and the existing part"

40　"Nails and other secondary materials should, where appropriate, duplicate the originals"

41　Tampone, Gennaro (2014) "Updating the Principles for the Preservation of Historic Timber Structures" *ICOMOS International Wood Committee Who Is Who,* ICOMOS International Wood Committee

42　*Principles for the Conservation of Wooden Built Heritage*

43　Interventions should follow the criteria of the minimal intervention capable of ensuring the survival of the construction, saving as much as possible of its authenticity and integrity, and allowing it to continue to perform its function safely. However, that does not preclude the possible partial or even total dismantling of the structure if:

a)　repairs carried out *in situ* and on original elements would require an unacceptable degree of intervention;

b) the distortion of the structure is such that it is not possible to restore its proper structural behaviour;

c) inappropriate additional work would be required to maintain it in its deformed state.

Decisions regarding the appropriateness of any dismantling should be considered within each cultural context, and should be aimed at best protecting the authenticity of the building. In addition, decisions should always consider and evaluate the potential for irreversible damage to the wood, as well as to wood joints and connections (such as nails) during the dismantling intervention.

3 建築遺産における「文化的意義」、

「真正性」および「完全性」の概念の変遷と特質

1 はじめに

　ここまでは、保存原則（すなわち、建築遺産の修理を実施するにあたって、その文化的意義を保持するために守るべきルール）に注目した。第1章では、建築遺産保存の始まりに遡り、保存原則の形成過程および20世紀におけるその国際的な普及過程を辿った。第2章では、1970年代から行われた木造建築遺産への保存原則の適応の試みについて検討した。その結果、保存原則同士が一部矛盾しあっていることを確認できた。さらに、保存原則を木造建築遺産の修理に適応する場合、これらの矛盾が一層浮き彫りになることが明らかとなった。

　このような矛盾は、保存原則が守ろうとしている文化的意義そのものに相反する側面が潜在していることから起因すると思える。そこで、本章では、再び建築遺産保存の始まりに遡り、建築遺産の「文化的意義」の概念に注目し、指針・憲章・論考等の資料を分析することにより、その形成と変遷過程を追跡する。さらに、「文化的意義」と密接に関連している「真正性」および「完全性」について検討する。

　「文化的意義」は、「芸術的価値」、「歴史的価値」、「社会的価値」、「宗教的価値」など、建築遺産の個々の価値を総合的に認識することによって浮かび上がる概念である。建築遺産の保存修理を取り組む際には、まずその文化的意義を構成する種々の価値を認識し、適切に評価することが必要になる。さらに、文化的意義は誠実であることを保証する「真正性」（authenticity）、および文化的意義を表現するために必要な要素の保存状況を測る「完全性」（integrity）という二つの指標も合わせて認識する必要がある。

　建築遺産の文化的意義、真正性と完全性の概念は時間とともに変遷してきた。さらに、建物の時代・地域・類型・材料・構法などの特徴によって、その文化的意義の特質が異なってくる。本章では、第2節において文化的意義

第Ⅰ部 木造建築遺産保存の理念の検討

の概念の変遷に注目し、第3節に真正性・完全性の両概念について検討する。

2 建築遺産の文化的意義の概念の変遷

2.1 リーグルによる建築遺産の価値の分類

文化的意義の概念が、19世紀にヨーロッパ各国で国家による建築遺産保存が始まった時点から潜在していたと考えられる。建物に造られた時点の利用価値に加えて、特殊の意義が付加されることによってはじめて建築遺産として認識されるからである。例えば、イギリスのラスキンやモリスの文章では、歴史の深さを現す建物の古びた姿の美学的および感情的な価値を重視する文化的意義の理解が暗示されており、その結果、支柱や鉄帯などの補強を施し、あらゆる建物を変形したままに固定するという一律の修理方法が推奨されている[2]。

19世紀の修復・反修復の議論を受けて、建築遺産の価値の分類とそれぞれの定義を試みた最初の論考は、20世紀初頭にオーストリアの美術史家アロイス・リーグル[3]（図3-1）によって執筆された『現代の記念物崇拝[4]』である。リーグルは記念物（モニュメント）の価値を「記憶の価値」（Erinnerungswerte）と「現在的価値」（Gegenwartswerte）に大別する。前者は記念物特有の価値であり、「経年価値」・「歴史的価値」・「意識的記憶の価値[5]」を含む。後者は記念物にも一般の建物にも確認できる価値であり、「使用価値」・「芸術価値[6]」を含む。

「記憶の価値」のうち、最初に挙げられているのは「経年価値」（Alteswert）である。「経年価値」は、時間の経過がもたらす衰退と破壊による記念物の美学的および感情的な価値であり、材料の変質・変色および建物の傾きなどの変形によって表現される。つまり、時間の蓄積と歴史の連続性を伝える価値である。さらに、「経年価値」は最も多くの記念物に認められ、観察者の背景を問わず、最も感覚的で解りやすいことから、最も普遍的な価値とされている。「経年価値」を優先する場合、保存の目的は記念物の劣化を減速させることにあり、記念物に介入する修理・修復は避けるべきであるとされる。

58

3 建築遺産における「文化的意義」、「真正性」および「完全性」の概念の変遷と特質

一方、リーグルの定義によると、「歴史的価値」は、建築史・美術史の観点から見た、ある時代の代表的な作品としての記念物の学術的価値を指し、記念物が造られた当初の形態に最も良く認められる。そのため、リーグルは劣化した現状が有する「経年価値」と当初形態が有する「歴史的価値」は矛盾していると指摘する。ただし、間違った修復を避けるために、リーグルは記念物の当初の形態の追跡は複製、または言葉のうえで行われるべきであり、記念物そのものを修復してはならないと主張す

図3-1 アロイス・リーグル（1858-1905）（ウィーン大学文庫所蔵）

る(7)。つまり、「歴史的価値」を優先する場合、保存の目的は記念物の劣化の過程を完全に食い止め、現状の姿を固定することであるとする。

「意識的記憶の価値」は当初から記念物として設計された建物に限られた価値である。リーグルは「意識的記憶の価値」を優先する場合には、建物を当初の姿に修復するべきであるとする。

一方、「現在的価値」である「使用価値」または「芸術価値」を優先する場合には、記念物を一般の現代的な建物と同等の健全な状態に戻すことが望ましく、修復を行うことによって経年劣化を取り除くことが最適のアプローチであるとする。

すなわち、リーグルは記念物の価値が相反しているため、全ての記念物に一様の修理方法を適用することではなく、個々の記念物が持つ様々な価値の優先順位を判断したうえで、最適な対策を探るべきであると主張する。現在では、記念物以外に建築遺産として認識されるようになった建物の種類が多くなり、これに伴ってより多くの価値の種類を考慮に入れる必要が生じたが、この原理は今日でも有効であろう。

2.2　建築遺産の価値の多様化と文化的意義の概念の形成

20世紀にかけて、建築遺産として認識されるようになった建物が多様化することにつれて、文化的意義を構成する価値の種類も多様化した。

20世紀に作成された主な国際保存憲章の内容を確認すると、1931年の『アテネ憲章』[8]では歴史的および芸術的な価値が記載されており、1964年の『ヴェニス憲章』[9]では同様に「記念建造物の保全と修復の目的は、芸術作品として保護すると同等に、歴史的な証拠として保護することである」[10]とある。

一方、『ヴェニス憲章』ではすでに「文化的意義」の用語が用いられているが、この概念の定義は1979年の『バラ憲章』[11]において行われた。『バラ憲章』によると、文化的意義は「過去、現在、未来の各世代にとっての美学的、歴史的、科学的、もしくは社会的な価値」を意味する。1999年に採択された改訂版では、さらに「精神的価値」が追記された。

文化的意義を構成する個々の価値の体系的な分類はイギリスの保存建築家バーナード・フェイルデンによって1982年に『歴史的建造物の保存』(*Conservation of Historic Buildings*)[12]において行われた。リーグルによる価値の分類と比較すると、それぞれの価値の定義はなされていないが、認識される価値の種類の数がはるかに増加していることが確認できる。

フェイルデンは建築遺産の価値を「感情的価値」、「文化的価値」、「使用価値」[13]、の三種類に大別した。

「感情的価値」には「驚異」、「アイデンティティー」、「連続性」、「尊敬と崇拝」、「象徴的および精神的価値」[14]が含まれる。

「文化的価値」には「資料としての価値」、「歴史的価値」、「考古学的価値および古さの価値」、「美学的および建築的価値」、「都市景観的価値」、「景観的および環境上の価値」、「技術的および科学的価値」[15]が含まれる。

「使用価値」には、「機能的価値」、「経済的価値（観光を含む）」、「社会的価値（アイデンティティー・連続性も含む）」、「教育的価値」、「政治的価値」[16]が含まれる。

フェイルデンはそれぞれの価値を個別に検討したうえで、総括的に勘案することによって浮かび上がるのは、建築遺産の「意義」（significance）であると説明する。

3 建築遺産における「文化的意義」、「真正性」および「完全性」の概念の変遷と特質

『バラ憲章』およびフェイルデンの論考において確認される価値の種類の拡大は、1970年代から建築遺産として認識されるようになった建物の多様化を反映していると思える。すなわち、「芸術的価値」や「歴史的価値」など、従来強調されてきた記念物（モニュメント）の典型的な価値の他、「感情的価値」、「精神的価値」、「技術的価値」や「社会的価値」など、無形的な要素を含む価値も認識されるようになったと言える。

一方、文化的意義を構成する価値の多様化によって、その適切な評価が複雑化した。従来、建築遺産を主に美術史・建築史の観点からのみ評価されることが多かったが、現在は様々な分野から文化的意義の評価を行い、さらに建築遺産を支える地域社会も合わせて考える必要がある。

3 建築遺産の真正性・完全性の概念の変遷

3.1 ヨーロッパにおける建築遺産の真正性・完全性の概念

西ヨーロッパの諸言語では、「真正性[17]」および「完全性[18]」の概念が同じ語源を持つ用語によって表現される。そのため、19世紀における建築遺産保存の始まりから真正性と完全性の両概念が適用され、その定義が問題視されなかった。1862年に建築遺産保存の在り方についてジョージ・ギルバート・スコットが発表した論文では、「古建築を最高の価値を持つものとして扱い、その完全性と真正性を最重要なことがらとみなす[19]」べきであるとあり、この時点では既に真正性・完全性の両概念が建築遺産の価値を保証する指標として使用されていることが確認できる。

『ヴェニス憲章』の前文には、「記念物の真正な価値を完全に守りながら後世に伝えることが、我々の義務となっている[20]」とあり、真正性が憲章の目的と直接関連する重要な概念として登場する。また、第8条に「記念物にとって不可欠の部分（integral part）となっている彫刻、絵画、装飾の除去は、除去がそれらの保存を確実にする唯一の手段である場合にのみ認められる[21]」、第14条に「記念物の敷地を、その完全性を守るために特別に保護するべきである[22]」とあり、完全性の概念もこの時点で既に認識されていることが分かる。

第Ⅰ部　木造建築遺産保存の理念の検討

さらに、1975年にヨーロッパ理事会によって採択された『ヨーロッパ建築遺産憲章』[23]では、「この遺産は、人類の記憶の中で欠くことのできない部分として、真正性が保たれた状態で、かつ、多様性をとどめる中で、未来の世代に受け継がれなければならない」[24]とある。

すなわち、19世紀から1970年代にかけて、建築遺産保存に関連する指針・憲章等で真正性・完全性は文化的意義と関連する重要な概念として使用されてきた。しかし、これらの資料では、両概念の明確な定義がなされていない。

3.2　世界遺産条約と真正性・完全性の検証

上記の通り、ヨーロッパでは建築遺産の真正性・完全性の概念について暗黙の了解が得られており、その定義が問題視されていなかった。しかし、1972年にユネスコが採択した『世界遺産条約』[25]によって客観的に真正性・完全性の評価を行う必要に迫られた。

『世界遺産条約』では、文化遺産を「世界遺産一覧表」（World Heritage List）に登録するための条件として、「顕著な普遍的価値」（outstanding universal value, OUV）を備えていることとともに、その真正性および完全性を検証することが要求された。その方法は、『世界遺産条約の作業指針』[26]（以下、作業指針）に定められている。1977年に採択された『作業指針』の初版では、真正性を文化遺産、完全性を自然遺産の価値の指標とされており、真正性については「意匠」、「材料」、「技能」および「環境」[27]の四つの観点から検証するべきであると規定されている。

この真正性の定義によると、材料が真正ではない場合、全体として条件を満たせないことになる。このことは当初から問題視された。

特に、第二次世界大戦後に再建されたワルシャワ歴史地区の世界遺産一覧表への登録を巡っては議論か重ねられた末、再建の例外的な歴史的背景を考慮にいれて、上記の真正性の定義を緩和して1980年に登録が認められた。そして、この時『作業指針』の真正性の項目に「再建は完全かつ詳細的な資料に基づき、推測を含まない場合に限って認められる」[28]と追記された。[29]

また、修理する度に部材の部分的な取り替えが行われる日本の木造建築は、上記の真正性の定義に当てはまるか否かも早期から議論となった。1979年、

3 建築遺産における「文化的意義」、「真正性」および「完全性」の概念の変遷と特質

当時の世界遺産委員会副委員長であったフランスのミシェル・パレント[30]が発表した論考[31]の中で「1千年に亘り、腐朽した木部材を建物や材質の外観に変更を加えることなく定期的に取り替えることで、完璧に維持されて来た京都の木造寺院は、紛れもなく真正さを保っている[32]」と主張し、文化遺産の材料の特質によって真正性の理解が異なると論じた。さらに、日本が世界遺産条約を批准した翌年の1993年に、当時世界遺産委員会のフランス代表であったレオン・プレスイール[33]が、「日本では、最古の寺院は周期的に全く同一に再建される。真正性は本質的に機能と結びついており、副次的に形とも結びつくが、決して材料とは結びつかないのである[34]」と指摘し、木や土など腐敗しやすい材料で造られた建物の場合、材料の真正性を不可欠な要件とする上記の真正性の定義を見直す必要があると主張した。すなわち、西ヨーロッパの専門家の間でも、真正性を検証することに当たり、必ずしも「意匠」・「材料」・「技術」・「環境」の四つの属性をすべて検証するのではなく、文化的意義の特質によって、検証すべき真正性の属性が異なるという認識が存在していたことが言える。ただし、プレスイールの指摘は日本の木造建築遺産の修理方法と式年造替を混同しており、日本の木造建築遺産保存に対する国際的な理解不足が反映されている。

3.3 『真正性に関する奈良ドキュメント』

上記のような議論が行われている中、日本は1992年6月に『世界遺産条約』を批准し、「姫路城」と「法隆寺地域の仏教建造物群」を世界遺産一覧表に登録推奨する予定であった。

同年11月に、ネパール・カトマンズでイコモス木の委員会の第八回国際会議が開催され、ユネスコとイコモスの専門家は現地で行われていた木造建築遺産の修理工事を視察し、修理方法について議論が重ねられた。その結果、「解体修理が行われている割合が高すぎる」と指摘された[35]。さらに、12月にアメリカ合衆国・サンタフェで開催された第16回世界遺産委員会で、イコモスの代表者であったハーブ・ストーヴェルがカトマンズの状況について報告し、「世界遺産登録範囲内外で行われている最上の建築的な価値を持つ木造記念物の修復の質」について疑問を示した[36]。

第Ⅰ部　木造建築遺産保存の理念の検討

図3-2　世界文化遺産奈良コンファレンスの参加者（Larsen, Marstein,1995 より転載）

　日本の木造建築遺産の世界遺産一覧表への登録およびネパールの木造建築遺産の解体修理の課題を背景に、サンタフェの世界遺産委員会において「文化遺産の真正性・完全性の基準について、その改訂に向けての批判的評価を行う必要がある」と指摘され、そのための専門家会議を開催することが推奨された。[37]

　1993年5月ストーヴェルは日本を訪問し、文化庁の協力を得て世界遺産委員会が推奨した専門家会議を実現することを目論んだ。日本側は腐朽した部材の取り替えや建物の解体を伴う日本の木造建築遺産の修理方法が真正性を損なうと評価されることを懸念し、払拭するために専門家会議を日本で開催することを決定した。[38] 1994年1月31日〜2月2日にノルウェー・ベルゲンで準備会議が開催され、同年11月1日〜6日に文化庁、奈良市、なら・シルクロード博記念国際交流財団の主催により、奈良市で「世界文化遺産奈良コンファレンス」（以下、奈良会議）が開催された。

　奈良会議では、日本、イコモス、文化財保存修復研究国際センター（ICCROM）などの28カ国の専門家計45名が集まり、文化の多様性を念頭において、真正性の概念について再考察が行われた。決議として採択された『真正性に関する奈良ドキュメント』[39]（以下、『奈良ドキュメント』）では、価値

3　建築遺産における「文化的意義」、「真正性」および「完全性」の概念の変遷と特質

とその真正性の評価は画一的な基準に沿うのではなく、それぞれの遺産の文化的文脈の中で行われるべきであるとする。そのためには、「各文化圏において、その遺産が有する固有の価値の性格と、それに関する情報源の信頼性と確実性について認識が一致することが、極めて重要かつ緊急を要する」と主張された。さらに、真正性の評価は多様な情報源の真価と関連すると指摘され、その情報源の側面として、「形態と意匠、材料と材質、用途と機能、伝統と技術、立地と環境、精神と感性、その他内的外的要因」が挙げられた。

『奈良ドキュメント』における真正性の再解釈は、2005年の『作業指針』の改訂版に初めて反映された。改訂版では、従来真正性を検証するための観点とされていた『意匠』・『材料』・『技術』・『環境』の代わりに、文化的意義を表現し得る属性（attributes）を導入し、その例として「形態と意匠」、「材料と材質」、「用途と機能」、「伝統、技術と管理体制（management systems）」、「立地と環境」、「言語およびその他の無形遺産」、「精神と感性」、「その他内的外的要因」が列挙された。真正性を検証することに当たって、まずこの属性のうち適用すべきものを認識し、続いてそれぞれについてどの程度真正性が保たれているかを検討する必要があるとされた。

さらに、従来自然遺産に限って適用されていた完全性の指標は、この作業指針の改訂版から文化遺産についても適用されるようになった。完全性を評価することに当たって文化的意義を充分に表現するための必要の要素が全て揃っているかどうかを確認するとともに、保護範囲が充分であるかどうか、開発または管理放棄による悪影響の恐れがあるかどうかを確認するべきであると規定された。

奈良会議以降、真正性の定義は建築遺産保存における大きな課題となり、これを巡って多数の会議が開催された。1996年に米国のサン・アントニオで開催された会議において、『奈良ドキュメント』を受け、アメリカ大陸における真正性の概念について考察が行われた。2000年にラトビア・リガで開催された会議において、真正性と失われた建築遺産の再建について考察が行われ、一般的には再建は誤解を招く行為であるとされたが、例外的な条件下には再建を認めることができるという結論が出された。さらに、2014年に奈良で開催された奈良会議の20周年記念会議においては、真正性と関連する新たな課題として「遺産プロセスの多様性」、「文化的価値の進化の意味」、「多様な利害関係の関与」、「錯綜する主張と解釈」、「持続可能な発展に

第 I 部 木造建築遺産保存の理念の検討

おける文化遺産の役割」を指し、これらについてさらなる検討が必要であると指摘された。

しかし、『奈良ドキュメント』で急務とされている、各文化圏における「その遺産固有の価値の性格と、それに関する情報源の信頼性と確実性」についての認識の一致が未だに得られていないと言わざるを得ない。

4　おわりに

以上、建築遺産における文化的意義、真正性および完全性の概念の変遷を辿ってきた。その要点を纏めると、下記の通りになる。

ヨーロッパでは、文化的意義、真正性および完全性の概念が、建築遺産保存の始まりから認識されていた。しかし、当初は明確な定義がないまま使用されていた。

文化的意義については、20世紀初頭にリーグルによってその分析が初めて行われた。リーグルは既にそれぞれの価値が相反していることを認識し、優先する価値によって、「劣化の減速」、「現状維持」、「修復」という異なるアプローチを採るべきであると指摘した。

20世紀にかけて、建築遺産として認識される建物の種類の増加に伴い、その価値の種類も増加する傾向が確認される。従来のモニュメントの場合には「経年価値」、「芸術的価値」および「歴史的価値」が重視されてきた。しかし、1970年代より、「感情的価値」、「精神的価値」、「技術的価値」や「社会的価値」など、無形的な要素を含めた価値も認識されるようになった。

一方、真正性および完全性については、『世界遺産条約』の実行に伴って、その客観的な検証を行う必要が生じた。当初、真正性を「意匠」・「材料」・「技術」・「環境」の四つの観点から評価することが規定され、全ての観点について真正性の条件が満たされることが求められていた。しかし、この四つの観点から真正性が認められなくても、真正な価値を持つ建築遺産が存在するという見解もあった。この課題を解決するために奈良会議が開催された。

奈良会議における最大の進展は下記の2点に要約できる。

1　真正性を評価するために必ずしも「意匠」・「材料」・「技術」・「環境」

3 建築遺産における「文化的意義」、「真正性」および「完全性」の概念の変遷と特質

の四つの観点をすべて適用する必要がない。むしろ、文化的意義の性格をもとに、関連する真正性の属性を判断し、これらを適用して真正性の評価を行うべきである。

2 真正性を評価するための属性として、従来の「意匠」・「材料」・「技術」・「環境」以外に、「用途と機能」、「精神と感性」やその他のものがある。

『奈良ドキュメント』によって真正性の概念の「緩和」が行われたと解釈されることが多いが、実際に行われたのは真正性を検証するための手順の変更である。すなわち、従来は四つの固定した「観点」である「意匠」・「材料」・「技能」・「環境」のいずれからも真正性を検証する必要が規定されていたことに対して、『奈良ドキュメント』以降は、まず文化的意義を表現し得る多種多様の「情報源・属性」から、当該の建造物に関連するもの特定し、次にこれらについてのみ真正性を確認することになった。「経年価値」、「資料としての価値」や「歴史的な価値」がその文化的意義の主な構成要素である建物について、これらの価値は「材料」によって表現されるため、真正性は当初材の残存状況と強く関連するだろう。一方、「意匠」および「技術」が文化的意義の主な構成要素である場合、「材料」の真正性が一部失われていても、文化的意義全体の真正性は充分に保たれている可能性もある。極端な例では、建物の文化的意義は当初材の存在と関連しない場合、真正性を検証する際に「材料」の観点を全く適用する必要がないことになる。この評価方法に従うと、式年造替によってすべての材料が更新される伊勢神宮の社殿についても、その文化的意義を真正なものとして認めることが可能になる。つまり、真正性の検証の最も重要なステップは、それぞれの遺産についてその文化的意義の特徴を明らかにし、文化的意義を構成する属性を特定することである。

　明確な保存原則を提供する『ヴェニス憲章』と異なり、『奈良ドキュメント』は修理の際に直接適用できるルールを規定しない。そのため、『奈良ドキュメント』で重視されている「文化の多様性」を唱え、真正性は相対的な概念である以上、その定義、またはその適用までも不要であるという見解が現れている。しかし、このような見解は『奈良ドキュメント』の間違った解釈から生まれている。『奈良ドキュメント』では、真正性の定義は「極めて重要かつ緊急を要する」課題とされている。ただし、この定義は国際的なドキュメントで定めることは不適切とされ、代わりに「各文化圏において」行うべ

第 I 部　木造建築遺産保存の理念の検討

きであるとし、さらにこれについて「認識の一致」を得ることも要求されている。しかし、近年に建築遺産における真正性に関して議論が重ねられてきたものの、『奈良ドキュメント』の要求について大きな進展がみられない。

　真正性の定義について認識の一致を得るためには、まずそれぞれの建築遺産の種類について、その文化的意義の性格を検討する必要がある。木造建築遺産については、その材料と構造の特質のため、その文化的意義は他の材料で造られた建築遺産のものと異なる性格を持つと思える。そこで、第 I 部小結では、文化的意義の性格に影響を与える木造建築遺産の特徴について考察する。日本では、建築遺産の大半は木造であるため、この課題の解明は特に重要であろう。

　日本では、建築遺産における「真正性」および「完全性」は、主に世界遺産と関連して比較的近年に使用されるようになった。西ヨーロッパ諸国の言語と異なり、日本語では「authenticity」と「integrity」に完全に対応する日常的な言葉は存在せず、「オーセンティシティ」と「インテグリティ」が使用されることもある。しかし、日本でもヨーロッパでも、文化的意義を真正かつ完全な状態に保持し、後世に伝えることが建築遺産保存の使命とされている。そのため、世界遺産への登録を目指している建築遺産についてのみならず、すべての建築遺産について、この三つの概念を必ず念頭に置く必要がある。

3　建築遺産における「文化的意義」、「真正性」および「完全性」の概念の変遷と特質

註

1　この定義はバラ憲章（Australia ICOMOS（1979）*The Australia ICOMOS Guidelines for the Conservation of Places of Cultural Significance（"Burra Charter"）*）に基づく。本研究においては、文化的意義（cultural significance）、文化的価値（cultural value）、文化遺産としての価値（cultural heritage value）、文化遺産としての意義（cultural heritage significance）を同意義の用語とする。

2　Ruskin, John（1849）*The Seven Lamps of Architecture,* Smith, Elder, and Co お よ び Morris, William（1877）*The Manifesto of the Society for the Protection of Ancient Buildings*。第1章参照。

3　Alois Riegl, 1858-1905.

4　Riegl, Alois（1903）*Der Moderne Denkmalkultus - Sein Wesen und Seine Entstehung*, Braumüller. 日本語訳：尾関幸（訳）（1997）『現代の記念物崇拝』中央公論美術出版。

5　"Alteswert", "historische Wert", "gewollte Erinnerungswert".

6　"Gebrauchswert", "Kunstwert".

7　"Nur darf dies nicht am Denkmal selbst geschehen, sondern an einer Kopie oder bloß in Gedanken und Worten".

8　International Museums Office（1933）"Conclusions of the Conference", *The Conservation of Artistic & Historical Monuments,* Société des Nations, Institut International de Coopération Intellectuelle.

9　IInd International Congress of Architects and Technicians of Historic Monuments（1964）*International Charter for the Conservation and Restoration of Monuments and Sites.*

10　"The intention in conserving and restoring monuments is to safeguard them no less as works of art than as historical evidence."

11　註1参照。

12　Feilden, Bernard M（1982）*Conservation of Historic Buildings*, Architectural Press.

13　"cultural values", "use values", "emotional values".

14　"wonder", "identity", "continuity", "respect and veneration", "symbolic and spiritual".

15　"documentary", "historic", "archeological and age", "aesthetic and architectural values", "townscape", "landscape and ecological", "technological and scientific".

16　"functional value", "economic（including tourism）", "social（also including identity and continuity）", "educational", "political".

17　authenticity（英）, autenticidad（西）, authenticité（仏）, autenticità（伊）, Authentizität（独）は、古代ギリシャ語「authos, authentikos」（自分自身の）に由来する。

18　integrity（英）, integridad（西）, intégrité（仏）, integrità（伊）, Integrität（独）は、ラテン語「integer」（手をつけていない、損なわれていない）に由来する。

19　"to deal with an ancient work as with an object on which we set the greatest value, and the integrity and authenticity of which are matters which we view as of paramount importance."

69

第Ⅰ部　木造建築遺産保存の理念の検討

(Scott, George Gilbert (1862) "On the conservation of Ancient Architectural Monuments and Remains", *Papers Read at The Royal Institute of British Architects, Session 1861-62*, p. 65-84)

20　"It is our duty to hand them on in the full richness of their authenticity."

21　"Items of sculpture, painting or decoration which form an integral part of a monument may only be removed from it if this is the sole means of ensuring their preservation"

22　"The sites of monuments must be the object of special care in order to safeguard their integrity (...)"

23　The Committee of Ministers of the Council of Europe (1975) *European Charter of the Architectural Heritage.*

24　"This heritage should be passed on to future generations in its authentic state and in all its variety as an essential part of the memory of the human race"

25　UNESCO (1972) *Convention Concerning the Protection of the World Cultural and Natural Heritage.*

26　UNESCO World Heritage Committee (1977) *Operational Guidelines for the Implementation of the World Heritage Convention.*

27　"design, materials, workmanship and setting"

28　"(...) reconstruction is only acceptable if it is carried out on the basis of complete and detailed documentation of the original and to no extent on conjecture."

29　Cameron, Christina, & Rössler, Mechtild (2013) *Many Voices, One Vision - The Early Years of the World Heritage Convention*, Ashgate.

30　Michel Parent, 1916-2009.

31　Parent, Michel (1979) "Comparative Study of Nominations and Criteria for World Cultural Heritage, Principles and Criteria for Inclusion of Properties on the World Heritage List", *Third Session of the World Heritage Committee*, UNESCO.

32　"A wooden temple in Kyoto which has been perfectly maintained, and whose timbers have been replaced regularly as and when they decayed - without any alteration of the architecture or of the look of the material over ten centuries - remains undeniably authentic"

33　Léon Pressouyre, 1935-2009.

34　"In Japan, the oldest temples are periodically identically restored, authenticity being essentially attached to function, subsidiarily to form, but by no means to material."

35　第2章「3木の委員会のカトマンズの会議」参照。

36　"(...) the ICOMOS Representative was able to confirm previously identified obstacles posed by the protection of the sites in the Kathmandu Valley, He expressed his concern for the future safguarding of these sites, due especially to the absence of technical personnel and skilled labour, and to the quality of some restorations of wooden monuments with true

3 建築遺産における「文化的意義」、「真正性」および「完全性」の概念の変遷と特質

architectural value, in and outside in the protected area." (WHC.92 /CONF.002 /12)

37 "A critical evaluation should also be made of the criteria governing the cultural heritage and the criteria governing authentivity and integrity, with a view of their possible revision. The World Heritage Centre should, in consultation with ICOMOS, organize a meeting of experts in accord with the decision already made during the fifteenth session of the World Heritage Committee." (WHC.92 /CONF.002 /04)

38 Masuda, Kanefusa (2014) "The Nara Document on Authenticity and the World Heritage Site of Kathmandu Valley", *Revisiting Kathmandu Symposium - Proceedings*, UNESCO. p. 57-64.

39 *The Nara Document on Authenticity.*

40 "Therefore, it is of the highest importance and urgency that, within each culture, recognition be accorded to the specific nature of its heritage values and the credibility and truthfulness of related information sources"

41 "form and design, materials and substance, use and function, traditions and techniques, location and setting, and spirit and feeling, and other internal and external factors"

42 Interamerican symposium on authenticity in the conservation and management of the cultural heritage, San Antonio, Texas 1996.

43 Regional Conference on Authenticity and Historical Reconstruction in Relationship to Cultural Heritage, Riga, Latvia, 2000.

44 Nara + 20: On Heritage Practices, Cultural Values, and the Concept of Authenticity.

第 I 部 小 結

木造建築遺産保存をめぐる理念的な課題

　第 I 部において、木造建築遺産保存の理念に関して検討した。ここでは、第1章から第3章において明らかとなった実態を踏まえ、木造建築遺産の文化的意義の特性について考察し、さらにその特性が修理の方針と技法に与える影響について考える。

1　木造建築遺産の保存原則の課題

　建築遺産保存の始まりから近年までに作成された保存憲章等を検討すると、「保存原則」（修理を行うための具体的なルール）の数が増えていく傾向が確認される。それぞれの憲章等を作成することにあたって、基本的に以前からの保存原則が引き継がれ、さらに各時代の事情や観点を反映した新たな原則が追加されるからである（表1）。

　イコモス木の委員会が木造建築遺産の保存憲章の作成に取り組んだ際にも、フェイルデンの『保存の原則』など建築遺産全般の憲章を下敷きにされ、伝統的技術の活用を推奨する原則を強調するとともに、木部材の取り替えおよび構造体の復活に関連する原則を追加する形で憲章が構成された。

　しかし、木の委員会で30年以上議論が重ねられ、複数の憲章が作成されてきたが、木造建築遺産の保存原則の課題に結末をつけることに至っていない。その原因は保存原則が一部矛盾し合っていることにある。具体的に、「最小限の介入」・「材料の最大限の保持」・「可逆性」の原則は「伝統的技術の活用」・「構造的機能の復活」の原則と相反していると言える。

　この矛盾は、それぞれの原則が守ろうとしている建築遺産の価値が異なっていることに起因する。矛盾を乗り越えるためには、木造建築遺産の文化的意義の特性について考察する必要がある。

第Ⅰ部　木造建築遺産保存の理念の検討

2　木造建築遺産の文化的意義の特性

　木造建築遺産は、様々な構造や特徴の構造物を含むが、これらには木材の特質に起因するいくつかの共通する特徴が認められる。これらの特徴は、木造建築遺産固有の文化的意義を生み出す。

　文化的意義の性格に影響を及ぼす木造建築遺産に共通する主な特徴として、下記のものが考えられる。

1　古材は風食・古色から生じる美学的な価値を有する。
2　古材から建物の変遷や建築技術に関する多くの情報を読み取ることが可能である。
3　建物を構成する個々の木部材および建物全体が大きく変形することが多い。
4　腐朽した木部材は伝統的技術がによって補修されてきた。
5　建物を構成するそれぞれの木部材には、はっきりした構造的な機能がある。

　次に、上記の特徴が生み出す木造建築遺産固有の価値とその真正性の検証について考察を行いたい。

2.1　古材と学術的価値および美学的価値

　木材は、高温多湿の条件下では腐朽菌・害虫ににによって急速に腐朽するが、良好な環境条件下では長い耐久性を持つ。建物に残る古い木材（古材）は建造物の学術的価値および感覚的価値を表す要素である。

　古色と風食などの古材の感覚的な特徴は、歴史の深さを感じさせる価値、すなわちリーグルが「経年価値」と呼んだ価値を生み出す要素であり、建物の美的・感情的効果に大きな影響を及ぼす。

　古材からもたらされる「経年価値」が評価されるのは、ヨーロッパに限ったものではない。日本でも、昭和51（1976）年から行われた桂離宮の昭和の

第Ⅰ部　小　結

表1　建築遺産保存憲章　比較表

	メリメ／デュク (1849)	スコット (1862)	SPAB宣言 (1877)	ボイト (1883)	マドリッド会議 (1904)	アテネ憲章 (1931)	修復の憲章 (1932)	ヴェニス憲章 (1964)	フェイルデン (1979)	木の委員会 (1999)	木の委員会 (2017)
最小限の介入	○	○	○	○	○/×	○	○	○	○	○	○
材料の最大限保持	○	○	○	○	○/×	○	○	○	○	○	○
新旧の調和	○	×/○	×	○	−/○	−	○	○	○	○	○
新旧の区別	×	○/×	○/×	○	−/×	○	○	○	○	○	○
伝統的な技術を優先	△	△	×	−	−	−	△	○	○	○	○
記録の作成	△	△	○	○	○	○	○	○	○	○	○
記録の公表	−	−	−	−	−	−	−	○	○	○	○
再修理可能								○	○	○	○
可逆性									○	○	○

○：　原則が含まれている
△：　原則が明文化していないが、内容から読み取れる
×：　原則に反している
○/×：使用されていない建物の場合／使用されている建物の場合
−：　原則が含まれていない

大修理において、「美しいとされる現状は永い間の風雪に耐えた人為でない要因に負うところを重視し、用材は極力生かして再利用すること[1]」が修理方針とされた。

　また、古材に残る痕跡からは、建物の変遷および建築技術・道具について情報を得ることができる。さらに、年輪年代測定法と放射性炭素年代測定法によって、木材が伐採された時期についての情報が得られる。

　これらの調査技術の発展に伴って、近年、ヨーロッパの木造建築遺産保存では、「材料の最大限保持」の原則が一層強調される傾向にある。特に、腐朽した木部材の処理方法についての方針転換が見られる。従来、木部材の表層部が腐朽した場合にこれを撤去することが多かったが[2]、1990年代から、木造建築遺産の修理マニュアル等でこの方法が強く批判されるようになり、腐朽が進行していない場合には、部材をそのまま元の位置で保存することが推奨されるようになった[3]。

第Ⅰ部　木造建築遺産保存の理念の検討

2.2　変形と経年価値

　建物を構成する個々の木部材に捩じれ・撓みが生じ、建造物全体に傾斜や不陸が生じるなど、木造建築遺産には大きく変形する傾向がある。ヨーロッパでは、これらの変形も「経年価値」を支えるものとして評価され、建造物を変形したままに保存することが望ましいとされる。

　イギリスの保存建築家の間では、「木骨造建築は、石造や煉瓦造の建築とは異なり、変形しやすく、このことはその魅力と特性の一部である」[4]との見解があり、さらに、「古い建物の床にはしばしば、不陸が生じる。これは他の如何なる要素よりも早く、さりげなく経年を感じさせるのである」[5]、「外観の特徴を保つためには、屋根を波打った形状のまま維持することが肝要である」[6]などの意見が見られる。同様に、ドイツの専門家は「わずかな傾きや曲がった木部材は、構造上の安全性には問題なく、いわば木骨造建築の特徴であるから、どんなことがあってもそのまま残すべきである。これにより、歴史の蓄積によって形成された生き生きとした姿を保持し、充填壁を損なうことを避けることができる。」[7]と主張し、「変形、狂い、割れが生じても使用可能であるという木骨造建築の特性は、木骨造建築の魅力の一部である」[8]などの意見が見られる。フランスの専門家の間でも、同様の考え方が表明されている。[9]

　すなわち、ヨーロッパでは木造建築の変形は、「経年価値」を表す重要な要素として評価され、建物を変形したまま保存されることが多い。

2.3　伝統的技術の価値

　木造建築では、伝統的に木部材が腐朽する度に継剝木などの伝統的木工技術によって繕いや部分取り替えがなされてきた。この伝統的技術は現在も一部継承されており、修理の際に適用することができる。修理に伝統的技術を適用することの利点として、主に下記の2点が考えられる。

　1　伝統的技術や材料が歴史的に使用されてきたため、近代的な技術や材

第 I 部　小　結

料と比較して、その耐久性および建物との相性が保証されている。建
築遺産は今後も永い寿命を持つと予想されるため、修理には耐久性の
確証された材料や技術を使うことが求められる。
2　伝統的技術そのものには無形文化遺産としての文化的意義があり、修
　理に伝統的技術を適用することによってその保存継承が可能になる。

　日本の木造建築遺産保存においては、部材が取り替えられた場合でも、伝
統的技術や材料で修理と取り替え材の加工が行われる場合、文化的意義があ
る程度担保されるという考えが存在する。そのため、伝統的な技術が基本
的な修理手法として適用されてきた。

　一方、ヨーロッパでは1970年代より木造建築遺産保存における伝統的技
術の重要性が認識されるようになった。日本では、昭和51（1976）年に国の
支援による木工技能者の研修が開かれ、翌1977年に、フィンランドで同様
の研修が開かれた。1979年にフランス・トロワで開催されたイコモス木の
委員会の第2回国際会議決議では、各国で木造建築遺産を保存するために必
要な伝統的技術を保護する必要性が訴えられ、その際に参考となる国とし
て日本、フィンランドが挙げられた。ロシアでは1980年代から建築当時と
同様な技術を適用した木造教会の修理が実現し、フィンランドでも1990年
代から同様な事例が見られる。さらに、ノルウェーでは1991年から1996年
にかけて文化遺産局（Riksantikvaren）によって全国の中世木造建築250棟の修
理を対象とした事業が実施され、その一環として木工技能者の研修が行われ、
木材や他の伝統的な材料を確保するための対策が講じられた。年スウェー
デンでも、1990年代から文化遺産局によって木工技術を保護するための事
業が行われた。
　また、伝統的な技術の価値が重視されている日本と北ヨーロッパでは、木
造建築遺産の修理の際に、失われた伝統的技術が再現された事例が見られ
る。日本では、中世まで化粧材の仕上げに使用されていたヤリガンナが、近
世以降建築にはほぼ用いられなくなっていたが、法隆寺昭和の大修理（昭和
9～30年、1934~1955）において、五重塔・金堂で工具痕などから再現された。
一方、北ヨーロッパでは、斧を使用したはつり仕上げの技術（ノルウェー語：
sprett-telgjing）が中世から失われていた。しかし、この技術は北西ロシアでは

第Ⅰ部　木造建築遺産保存の理念の検討

図1　ウェストミンスター・ホール　1914年の修理図面（Frank Baines作成、Parliamentary Archives所蔵、Mc Caig, Ridout（2012）より転載）

18世紀まで使用され続けていた。ロシアでは、1980年代に行われた修理工事において、工具痕と博物館に保管されていた古道具をもとに技術を再現することに成功した[17]。その後、ロシアの経験を基に1990年代にノルウェーでもこの技術が再現された[18]。

2.4　構造体の技術的価値

　木造建築遺産には、柱・梁から構成された架構式構造、校木・ログを積んで造られた井楼組構造、木造の骨組みを土や煉瓦の壁で埋めた木骨造構造など、様々な構造の建物が見られる。さらに、木造小屋組にトラス、扠などの構造が使用され、床組が梁・根太などを組んで構成される。

　上記のような柱・梁・校木・垂木・根太などの木造構造部材にははっきりした構造的な機能がある。これらの組み合わせによって構造体が構成され、その技法と形態は建造物の文化的意義の重要な要素である。したがって、この要素を「構造体の技術的価値」と呼ぶことができる。

　「構造体の技術的価値」を守るためには、構造体が設計された通りに挙動することが望ましく、構造体の完全性（全ての部材が揃っていること）と真正性（それぞれの部材が本来の構造的機能を果たしていること）を担保することが重要である。

　修理の際には、極力構造体の完全性・真正性を担保するべきであるという考え方は、日本とヨーロッパの木造建築遺産保存の専門家によって共有されている。

　日本では、「木造建築の保存は部材ではなく、構造体系の保持が真正さの第一義であり、一定段階での解体もしくは半解体は、むしろその真正さを伝え得る不可欠の修理手段[19]」であるとされる。

第Ⅰ部　小　結

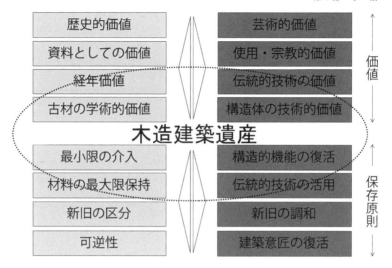

図2　建築遺産保存において対立する価値・保存原則と木造建築遺産の位置付け

　イギリスでは、1914年に行われたウェストミンスター・ホール（Westminster Hall、14世紀）のハンマービームトラスの修理において、鋼材を使用して構造体の補強が行われた。これに対して、SPABの事務局長A・R・ポーイスは[20]この修理技法をやむ得ないものとして認めながら、構造的な機能が一部失われたことを指摘し、このように修理された建物を「檻の中に閉じ込められたライオン」に例えて批判した[21]。さらに、1970年代に樹脂によって修理されると、木造建築遺産保存の先駆者F・W・B・チャールズが「今度はライオンがぬいぐるみになった」[22]と批判し、構造体の真正性が失われたことを訴えた。

　上記の通り、木造建築遺産の材料と構造の特徴は、その文化的意義に影響を与えている。しかし、ここで検討した価値には、相反する性質が潜在する。例えば、変形による「経年価値」は、当初の構造設計による「構造体の技術的価値」と対立する。また、修理の際に伝統的技術を適用することによって、返って古材の取り替え率が高くなる場合がある。そのため、古材による「学術的価値」および「美学的・感情的価値」は、「伝統的技術の価値」と対立する場合がある。

第 I 部　木造建築遺産保存の理念の検討

　つまり、他の建築遺産と同様に、木造建築遺産についてもその価値は相反し合う要素を含めているが、木造建築遺産の場合には、この価値の対立は一層顕著であると言える。そして、対立する価値を守ろうとする保存原則も相反し合い、保存憲章にこの矛盾が反映される（図2）。

　また、価値が対立するため、木造建築遺産の文化的意義を特定することは一層困難となり、価値の優先順位の軽微な違いによって、文化的意義の性格が大きく異なり、その真正性を検証することに当たって確認すべき要素も異なってくる。「経年価値」や「古材の学術的価値」を文化的意義の主な構成要素とした場合、真正性を主に「材料」の観点から検証する必要がある。一方、「構造体の技術的価値」や「伝統的技術の価値」を重視する場合、真正性を検証するための主な観点は「技術」や「意匠」になるだろう。

3　異なる修理へのアプローチ

　木造建築遺産を修理する際、その文化的意義を真正かつ完全な状態に保持し、後世に伝えることが求められる。しかし、上記の通り、価値は相反し合う要素を含めているため、全ての価値を同等に保持し、全ての保存原則を同時に守ることが不可能である。そのため、修理を実施することにあたって、保持すべき価値および適用すべき原則の優先順位を決定する必要がある。

　この価値と原則の優先順位によって、具体的修理へのアプローチが大きく異なってくる可能性がある。

　「経年価値」や「古材の学術的価値」を重視する場合には、これらを守るためには「最小限の介入」・「最大限の材料の保持」、「可逆性」の原則を優先して修理方法を考案する必要がある。

　一方、「構造体の技術的価値」や「伝統的技術の価値」を重視する場合には、「伝統的技術の活用」・「構造的機能の復活」の原則を優先して修理方法を考案する必要がある。

　すなわち、あらゆる木造建築遺産に適用できる普遍的な修理方法が存在せず、ケースバイケースで建物の文化的意義を見極め、保存原則の優先順位を判断し、適正の修理方法を模索する必要がある。

　そのため、同様な特徴の木造建築遺産についても、場合によって対照的に

第Ⅰ部　小　結

異なる修理方法が適用された事例が見られる。ただし、修理方法の妥当性についての理解を得るためには、文化的意義の評価基準および保存原則の優先順位を明確にすることが重要である。

　第Ⅱ部では、事例の分析を通して、様々な木造建築遺産の修理工事で適用された方針と技法を検討し、その背景にある保存原則の順位と文化的意義の評価基準について検討する。

第Ⅰ部　木造建築遺産保存の理念の検討

註

1　宮内庁（1987）『桂離宮御殿整備記録』宮内庁、および宮内庁（1992）『桂離宮茶室等整備記録』宮内庁。

2　木部材の腐朽した部分を撤去する操作を指すためには、英語で"defrassing"、イタリア語で"scattivamento"という単語が使用される。

3　Tampone, Gennaro（1996）*Il Restauro delle Strutture di Legno*, Hoepli, およびRidout, Brian（2000）*Timber Decay - The Conservation Approach to Treatment*, Spon Pressなど。

4　"Timber framed buildings, unlike stone and brick structures, have a tendency to move and distort and this often adds greatly to their quality and character"（Boutwood, James（1991）*The Repair of Timber Frames and Roofs*, SPAB より）。

5　"The floors of old buildings are often out of true level and this fact is one which gives a sense of age more quickly, yet less obviously, than almost any other feature"（Powys, A. R.（1929）*Repair of Ancient Buildings*, SPAB より）。

6　"It is important to ensure that the undulations in the roof are maintained, to preserve its visual character."（McCaig, Ian & Ridout, Brian（2012）*English Heritage Practical Building Conservation - Timber*, Ashgate）

7　"Geringe Schiefstellungen und krumme Hölzer sind unwesentlich für die Standsicherheit, gewissermaßen fachwerktypisch und werden auf jeden Fall belassen, dies auch zur Wahrung des historisch gewachsenen, lebhaften Bildes und zur Vermeidung von Schäden an den Ausfachungen."（Gerner, Manfred（1979）*Fachwerk - Entwicklung, Gefuge, Instandsetzung*, Deutsche Verlags - Anstalt）

8　"Die Fähigkeit des Holzfachwerkes, sich zu verformen, zudrehen und zu reißen und trotzdem nutzbar zu sein, machteinen Teil seiner Faszination aus."（Hähnel, Ekkehart（2003）*Fachwerkinstandsetzung*, Fraunhofer IRB Verlag）

9　Taupin, Jean-Louis（1979）"Technique de Consolidation des Bois", *Symposia on the Conservation of Wood - Stokholm 1977 Troyes 1980*, ICOMOS International Wood Committee.

10　この考え方は、例えば村上訒一（2010）『日本の美術No525 文化財建造物の保存と修理の歩み』ぎょうせい　に明示されている。

11　Kaila, Panu（1981）"The education of craftsmen for restoration in Finland", *Nessun futuro senza passato. 6th ICOMOS General Assembly and International Symposium. Atti*, ICOMOS, p. 633-642.

12　ICOMOS International Wood Committee（1979）*Symposia on the Conservation of Wood : Stockholm, 11-14 Mai-May 1977, Troyes, 16-19 Mai-May, 1979*, ICOMOS International Wood Committee.

13　Popov, Alexandr（2007）"Construction of Russian Wooden Buildings of the 17th – 18th

第 I 部　小　結

Centuries", *From Material to Structure - Mechanical Behaviour and Failures of thr Timber Structures - ICOMOS IWC XVI International Symposium*, ICOMOS.

14　Kairamo, Maija（2000）"The Restoration of Sodankyla Old Church" *Wood Structures - A Global Forum on the Treatment, Conservation, and Repair of Cultural Heritage*, ASTM, p. 131-150.

15　Riksantikvaren（2009）*Riksantiksvarens Middelalderprosjekt 1991-1999 Rapport,* Riksantikvaren.

16　Larsen, Knut Einar（1994）*Architectural Preservation in Japan*, Tapir.

17　前掲Popov, 2007.

18　Larsen, Knut Einar, & Marstein, Nils（2000）*Conservation of Historic Timber Structures - An Ecological Approach*, Butterworth Heinemann.

19　鈴木嘉吉（1993）「文化財修理の方法と理念」『日中文化財建造物保存技術国際シンポジウム』配布資料。

20　A. R. Powys（1881-1936）。25年にかけてSPABの事務局長を務め、1931年のアテネ会議の参加者でもあった。

21　"Possibly an apt simile would be to liken the present state of this, the finest piece of carpentry ever done by man, to a living lion caged for show as opposed to the beast roaming freely the foothills of Kenya Mountain." Powys, A. R.（1929）*Repair of Ancient Buildings*, SPAB.

22　"Now the lion has also been stuffed" Charles, FWB（1984）*Conservation of Timber Buildings*, Donhead.

83

第II部　木造建築遺産保存の方法における

日本とヨーロッパの比較検討

4 ヨーロッパの木造建築遺産保存における基本方針の検討

1 はじめに

1.1 研究の目的と方法

　本章では、ヨーロッパの木造建築遺産保存に焦点を当て、修理事例の分析を通して、具体的な修理内容から保存の基本方針を推論し、その背景にある保存理念を読み取ることを目的とする。

1.2 ヨーロッパにおける木造建築遺産の保存

　ヨーロッパでは木が歴史的に建築材として重大な役割を担ってきた。ヨーロッパ全体には、木骨造[(1)]の住宅が非常に広く分布しており、現在でも火災・戦災を免れた都市の旧市街にこの類型の建築が多く見られる。また、北ヨーロッパ・東ヨーロッパにおいて井楼組[(2)]の住宅と宗教建築が多く残されている。組積造の邸宅や教会などの高級建築の場合でも、石・煉瓦の壁の上に木造のトラスや扠首を組んで小屋組を設けることが一般的であり、各階の床組みも木材で組む。

　このようなヨーロッパの豊富な木造建築遺産については、特に第二次世界大戦後に、文化財としての価値が広く認識されるようになり、その保存修理の理念と手法に関する研究と議論が盛んになった。[(3)] 1965年に設立したイコモスのなかにも、国際学術委員会の一つとして1975年に木造建築の保存修理を専門的に扱うイコモス木の国際学術委員会（ICOMOS International Wood Committee、以下、木の委員会）が置かれた。設立して以降、木の委員会は21回にわたって国際会議を開催し、[(4)] 世界各国の専門家を集めて情報交換を行うとともに、木造建築遺産の特質に適応した保存原則を表した憲章の作成に取

87

第Ⅱ部　木造建築遺産保存の方法における日本とヨーロッパの比較検討

り組んでいる。一方、木造建築遺産の修理事業の増加に応じて、修理の理念と具体的な技法を紹介するマニュアルを作成する必要が生じた。イギリスが先駆けて、1965年に行政機関作成のマニュアルが出版された。これに次いで、ドイツ、カナダ、ノルウェー、イタリア、スペイン、フランスでこのような資料が刊行された。

　本章においては、木造建築遺産の修理事例に関する情報を上記のイコモス木の委員会の国際会議の議事録、木造建築遺産の修理マニュアルおよび関連専門文献から取得した。表4-1は、参考にした資料の一覧である。ヨーロッパに建築遺産の修理工事にあたって報告書を刊行する制度が成立していないため、修理内容に関する情報が公開されていない場合も多い。検討した事例のうち、修理の具体的な内容についての充分な情報があるものに限定し、最終的に37件の修理事例を分析の対象として選択した（表4-2）。

　事例の分析によって、ヨーロッパの木造建築遺産保存においては、根本的に異なっている二つの方針が併存していることが明らかになった。本研究において、これらを「延命方針」と「蘇生方針」と名付け、それぞれの背景にある保存の概念について考察する。特定の修理事業について、片方の方針を基本的な考え方として採用しても、殆どの場合にもう一方の要素も含まれている。それぞれの方法の特徴を明確化するために、本章において、各方針を特に明瞭に提示した事例を取り上げることにする。

2　ヨーロッパの木造建築遺産保存における延命方針

　延命方針は、時間の経過による建築の劣化を減速すること、すなわち、建築を現状のままに固定することを目的とするものである。その基本的な手法は、保存対象に対して外的の措置（補強材など）を加えることである。このような考え方は、ノルウェーのウルネス教会の修理（表1：36番）、フランスのル・プティ・ルーブルの修理（表1：8番）に代表される。

4 ヨーロッパの木造建築遺産保存における基本方針の検討

表4-1 ヨーロッパにおける木造建築遺産の修理事例に関する参考資料

資料	著者	出版年	題　名	収録刊行物	発行者
1	Apezteguia, Maite	2005	Torre Jaureguia en Navarra	Tectonica, N. 18	AC Ediciones
2	Charles, FWB	1983	Bredon Tithe Barn	Proceedings of the V International Symposium, Bergen 1983	ICOMOS International Wood Committee
3	Charles, FWB, Charles, M.	1995	Conservation of Timber Buildings	-	Donhead
4	Cottone, A., Bertorotta, S.	2007	The Wood Trusses of the "Red House" in Palermo's Parco D'Orleans	From Material to Structure - Mechanical Behaviour and Failures of the Timber Structures. ICOMOS IWC XVI International Symposium	ICOMOS International Wood Committee
5	Grimminger, Ulrich	2003	Instandsetzung der Primärkonstruktion an der evangelischen Kirche in Mücke-Sellnrod, Vogelsbergkreis	Reparaturen und Statische Sicherungen an Historischen Holzkonstruktionen	Theiss
6	Kaila, Panu	1977	Traditional Techniques in the Restoration of an Outbuilding of Koitsanlahti Manor	Symposia on the Conservation of Wood - Stokholm 1977 Troyes 1980	ICOMOS International Wood Committee
7	Kaila, Panu	1983	Myllymaki - A Test Project of Preserving a Wooden Monument as Museum Object	Proceedings of the V International Symposium, Bergen 1984	ICOMOS International Wood Committee
8	Kairamo, Maija	2000	The Restoration of Sodankylä Old Church	Structures: A Global Forum on the Treatment, Conservation, and Repair of Cultural Heritage	ASTM
9	Landa, Mikel, Ochandiano, Alazne	2010	Recuperacion de los Entramados de Madera	Detail 2010 01	Detail Publishers
10	Landa, Mikel, Ochandiano, Alazne	2014	Paisaje Cultural del Valle Salado de Añana - Manual de Preservacion Arquitectonica	-	AITIM
11	Larsen, Knut Einar, Marstein, Nils	2000	Conservation of Historic Timber Structures - An Ecological Approach	-	Butterworth Heinemann
12	Lefevre, D., and Gaétan, G	2009	La chapelle de l'ancien collège des Jésuites d'Alençon	Structures en Bois dans le Patrimoine Bâti - Actes des Journées Techniques Internationales Bois 2008	ICOMOS France
13	Liden, Hans-Emil	2012	Forfall og Gjenreisning - Bryggens Bevaringshistorie	-	Bodoni Forlag
14	Pallot, E.	2009	La restauration de la charpente du XIIe siècle de l'ancienne église abbatiale de la Bussière sur Ouche (Côte d'Or)	Structures en Bois dans le Patrimoine Bâti - Actes des Journées Techniques Internationales Bois 2008	ICOMOS France
15	Popov, Alexander	2007	Construction of Russian Wooden Buildings of the 17th – 18th Centuries	From Material to Structure - Mechanical Behaviour and Failures of the Timber Structures. ICOMOS IWC XVI International Symposium	ICOMOS International Wood Committee
16	Reuter, H. and Mittnacht, B	2003	Kloster Eberbach - Reparaturen und Statische Sicherungen	Reparaturen und Statische Sicherungen an Historischen Holzkonstruktionen	Theiss
17	Riksantikvaren	2008	Stavkirkeprogrammet 2001–2015	-	Riksantikvaren
18	Rostu, L	2005	Painted Wooden Churches - Structure Conservation Issues	Conservation of Historic Timber Structures	Collegio degli Ingegneri della Toscana
19	Schaaf, Ulrich	2003	Handwerkliche Sanierung einer Fachwerkkonstruktion -die Restaurierung der Friedenskirche in Schweidnitz (Swidnica), Polen	Reparaturen und Statische Sicherungen an Historischen Holzkonstruktionen	Theiss
20	Stelzer, H	1977	The Architectural Conservation of the Old Timber-Framed Centre of Quedlinburg	Symposia on the Conservation of Wood - Stokholm 1977 Troyes 1980	ICOMOS International Wood Committee
21	Tampone, Gennaro	2002	Copertura e Controsoffitto Lignei Tardo Ottocenteschi del Salone delle Feste di Villa Demidoff a Firenze	Strutture di Legno- Cultura, Conservazione, Restauro	De Lettera
22	Tampone, Gennaro	2005	The Floor and the Ceiling of the Sala di Carlo VIII in the Palazzo Medici Riccardi in Florence - 5. The Conservation Work of the Structural Unit	Conservation of Historic Timber Structures	Collegio degli Ingegneri della Toscana
23	Taupin, Jean-Louis	1979	Technique de Consolidation des Bois	Symposia on the Conservation of Wood - Stokholm 1977 Troyes 1980	ICOMOS International Wood Committee
24	Taupin, Jean-Louis	2005	Déformations dans les Charpentes Historiques	Structures en Bois dans le Patrimoine Bâti - Actes des Journées Techniques Internationales Bois 2008	ICOMOS France
25	The Kizhi Federal Museum of Architecture and Cultural History	2013	The Detailed Report on Preservation of Kizhi Pogost Monuments in 2013	-	The Kizhi Federal Museum of Architecture and Cultural History
26	Yeomans, David	2002	Alternaive Strategies in Restoring a Medieval Barn	Wood Structures: A Global Forum on the Treatment, Conservation, and Repair of Cultural Heritage	ASTM
27	Żychowska, M.J. and Białkiewicz, A	2007	Between Authenticity and Conservation Practice as Exemplified by Tetmajerówka (Tetmajer's manor)	From Material to Structure - Mechanical Behaviour and Failures of the Timber Structures. ICOMOS IWC XVI International Symposium	ICOMOS International Wood Committee

第Ⅱ部　木造建築遺産保存の方法における日本とヨーロッパの比較検討

表4-2　ヨーロッパにおける木造建築遺産の修理事例（修理年代順）

番号	修理対象	修理年代	国	所在地	建築類	構造	建築年代	方針	修理内容	参考資料
1	Fachwerkmuseum Ständerbau (Wordgasse 3)	1966	ドイツ	Quedlinburg	住宅	木骨造	1347年	延命	壁の掻き落とし・再建/構造骨組の安定化/外観の修復	20
2	Stolpehuset 6-7b	1966	ノルウェー	Bergen	倉庫	架構式	1702年以降	蘇生	移築保存	13
3	Cheylesmore Manor House	1966	イギリス	Coventry	住宅	木骨造	1250年以降	蘇生	壁の掻き落とし/破損した部材の取り替え・補修/欠損した部材の補足	3
4	Hotel "Zur Goldenen Sonne".	1971	ドイツ	Quedlinburg	住宅	木骨造	1621年	延命	階段の新設による構造骨組の安定化	20
5	Wellington Inn	1971	イギリス	Manchester	住宅	木骨造	16世紀	蘇生	半解体/軸組の変形の修正/木材の補修	3
6	House No 8 in Schlossberg	1973	ドイツ	Quedlinburg	住宅	木骨造	18世紀末	蘇生	再建	20
7	Koitsanlahden Hovi	1976	フィンランド	Parikkala	農家	木骨造	1870年頃	延命	添え木による壁の補強/壁の部分的再建	6
8	Le Petit Louvre（小屋組）	1977	フランス	La Pacaudière	住宅	扠首	1500年頃	延命	RC造臥梁の設置/斜材・筋違による屋根面・水平面の補強	23
9	La Grande-Chartreuse - Ancienne Bibliothèque（床）	1977	フランス	Grenoble	修道院	床梁	1680年頃	延命	ガラス繊維棒挿入＋樹脂モルタル充填	23
10	La Grande-Chartreuse - Pharmacie-Distillerie（小屋組）	1978	フランス	Grenoble	修道院	扠首	1720年	延命	ガラス繊維棒挿入＋樹脂モルタル充填	23
11	Myllymaki	1980	フィンランド	Nummi-Pusula	農家	井楼組	1839年	延命	腐朽した部材の化学処理/覆屋保存	7
12	Schloss Grumbach	1980	ドイツ	Rimpar	城郭	扠首	16世紀	延命	補強トラス（木材＋ワイヤー）を新設	11
13	Bredon Tithe Barn	1981	イギリス	Worcestershire	穀倉	架構式	1350年頃	蘇生	焼失した部分の再建	3
14	St. Dmitry Solunsky	1988	ロシア	Arkhangelsk	教会	井楼組	1784年	蘇生	解体して伝統的な技術による破損した部材の取り替え・補修	15
15	Kloster Eberbach - Bibliotheksbau	1985	ドイツ	Rheingau	修道院	木骨造	1479年	延命	鉄骨支柱を設置/小屋組に水平筋違（鉄線）を設置	16
16	Kloster Eberbach - Refektorium（小屋組）	1985	ドイツ	Rheingau	修道院	トラス	1679年	延命	補強ストラット（木造）の新設とタイロッドの設置	16
17	Kloster Eberbach - Wirtschaftsgebäude（小屋組）	1985	ドイツ	Rheingau	修道院	トラス	1679年	延命	タイロッドの設置	16
18	Charlton Court Barn	1990	イギリス	West Sussex	穀倉	架構式	1407年頃	蘇生	解体して破損した部材の取り替え・補修/欠損する部材の補足	26
19	Biserica din Dragomiresti	1990	ルーマニア	Dragomiresti	教会	井楼組	1754年	蘇生	解体して破損した部材の取り替え・補修/基礎の作り直し	18
20	Sodankylä Vanha Kirkko	1992	フィンランド	Sodankylä	教会	井楼組	1689年	延命	板の取り付けによる外壁の保護/板葺き屋根の吹き替え/伝統的な構法を用いる	8
21	Cathédrale St-Etienne（小屋組）	1992	フランス	Meaux	教会	扠首	1226年	延命	木造の補強の設置	24
22	Torre Jaureguia (3階・4階・屋根)	1994	スペイン	Donamaria	住宅	架構式	15世紀末	蘇生	解体して破損した部材の取り替え・補修/欠損する部材の補足	1
23	Tetmajerówka	1996	ポーランド	Krakow	住宅	木骨造	1863年	蘇生	壁の解体・再建（木材を再利用/基礎の新設/土台の取り替え	27
24	Friedenskirche	1996	ポーランド	Świdnica	教会	木骨造	1656年	延命	破損した部材の補修・添え木による補強	19
25	Kirche in Mücke-Sellnrod	1997	ドイツ	Sellnrod	教会	木骨造	1697年	延命	小屋組に水平トラスの設置	5
26	Villa Demidoff	1999	イタリア	Firenze	住宅	トラス	1886年頃	延命	補強金具によって腐朽した陸梁の先端を原位置保存	21
27	Valle Salado	1999	スペイン	Añana	塩田	架構式	18世紀以降	蘇生	傷んだ部材の補修・取り替/変形の修正/部分的な作り直し	10
28	Bygning 5e	2002	ノルウェー	Bergen	住宅	井楼組	1702年以降	延命	揚屋して基礎の木材の取替/傷んだ壁の校木の補修	13
29	Casa Rossa（小屋組）	2003	イタリア	Palermo	農家	トラス	19世紀	延命	鉄板と鉄線による補強	4
30	Palacio del Condestable（床梁）	2002	スペイン	Pamplona	住宅	床梁	16世紀	延命	傷んだ梁の先端の取り替え/梁を挟んだまま補強	9
31	Chapelle de l'Ancien Collège des Jésuites（小屋組）	2003	フランス	Alençon	教会	トラス	17世紀	延命	補強トラス（木造）を新設	12
32	Preobrazhenskaya Tserkva	2004	ロシア	Kizhi	教会	井楼組	1714年	蘇生	揚屋して建物を下から順番に解体し、全ての歪を直して組み直す	25
33	Palazzo Medici Riccardi - Saladi Carlo VIII（床梁）	2004	イタリア	Firenze	住宅	床梁	15世紀以降	延命	ステンレス鋼板の挿入による梁の補修	22
34	Bygning 4e	2005	ノルウェー	Bergen	住宅	井楼組	1703年以降	延命	揚屋して基礎の木材の取替/傷んだ壁の校木の補修	9
35	Église Abbatiale de la Bussière sur Ouche（小屋組）	2005	フランス	Côte-d'Or	教会	扠首	1449年以降	蘇生	解体して破損した部材の取り替え・補修/RC造臥梁の設置/ステンレス鋼線の筋違の設置	14
36	Urnes Stavkirke	2008	ノルウェー	Ornes	教会	架構式	1150年頃	延命	伝統的な工法による基礎の作り直し	17
37	Bygning 8a-b	2012	ノルウェー	Bergen	住宅	井楼組	1704年以降	延命	揚屋して基礎の木材の取替/傷んだ壁の校木の補修	9

2.1　ウルネス教会

ウルネス教会（Urnes stavkirke）はノルウェー西部ソグネ・フィヨルドを見下ろす丘の麓に建つ木造の教会である（図4.1）。井桁に組んだ土台の上に丸柱を立て、切妻屋根を支える。柱列に囲まれた中央空間の外側に一段低い側廊を廻し、東側へ張り出して内陣を設ける。外壁は実矧した縦板とし、屋根は板葺きで、純粋の木造建築である（図4.2・図4.3）。スターヴ教会（stavkirke）と称するこの種の架構式構造木造教会建築は中世にノルウェー中に広く分布していたとされているが、現存するものは28件しかない。そのうちウルネス教会は最も古いものであり[9]、また柱頭と板壁に優秀な彫刻が施されており、早くも1979年に世界遺産に登録されている。

建築年代は1150年頃とされているが、以前から同じ敷地に掘っ立て柱の前身建物が建っていたことが発掘調査によって明らかになっている。浮彫が施された北側入り口（口絵4、図4.4）と西側妻面を含めて、いくつかの部材はこの前身建築からの転用材とみられている。建築以降、側祭壇を設けるために比較的早い時期に東側北寄りの二本の柱を高い位置で切断している（図4.5）。この改造は、建物全体の北側への傾斜をもたらし、南北方向に筋違を取り付けて構造体の安定化を図っている（現存するものは1700年代に取り付けたものである）。宗教革命に伴って、1600年代に内装を改め、説教壇と信徒席を設け、南側の外壁に窓を開き、内陣をさらに東側へ張り出して増築した。屋根の上にまたがる形で作られた鐘楼は1700年代のものである[10]。

建物は1881年に教会として利用されなくなり、まもなくノルウェー古記念物保護会[11]によって購入され、文化財として保護されるようになった。1900年代に修理工事が実施され、当時屋根に葺かれていた瓦を板に復旧し、西側の拝廊を元の姿に戻し、東側に増築されていた聖具室が取り壊された（図4.6・図4.7）。また、南側の外壁及び妻壁を保護板で覆った[12]。1980年代に建物の構造的不安定性が著しくなり、金具による補強が行われた[13]。さらに、2008年に行われた調査によって、建物の北東部に13cmの不同沈下が計測され、これが部材の割れを生じさせていたことが確認された（図4.8）。1950年代の発掘調査の際、従来の基礎が取り壊されて、仮設的な基礎に変更されたことが判明され、このことが不同沈の原因とみられた（図4.10）。よって、

第Ⅱ部　木造建築遺産保存の方法における日本とヨーロッパの比較検討

図4.1 対岸から見たウルネス教会。教会は丘の中心軸、麓の平な敷地に建つ。

図4.2 ウルネス教会　南西より

図4.3 ウルネス教会　北東より

図4.4 ウルネス教会　北側入り口の彫刻

図4.5 ウルネス教会　内観
写真左側の角の柱およびその右隣の柱が切断されている。筋交いは1700年頃に取り付けられた。

図4.6 ウルネス教会　1837年の図画（F.W. Schiertz筆、Christie、2009より転載）
ノルウェー古記念物保護会の創設者の一人である画家J. C. Dahlが1837年にスターヴ教会をテーマにした出版物に掲載された図画。屋根は瓦で葺いており、東側に聖具室が増築されている。

4　ヨーロッパの木造建築遺産保存における基本方針の検討

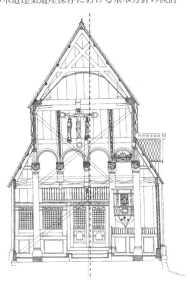

図4.7（左）ウルネス教会　1901年以前の状態（Christie、2009より転載）
図4.8（右）ウルネス教会　2008年修理前　梁行断面図（Christie、2009より転載した図面に加筆）
点線は垂直線。建造部全体は北側に傾いている。

　2008年から実施された修理工事においては、建物を揚家し、基礎を作り直した。この事業にあたって、伝統的な技術と材料を使用することが重視され、基礎を当初の仕様に倣って、石積の布基礎とした（図4.11・図4.12）。一方、腐朽した土台の先端など、構造的に建物に悪影響を与えない部材の破損については、補修せず部材をそのまま残し（図4.13）、また建物の全体的な傾斜を直さなかった。(14)すなわち、修理事業の内はあくまでも現状の安定化であって、建物を健全な状態に戻すことを目的としていない。また、前述のようにこの建物はこの類型のうち最古であり、当初の姿は正確に判明しているが、建物を元の姿に戻さず、修理は厳密な現状保存にとどめている。
　本建物における1980年代以降の修理に対する考え方は、当時ノルウェー文化遺産局（Riksantikvaren）の保存建築家であったホーコン・クリスティ(15)とニルス・マルステイン(16)の発言によっても明確にされている。クリスティは木造教会の価値について次のように記述している。「木造教会には、他の資料から得られない豊富な情報が含まれている。研究の需要に応えるために、古い材料をすべてそのまま残しながら古建築を保存することが使命である」(17)。そして、その保存修理の方法について、「強化が不可欠であると判断された

93

第Ⅱ部　木造建築遺産保存の方法における日本とヨーロッパの比較検討

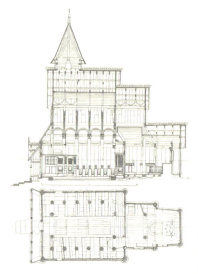

図4.9（左）　ウルネス教会　2008年修理前　桁行断面図・平面図（Haakon, 2009より転載）
図4.10（右）　ウルネス教会　2008年修理前　基礎の状態（Sjur Melhum提供）

図4.11（左）　ウルネス教会　2008年修理中　基礎工事①（Sjur Melhum提供）
図4.12（右）　ウルネス教会　2008年修理中　基礎工事②（Sjur Melhum提供）

図4.13　ウルネス教会　修理後　土台
修理の際、構造的な影響がない場合、腐朽した部材をそのまま維持する。

4　ヨーロッパの木造建築遺産保存における基本方針の検討

場合、傷んだ古材を新材に取り替えるより、補強材を付加する方法を採る」[18]と述べている。さらに、マルステインは下記のように修理方法について説明する。「以前、数世紀前から行われてきた維持修理によって、当初の部材が幾分正確な複製に取り替えられてきた。しかし、この方法によって木造教会を徐々に更新してしまうのではないかと懸念している。現在、破損しているかどうかにも関わらず、本物の材料、すなわち800年前の木材を元の位置に保存する方法をとっている。むろん、理想的な修理方法を発見したわけではないが、可逆性の原則を守っている。すなわち、部材の取り替えを避け、補強は建物の安定性を確保するために不可欠な場合に限って行っている。」[19]。また、建物を元の姿に戻すことについて、次のように記述する。「1959-1965年に行われた木造教会の入念な修復は最後の狭義の修復であった。現在、保存概念の変更の結果、あらゆる時代の変更を受け入れ、19世紀の仕事をそれ以前のものと同程度、その保存が重視される」[20]。

　以上の発言から次のような保存の理念的背景が読み取れる。まず、建物の保存するべき価値として、建物の材料がもつ研究資料としての価値を最重視している。よって、修理事業において最優先される原則は、「材料の最大限保持」である。この場合でいう「材料の最大限保持」は、腐朽したものなど、傷んだ材料も含めている点は重要である。そして、この目的を達するための方法として、往来の修理方法である傷んだ部材の取り替えから離れて、現代的な修理方法を適用する必要がある。この現代的な修理方法の基本的な手法は、建物に保存措置（補強金具等）を付け加えることである。建物に対する異質の付加物であるため、保存措置には可逆性（すなわち、建物を傷めないで取り外しが可能であること）が求められている。

　また、実施された修理内容から、修理は構造的な安定性に直接関わる問題への対応に限定していること、すなわち建物に対する介入は最小限にとどめていることがいえる。架構式で、土壁等がなく分解可能の構造を持つ本建物においては、一度解体し、軸組の傾斜を修正し、腐朽や割れが生じた木材を補修したうえで組み直し、さらに切断された二本の柱を復原して後世の筋違を撤去するという修理方法が、技術的に充分可能であると思えるが、修理の規模を意図的に制限していることが明らかである。一方、建物の安定性を危うくする基礎については、完全な作り直しが行われており、健全な状況を取り戻すことを目的としている点から、同じ事業に様々な概念が併存する修理

95

第Ⅱ部　木造建築遺産保存の方法における日本とヨーロッパの比較検討

図4.14　ベルゲン・ブリッゲン地区①

図4.15　ベルゲン・ブリッゲン地区②木造井楼組の建造物群。ハンザ同盟時代ドイツ人街として建てられ、火災に遭う度に再建されてきた。1979年世界遺産登録。地盤も不安定で建物の傾斜が著しい。2000年から行われている修理事業において、伝統的な技法による部分修理を基本とし、傾斜・変形の修正が行われない。

の複雑な実態がうかがえる。さらに、基礎の作り直しには従来の仕様が踏襲され、伝統的な材料と技術の価値が認められている。

　ウルネス教会の2008年の修理は、ノルウェーに残存するこの種の木造教会の保存修理を対象とした国家的事業の枠組みの中で実施され、この事業全体を通して同様な考え方が確認できる[21]。この事業の主な方針が下記の二点にまとめられる。

1) 事業の目的は現状の保存とし、建物の安定性に直接かかわらない歪み・傾斜・部材の破損を直さず、また建物を元の姿に戻さない。
2) やむを得ず部分的な部材の取り替えと繕いを行う必要がある場合には、伝統的な材料、道具と技術を極力活かす。

　さらに、同じく国家的事業として行われているベルゲンの世界遺産地区ブリッゲン（Bryggen）（表4-2: 34番、37番、口絵2、図4.14・図4.15）の修理にも同様な原則が示されており、上記の方針は現在のノルウェー文化遺産局の保存理念を代表しているといえる[22]。

96

2.2 ル・プティ・ルーブル

　パリとリヨンを繋ぐ王道沿いの町ラ・パコディエール（La Pacaudière）にあ
る ル・プティ・ルーブル（Le Petit Louvre）と呼ばれている建物は当初、高位
官僚が使う宿舎であったと推定されている。平面は22×13mの長方形で、二
階建てである（図4.16）。石積みと煉瓦の壁を急勾配の寄棟屋根で覆う。小屋
組はオーク材の扠首構造で、扠首一本の長さは14.5mもある。小屋梁を三重
に架け渡し、湾曲した木材で構造を固める（図4.17）。建築年代は16世紀の
初めとされ、1932年に国の文化財に指定されている。

　1965年から横にずれた正面側の桁と軒の木材を固定するために補強材が
設置されていた。(23) また、風圧の影響で屋根の正面側の流れ全面の窪み、背
面側の流れ全面の孕みが生じていた。さらに、屋根構造全体が桁行方向に
3%傾斜していた。(24)

　1972年に小屋組を修理することが決定される。主任保存建築家イヴ・ボワ
レ(25)による最初の修理案は、小屋組を一旦解体し、傷んだ木材を補修、また
は取り替えたうえで組み直す方法を採る。(26) しかし、ボワレの後を継いだジャ
ン＝ルイ・トーパン(27)が屋根構造を「解体せずに歴史的に変形したまま保存
する」(28)代案を作成する。修理の適切な方針を巡る活発な議論が3年もかけて
行われたが、最終的にフランス歴史的記念物審議会（Commission Supérieure des
Monuments Historiques）の賛成を受けて、トーピン案が採用された。(29)

　1977年から1979年に実施された修理において、壁上部に鉄筋コンクリー
トの臥梁を廻したうえで、オークの補強材を新設することによって小屋組を
現状のまま強化した。補強材の設置に先立って、屋根の流れの窪みと孕みを
水平曲線によって正確に表した変形図（図4.18）を作成し、各新材の位置と
寸法を決めた。また、筋違を設置することによって、水平方向の面的補強を
行った。(30)

　本建物については、劣化を逆戻りし建物を健全な状態に戻すボワレの蘇生
方針による修理案も、変形した現状を固定するトーピンの延命方針による修
理案も、技術的に実施可能であった。延命方針が採用された経緯に、建物の
価値の評価基準に関連する理念的な背景があると推定できる。トーピンは、
木造建築の解体修理について次のように記述する。「『解体・組み直し』とい

97

第Ⅱ部　木造建築遺産保存の方法における日本とヨーロッパの比較検討

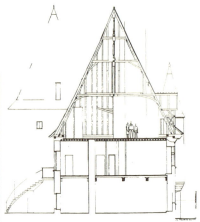

図4.16（左）ル・プティ・ルーブル（Les Amis du Petit Louvre撮影）
図4.17（右）ル・プティ・ルーブル　梁行断面図（Taupin, 1979より転載）

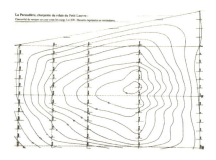

図4.18　ル・プティ・ルーブル　屋根面の変形図（Taupin, 1979より転載）

う方法の結果に出来上がるものは新しい構造物であり、その外観が堅苦しく、枯れたもので、歴史の深さに欠けている。その新材と古材が混雑した姿は、まるで頁の秩序が乱された本のようである」[31]。

この記述から、トーピンは「歴史の深さ」を感じさせる「外観」が建物の価値の重要な要素として認識していることが明らかである。この観点から考えると、経年変化による建物の変形と歪みが、時間の経過を感覚的に表す貴重な指標であり、修理の際に修正せず、保存するべき要素である[32]。そのため、彼が、建物を健全な状態に戻すのではなく、補強材を付加することによって、現状のまま建物を延命する方針を採っている。

小　結

　上記および表4-2に記されている延命方針の修理事例から、この方針に次のような特徴があることが明らかである。

　修理方針を決定することにあたって重視される価値は、建物の古い材料と変形や破損した状態の学術的価値と感覚的価値である。ウルネス教会の事例で重視された学術的価値は、古材の痕跡から得られる建築の過程に関する情報、そして変形や破損から得られる劣化の過程に関する情報の価値であり、一方、ル・プティ・ルーブルの事例で重視された感覚的価値は、時間の経過を視覚的に現す古材と変形や破損の美的価値である。

　上記の価値を守るためには、最優先する保存原則は、「材料の最大限保持」と「最小限の介入」である。「材料の最大限保持」の原則は、破損や腐朽した部材も（破損が進行していない場に）原位置保存することを要求する。「最小限の介入」の原則は、安定性に直接関わらない変形を修正せずそのまま残すことを要求する。
この保存原則に従って、補強材の付加によって現状を固定することを最適な修理手法とする。補強材は、保護対象の建物と異質の付加物である。そのため、上記の二つの原則の他、保存措置の「可逆性」も求められる。一方、このような保存理念に独占的に従った保存手法として、覆屋保存の例が挙げられる。この場合は、建物に手を加えず、その環境を調整することによって保存を図る（表4-2：11番、Myllymakiの修理事例を参照）。

3　ヨーロッパの木造建築遺産保存における蘇生方針

　蘇生方針は、時間の経過による建築の変化を逆戻りすること、すなわち、建築を健全な状態に戻すことを目的とするものである。その基本的な手法は、建物の変形を修正し、破損した木材を補修・取り替えることである。

　上記のように定義する蘇生は、「修復」(restoration)より根本的な概念である。狭義の「修復」は、後世の増改築などによって失われた建物の原形を取り戻す行為を指す。一方、蘇生は材料の劣化や構造体の衰退を逆戻りすることを

第Ⅱ部　木造建築遺産保存の方法における日本とヨーロッパの比較検討

指す。そのため、後世の増改築を保持した場合でも、経年変化による変形を直し、劣化した部材を全て新材に取り替えた場合には、修理は蘇生を目的としているといえる。

このような考え方は、スペインのトッレ・ハウレギアの修理（表4-2：22番）、ロシア・キジ島の変容の教会の修理（表4-2：32番）に代表される。

3.1　トッレ・ハウレギア

ピレネー山脈をまたがってスペイン北部とフランス南部に広がるバスク地方において、多数の木骨造の農家と3〜4階建ての木骨造の都市住宅から構成された歴史的な街並みが残存する。しかし、トッレ・ハウレギア（Torre Jaureguia）に見えるような純粋木造の架構式構造の建築物の類例が少ない。建物は軍事的な拠点でもあった貴族住宅で、建築年代は15世紀末と推定されている。平面は10×15mの長方形で、四階建てである。二階まで石灰岩の切石積で厚さ1mの外壁を建てる。石壁に木の大梁を六本架け、その上に根太をかけて床板を張り、二階と三階の床を設ける。一方、三階と四階は完全に木造で、建物の長手方向中心軸上に柱を立て、桁と床梁を架ける。外壁を下の石壁より1m程張り出して設け、側柱を立て、貫を通し、その外側に縦板を釘で留めて取り付ける。柱と梁・桁を繋いで斜めの方杖を入れ、枘によって部材を結合する。屋根

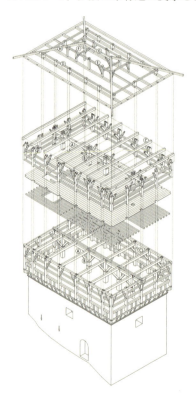

図4.19 トッレ・ハウレギア　架構図（Apezteguia, 2005）

100

4 ヨーロッパの木造建築遺産保存における基本方針の検討

図4.20 トッレ・ハウレギア　修理前　側面（南より）（Maite Apezteguia提供）

は寄棟造りで、瓦葺とする。樹種はオークとブナである（図4.19）。[33]

　当初は一階が家畜のために使われ、二階が居住空間、三階と四階は穀物倉庫として使用されていた。17世紀前後に、外側から直接二階につながる石積の階段が増築された。また、改造の時期が不明であるが、二階南東側に新しい窓を開き、北東側に増築部が加えられた（図4.20・図4.21）。[34]

　建物は1993年に国の文化財に指定された。その時点では二階と三階床の大梁が大きく撓んでおり、支柱によって支えられていた。三階と四階については方杖など欠損している部材が多く（図4.22）、また腐朽と虫害によって破損している木材もあり、木造部分が全体的に傾斜していた。さらに、外壁の板張りが大きく破損しており、小屋組の垂木と隅木も著しく腐朽していた。[35]

図4.21 トッレ・ハウレギア　修理前　正面（東より）（Maite Apezteguia提供）

図4.22 トッレ・ハウレギア　修理前　内部（Landa, 1993より転載）　柱に欠損している方杖の柄穴が見られる。

101

第Ⅱ部　木造建築遺産保存の方法における日本とヨーロッパの比較検討

図4.23（左）トッレ・ハウレギア　梁の補修（Maite Apezteguia提供）
図4.24（右）トッレ・ハウレギア　解体修理中（Maite Apezteguia提供）

図4.25（左）トッレ・ハウレギア　修理後　一階内部
図4.26（右）トッレ・ハウレギア　修理後　三階内部

　1994年より修理方法が検討され始めた。一階と二階の大梁を支柱で支え、三階と四階を解体せずに極力傾斜を修正して現状を安定化する修理方法も検討されたが、最終的に、破損した部材を補修または取り替え、そして欠損している部材を補足して構造体の完全性を取り戻し、建物を健全な状態に戻す蘇生方針のもとで修理が実施された。[36]

　一階と二階の大梁については、上面と下面に鉄板を挿入して補強し、また継木・矧木によって部材の縫いを行った（図4.23）。一方、三階と四階については、部材に番付して一度すべて解体し、傷んだ部材を取り替え、欠損していた部材を補足し、傾斜と歪みを修正したうえで組み直した（図4.24）。ただし、細かい補修を行わず、傷んだ部材を基本的に丸ごと取り替えた。また、修理の際に痕跡調査が行われず、新材の加工について近代的な道具を使用した。外壁の板については、再利用に堪えないと判断され、全て取り替えた。また、小屋組も完全に作り直した。さらに、増築部を解体し、後世の開口部を塞ぎ、建物を元の姿に戻した。[37]

4 ヨーロッパの木造建築遺産保存における基本方針の検討

図4.27（左）トッレ・ハウレギア　修理後　四階内部
図4.28（右）トッレ・ハウレギア　修理後　正面（東より）

　修理の際に優先した原則について、主任建築家マイテ・アペステギア[38]は「構造体の性格を損わないように、本来なかった補強材を取り付けない」[39]、そして「当初のデザインを量す増築物等を撤去する」[40]と記述している。すなわち、この修理事業においては、構造体のデザインと建物本来の外観と内部空間を護るべき価値と判断し、これらの要素を保存すること、または取り戻すことを修理の目的とした。そのため、内部空間と構造体の価値を損なうと思える支柱などの補強材を取り付けることを避け、本来の部材を補修し、また失われた部材を補足することによって、構造体の完全性を取り戻そうとした。すなわち、建物の構造全体が自立して設計された通りに荷重の伝達を行い、また各部材が本来と同じ構造的機能を果たせるようにすることが修理の原則となっている。そのため、建物を健全な状態に戻す必要があり、結果的に建物に対して手広い介入を行っている。

　この修理事業は地元の建築業界によって評価されており、2003年にバスク地方・ナバラ州の建築士会賞を受賞している。

3.2　キジ島の変容の教会

　ロシア北西部、カレリア州のオネガ湖のキジ島に建つキジ・ポゴスト（Kizhi Pogost）の境内は夏に使用されていた「変容の教会」（Церковь Преображения Господня）、冬に使用されていた「とりなしの教会」（Покровская церковь）、鐘楼、およびこの三棟をを取り囲む石垣からなる（図4.29・図4.30）。そのうち1714年に建てられらた変容の教会は高さ34mの巨大木造建築である。重なった三つの井楼組の八面体から構成され、屋根に22個のねぎ玉状

103

第II部　木造建築遺産保存の方法における日本とヨーロッパの比較検討

図4.29 キジ・ポゴスト（西より）　左から変容の教会、鐘楼、とりなしの教会。

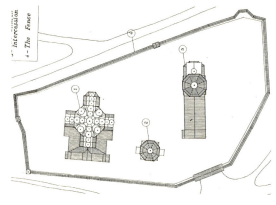

図4.30 キジ・ポゴスト　平面図（ICOMOS, 1990より転載）　左から変容の教会、鐘楼、とりなしの教会。

ドームを飾る（図4.31・図4.32）。

　建築以降、1758年に部分修理と屋根修理が行われた。1818年に外壁全面に外側から保護板を張り付け、当初板葺きであったドームを鉄板に葺き替えた。1875年から1882年まで保護板を張り替え、基礎の補強を行うとともに、外壁を白、ドームを青に塗った（図4.33）。1930年以降は建物が教会として利用されなくなり、1950年代からキジ島に野外博物館が設立された。1957年から1959年まで行われた修理において、破損していた多数の校木を新材で刎木して補修した。さらに、保護板を取り外し、ドームを板葺きに復旧し、建物の外観を当初に戻す方針で修理が実施された。[41] この時に保護板が撤去されたことが、建物の劣化を促進したとみられ、後に批判を受けている。[42]

　建物の破損状況が深刻化し、1981年から1982年まで、天井と内装を解体して取り外し、建物内部に鉄骨フレームを設置することによって建物の傾斜の進行に歯止めをかけることとした（図4.34・図4.35）。しかし、建物内部へ

4　ヨーロッパの木造建築遺産保存における基本方針の検討

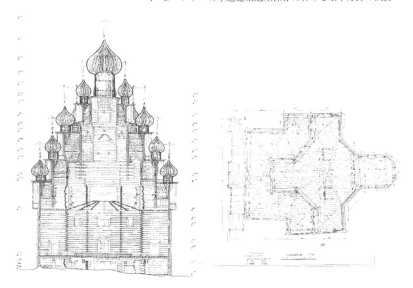

図4.31（左）変容の教会　修理前　断面図（Kozlov et. al., 2000 より転載）
図4.32（右）変容の教会　修理前　平面図（Kozlov et. al., 2000 より転載）

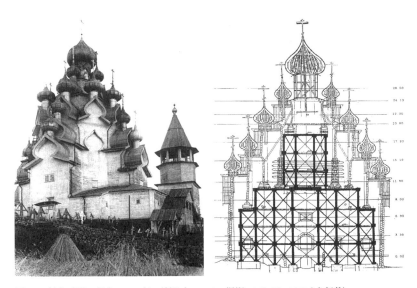

図4.33（左）変容の教会　1926年の外観（A. Lyadov撮影、Miltchik, 2000 より転載）
図4.34（右）変容の教会　1981~1982年に内部に設置した鉄骨フレーム補強　断面図（Piskunov, 2000 より転載）

105

第Ⅱ部　木造建築遺産保存の方法における日本とヨーロッパの比較検討

図4.35 変容の教会　1981~1982年に内部に設置した鉄骨フレーム補強　内観

の立ち入りができなくなり、その後も校木の腐朽による建物の劣化が進ん
だ。この危機的な状況の中、適切な修理方法を検討するために1988年にイ
コモス木の委員会とイコモス・ヴァナキュラー建築国際学術委員会の共同シ
ンポジウムが現地で開かれた。シンポジウムの結論をまとめた『キジ決議』
において、「材料の最大限保持」、「最小限の介入」と「可逆性」という三つ
の原則を重視し、解体修理は多量の材料の損失を伴うため、避けるべき方
法とする。そして、補強と安定化を目的とした現代的な保存措置と伝統的な
技術に沿った慎重な部分修理を推奨するとしている。このシンポジウムを
きっかけに、キジの建築群が国際的に注目を浴びるようになり、1990年に
世界遺産に登録された。そして保存計画を検討するために1993年、1994年
と1996年の三回にわたってイコモスから現地に専門家ミッションが派遣さ
れ、さらにユネスコが2002年に現地で国際ワークショップを開催した。こ
れらの検討会においては、「キジ決議」に記された原則を受け継ぎ、建物の
解体を避ける必要が改めて強調され、さらに「修理事業の目的は建物の垂直
性を取り戻すのではなく、安定性を確保することである」とし、構造的な安
定性に直接かかわらない限り、経年変化による変形を受け入れるべきである
と主張した。すなわち、この時期にかけて、劣化を減速する延命方針による
修理方法が推奨された。

　「キジ決議」で主張されている延命方針に沿った修理案として、ユリ・ピ
スクノッフによる修理案がある。ピスクノッフ案においては、内部に設置
している鉄骨フレームの代わりに、より小規模な木造フレーム補強を設置す
るとともに、破損している校木の一部を矧木によって補修する。この方法に
よって、取り外されていた天井と床を再度取り付けることができ、建物内部
への立ち入りが可能になるとともに、木材の取り替え率が10~15%に抑え

4　ヨーロッパの木造建築遺産保存における基本方針の検討

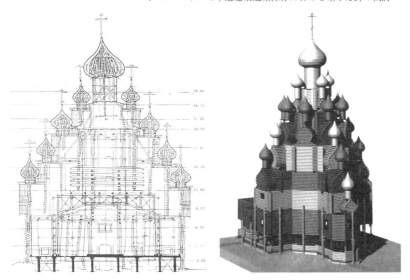

図4.36（左）変容の教会　ピスクノッフ修理案（Piskunov, 2000 より転載）
図4.37（右）変容の教会　7層に分けて解体修理する案（The Kizhi Federal Museum of Architecture and Cultural History 作成）

られると想定する（図4.36）。[47]

しかし、2004年以降から実施されてきた修理は、上記と異なった方針のもとで行われている。進行中の修理事業においては、建物を7層に分け、上部の6層を揚家する。そして、下から順番に各層を解体し、破損した校木の補修と取り替えを行ったうえで組み直す（図4.37）。[48] この方法によって、建物を一挙に解体する技術的と工事管理上の諸問題が避けられ、また工事期間中に建物の見学が可能になるが、結果的に建物全体について解体修理を行うことになる。また、基礎の不安定性が建物全体の不同沈下と傾斜及び下部の校木の変形をもたらしたと判断し、新たなコンクリート基礎を設置した。[49]
さらに、建物の変形について、2013年の工事年次報告書において、「修理した二つの層について、水平と垂直方向のすべての変形を完全に修正した。すなわち、教会の壁を1714年の建築当初の姿に修復した。安定した基礎、建物の欠陥が再び生じることがないと想定する」[50]と記述する。その後、上部の各層も同様に修理して変形を修正し、修理の最終段階において内部の鉄骨フレームを解体し、取り外された内装を取り付け直す。修理事業における木材

第Ⅱ部　木造建築遺産保存の方法における日本とヨーロッパの比較検討

図4.38（左）変容の教会　修理中　2010年　（上から7層目解体修理中）（The Kizhi Federal Museum of Architecture and Cultural History, 2010 より転載）
図4.39（右）変容の教会　修理中　2012年　（上から6層目解体修理中）（The Kizhi Federal Museum of Architecture and Cultural History, 2012 より転載）

図4.40（左）変容の教会　修理中　2016年　（上から4層目解体修理中）①
図4.41（右）変容の教会　修理中　2016年　（上から4層目解体修理中）②

4 ヨーロッパの木造建築遺産保存における基本方針の検討

図4.42（左）変容の教会　2016年　工作所に仮組した4層目
図4.43（右）変容の教会　2016年　工作所に修理中のねぎ玉状ドーム

の取り替え率は40％とされている（口絵1、図4.38・図4.43）[51]。

　この修理事業において、ピスクノッフ案より木材の取り替え率が高く、「材料の最大限保持」が実現されていない。また、建物を全解体し、すべての変形を修正する点では、ピスクノッフ案より建物に対する介入の度合が高い。さらに、取り外し可能の補強フレームを設置することではなく、各木材の補修と取り替えを基本的な手法としている点で、修理が「可逆性」の原則から離れている。すなわち、『キジ決議』に推奨されている延命方針の三つの原則が優先されていない。その理由は、修理が、建物の劣化を減速する「延命」ではなく、劣化を逆戻りし、建物を健全な状態に戻す「蘇生」を目的としていることにある。そして、延命方針の三つの原則より、各木材の構造的な機能を取り戻し、建物の構造的な機能を補強フレームに委ねず、本来の構造体を自立させるという原則を優先している。ただし、破損した校木について緻密な繕いが行われていることから、古材の価値も十分に認識されており、その保持にも努力を払っていることが明らかである[52]。

　本建物の修理方針については、前述のル・プティ・ルーブルの事例と同様に、延命も蘇生も両方とも技術的に可能であるため、前者から後者へ修理方針が転換した理由を、保存理念の変化に求めるべきである。それは、建物の評価基準が、材料の価値を最優先した見方から、構造体の価値と内部空間のデザインの価値という要素を優先する見方へシフトしたと推定できる。

　一方、修理事業を始めて以降も、イコモスから現地に複数のミッションが派遣されたが[53]、これらに参加した専門家が修理の基本方針を受け入れ、現在の方法によって修理を進めることを推奨している[54]。すなわち、蘇生方針

109

第Ⅱ部　木造建築遺産保存の方法における日本とヨーロッパの比較検討

表4-3　延命方針・蘇生方針　比較表

		延命方針	蘇生方針
目的		経年変化の減速	経年変化の逆戻り
重視する価値		古材・変形・破損の学術的価値（歴史的価値・学術的価値）	建築意匠（外観・内部空間）の価値（芸術的価値）
		古材・変形・破損の感覚的価値（経年価値）	構造体の技術的価値（技術的価値）
優先する保存原則		材料の最大限保持	外観・内部空間への影響を抑える（新旧の調和）
		最小限の介入	構造体全体と各部材の構造的な機能の保持・回復
		可逆性	伝統的な材料・技術の使用
修理技法		補強材の付加	傷んだ部材の補修・取り替え
		覆屋保存	変形の修正

とその原則が、イコモスの専門家によっても認められるようになったと言える。

小　結

　上記の修理事例から、蘇生方針の特徴は次のようにまとめられる。

　修理方針の決定にあたって重視される価値は、建築の外観と内部空間の価値と、建物の構造体の価値である。前者は、建築の美的価値と関連するものである。後者は、建物の構造体の技術的な実績としての側面を重んじた価値である。

　これらの価値を守るためには、外観と内部空間を損なわない修理方法を採ることが必要となる。従って、方杖と支柱などの補強材の設置を避けるべきとする。そして、補強材等に構造的な機能を委ねず、構造体全体と各部材の構造的な機能を保持すること（既に失われた場合に取り戻すこと）を修理の原則とする。

　上記の保存原則に従って、破損した部材の取り替えや補修と欠損している部材の補足を最適な修理方法とする。取り替え・補修・補足した部材は、保

110

4 ヨーロッパの木造建築遺産保存における基本方針の検討

護対象の建物と同質なものであり、修理の時点に建物に組み込まれる。そのため、この修理方針においては、上記の原則の他、補足や取り替えに使われる新材について、従来と同様な仕様と加工によることが求められることが多い。
(55)

4 おわりに

本章においては、ヨーロッパの木造建築の修理事例の分析から、修理方針が延命と蘇生という根本的に異なっている二つの概念に大別できることが明らかになった。表4-3は、それぞれの特徴をまとめたものである。

この方針の違いの背景には、歴史的建築に併存する様々な価値の相反する性質がある。全ての価値を同時に守ることが不可能であるため、修理の際に保存原則の優先順位を決定する必要が生じる。その結果、最終的に採用される修理手法が大きく異なってくる。

図4.44は、木造建築遺産の延命と蘇生によるそれぞれの理想的な保存過程を表したものである。延命の場合には、最小限の保存措置を重ねることによって、建物の材料と変形した姿を保持しながら、経年による劣化を減速し、寿命を延ばすことができる。一方、蘇生の場合には、徹底的な修理を行うことによって、失われた建物の健全性を取り戻し、建物の寿命を延ばすとともに、次の修理までの期間を延ばすことができる。

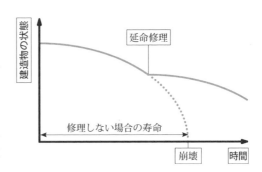
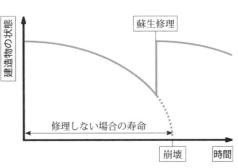

図4.44 延命修理・蘇生修理 保存過程 理想図

111

第Ⅱ部　木造建築遺産保存の方法における日本とヨーロッパの比較検討

　延命と蘇生はあくまでも理想的な修理のモデルであり、事実上の修理は複雑な実態であるため、完全な延命修理も完全な蘇生修理も実在しないことが、本章に取り上げた事例からも明らかである。しかし、このようなモデルは、保存理念と修理の実際の関係や、保存に内在する様々な矛盾を考えるために有効な手段だと考える。

4　ヨーロッパの木造建築遺産保存における基本方針の検討

註

1　柱と梁を組んだ木造の骨組を、土、煉瓦、または積み石で埋めて壁を作る構法（英語：half-timber、仏語：pan de bois 又は colombages、独語：Fachwerk）。この種の建築について日本語で出版された研究に、太田邦夫（1992）『ヨーロッパの木造住宅』がある。

2　校木を積んで壁を作る構法（英語：log house、ノルウェー語：lafte）。

3　ヨーロッパにおける一般建築業界からの木造建築遺産への興味の一つのきっかけとして、1964年にニューヨークMOMA美術館に開催され、ヴァナキュラー建築を主題とした企画展示"Architecture without Architects"（『建築家なしの建築』、1965年にBernard Rudofsky が編集した図録が出版される）が挙げられる。また、1962年制定のフランスのマルロー法を先駆にヨーロッパ各国で制定された法規によって単独な記念物から歴史的な都市景観へ保護対象の拡張が実現することに伴って、多くの木造建築が文化財として認識されるようになった。

4　木の委員会主催の国際シンポジウムが開かれた国と年は下記の通りである。スウェーデン（1977年）、フランス（1979年）、スイス（1980年）、カナダ（1982年）、ノルウェー（1983年）、ブルガリア（1985年）、ロシア（1988年）、ネパール（1992年）、日本（1994年）、英国（1996年）、中国（1998年）、ベトナム（2000年）、ロシア（2002年）、メキシコ（2003年）、トルコ（2006年）、イタリア（2007年）、ポーランド（2009年）、メキシコ（2012年）、日本（2013年）、スウェーデン（2016年）、イギリス（2018年）。

5　木の委員会の憲章の作成の経緯について、第2章参照。

6　ヨーロッパの木造建築修理マニュアルについて、第6章参照。

7　Ministry of Public Building and Works（1965）*Notes on the repair and preservation of historic buildings: timberwork*, Her Majesty's Stationery Office.

8　註4に列挙した木の委員会主催の国際会議の他、各国のイコモス国内委員会などの文化財保存専門家団体によって開かれ、木造建築の修理を主題とした下記の国際会議に紹介された事例も調査範囲に含めた。イギリス・イコモス国内委員会主催 "Timber Engineering Conference"（1992）、ドイツ・イコモス国内委員会主催"Reparaturen und Statische Sicherungen an Historischen Holzkonstruktionen"（2002）、Collegio degli Ingegneri della Toscana 主　催 "The Conservation of Historic Wooden Structures"（2005）、フランス・イコモス国内委員会主催 "Structures en Bois dans le Patrimoine Bâti"（2008）。

9　ノルウェーの軸組み構造の教会建築について Anker, Leif（2005）*The Norwegian Stave Churches*, Arfo が詳しい。

10　本建物の建築と歴史的変遷については、Christie, Haakon（2009）*Urnes Stavkirke – Den Naavaerende Kirken paa Urnes*. Pax Forlag が参考となる。

11　原名：Fortidsminneforeningen, J. C. Dahl, Joachim Frich など、画家、歴史家、美術史家によって1844年に設立し、取り壊しに迫られていた木造教会などの古建築を購

113

第 II 部　木造建築遺産保存の方法における日本とヨーロッパの比較検討

入する。現在でもウルネス教会を含む数件の教会建築を所有し、管理している。

12　前掲 Christie, Haakon（2009）

13　Marstein, Nils（1983）"Mediaeval Wooden Churches in Norway – Maintenance and Conservation", *International Symposium on the Conservation and Restoration of Cultural Property – The Conservation of Wooden Cultural Property. Proceedings*, Tokyo National Research Institute for Cultural Properties, p. 199-209.

14　ウルネス教会の 2008 年の修理の内容について、ノルウェー文化遺産局（Riksantikvaren）の技師 Sjur Mehlum に聞き取りを行った（2015.05.05）。また、Riksantikvaren（2008）*Stavkirkeprogrammet 2001–2015,* Riksantikvaren が参考になる。

15　Haakon Christie

16　Nils Marstein

17　Christie, Hakon（1983）"Preservation of original Structures of Urnes Stave Church. Why, and how?" *ICOMOS Internationa Wood Committee, Proceedings of the International V Symposium.* より拙訳。（原文："The stave churches contain a wealth of information which only they can provide. Research therefore demands that old buildings must be preserved with all their old materials untouched."）

18　前掲 Christie（1983）より拙訳。（原文：" (...) if reinforcement is considered to be essential, we try to put in auxiliary structures in preference to replacing old damaged parts by new ones."）

19　前掲 Marstein（1983）より拙訳。（原文："The maintenance during the centuries has from time to time resulted in replacement of more or less exact copies of original parts. We have been worried about the risk of renewing the stave churches slowly this way. We are now trying to conserve the authentic material, that is the 800 year old wooden part, on its original place. This is whether the wood is damaged or not. We have of course not invented the ideal methods of conservation, but, in brief, we try to follow the principle of reversibility; that is to avoid any kind of replacement, and to reinforce only when it is absolutely essential to keep the stability of the structure."）

20　"The last, careful, restoration of a stave church in 1959-1965 might be the last in the true meaning of the word restoration. As a result of an altered view of the treatment of monuments, we now accept the alterations that have been made during time. The work of the nineteenth century is reckoned as important to protect as the work of previous centuries."

21　ノルウェー語：Stavkirkeprogrammet。事業の内容について前掲 Riksantikvaren（2008）参照。

22　2000 年代に開始した Bryggen の保存修理事業 Prosjekt Bryggen について Liden, Hans-Emil（2012）*Forfall og Gjenreisning - Bryggens Bevaringshistorie,* Bodoni Forlag が詳しい。

23　Debarnot, Alain（2012）"500 Ans du Petit Louvre", *Bulletin Municipal de La Pacaudière*

4 ヨーロッパの木造建築遺産保存における基本方針の検討

2012-01.

24 Taupin, Jean-Louis (1979) "Technique de Consolidation des Bois", *Symposia on the conservation of wood - Stokholm 1977 Troyes 1979*, ICOMOS International Wood Committee.

25 Yves Boiret, 1926-

26 前掲 Debarnot (2012)

27 Jean-Louis Taupin.

28 Taupin, Jean-Louis (2009) «Déformations dans les charpentes historiques», *Structures en bois dans le patrimoine bâti - Actes des journées techniques internationales Bois 2008*, Les Cahiers D'ICOMOS France, p. 67-73.

29 前掲 Taupin (2009)

30 前掲 Taupin (1979)

31 前掲 Taupin (1979) より拙訳。(原文：" Du «démontage-reconstruction» ressort une toiture neuve, rigide et sèche d'aspect, sans épaisseur historique, et comparable par le brassage des fragments constitutifs, éventuellement récupérés, au mélange au hasard des pages d'un livre.")

32 このような歴史的建築の価値はアロイス・リーグルが「経年価値」(Alteswert) と名付け、時間の経過がもたらす劣化と不完全性による記念物の美的効果と定義する（第3章参照、Riegl, A. (1903) *Der Moderne Denkmalkultus - Sein Wesen und Seine Entstehung*, Braumuller)。

33 本建物の歴史と構造形式について、Landa, Mikel (1993) "La Casa Torre de Donamaria", *Boletin de Informacion Tecnica*, AITIM が詳しい。

34 前掲 Landa (1993)

35 Apezteguia, Maite (2005) "Torre Jaureguia en Navarra", *Tectonica*, No. 18, p. 32-47.

36 この修理事業における基本方針の決定の経緯について、主任建築家マイテ・アペステギアに聞き取りを行った (2013.12.30)。

37 前掲 Apezteguia (2005)

38 Maite Apezteguia

39 前掲 Apezteguia (2005) より拙訳（原文："...estructura a la que no se añadirá ninguna pieza que no hubiera existido anteriormente para no desvirtuar su carácter")

40 前掲 Apezteguia (2005) より拙訳（原文："Supresión de aquellos elementos arquitectónicos añadidos o incorporados a lo largo de la historia que confunden la claridad de los planteamientos iniciales ")

41 本建物の修理履歴について Kozlov, V. A., Krutov, M., V., Kisternaya, M. V., Vahrameeva, T. I. (2000) "Wood Condition in the Church of the Transfiguration at the Kizhi Museum", *Wood Structures - A Global Forum on the Treatment, Conservation, and Repair of Cultural Heritage*, ASTM, p. 41-60 を参考にした。

第 II 部　木造建築遺産保存の方法における日本とヨーロッパの比較検討

42　Miltchick, Mikhail (2000) "The Kizhi Pogost Architectural Complex in Old Photographs", *Wood Structures - A Global Forum on the Treatment, Conservation, and Repair of Cultural Heritage*, ASTM, p. 25-40.

43　Vahrameeva, T. I., Lubimov, I. V., and Tsvetkov, V. J. (2000) "Monitoring Deformaions on the Church of the Transfiguration", *Wood Structures - A Global Forum on the Treatment, Conservation, and Repair of Cultural Heritage*, ASTM, p. 61- 65.

44　ICOMOS International Wood Committee (1988) *Kizhi Resolution of the ICOMOS Wood Committee, ICOMOS Canada English-Speaking Committee Newsletter 1988/89*に転載

45　Powter, Andrew (1998) "Kizhi Pogost World Heritage Site, Karelia, Russia – An Interdisciplinary and International Approach to Conservation Planning and Monitoring", *ICOMOS Canada Bulletin*, Vol. 7

46　Yurij V. Piskunov

47　Piskunov案は下記の文献に詳述されている。1) Piskunov, Yurij V. (2000) "Concepts of Repair, Restoration and Reinforcement of the Church of the Transfiguration", *Wood Structures: A Global Forum on the Treatment, Conservation, and Repair of Cultural Heritage*, ASTM, p. 66-75.

　　2) Vachremeeva, T. Rachmanov, V. and Rahmes, J. (2003) "Official Russian Plan for the Restoration of the Church of the Transfiguration on Kizhi Island in Lake Onega, Karelian Autonomous Republic, Russian Federation", *Reparaturen und Statische Sicherungen an Historischen Holzkonstrktionen*, Theiss.

48　The Kizhi Federal Museum of Architecture and Cultural History (2009) *The Detailed Report on Preservation of Kizhi Pogost Monuments in 2009*, The Kizhi Federal Museum of Architecture and Cultural History.

49　The Kizhi Federal Museum of Architecture and Cultural History (2011) *The Detailed Report on Preservation of Kizhi Pogost Monuments in 2011*, The Kizhi Federal Museum of Architecture and Cultural History.

50　The Kizhi Federal Museum of Architecture and Cultural History (2013) *The Detailed Report on Preservation of Kizhi Pogost Monuments in 2013*, The Kizhi Federal Museum of Architecture and Cultural History より拙訳。（原文：All deformations of two restoration tiers were fully corrected, both in vertical and horizontal sections. In other words, the church log walls were restored as they were build in 1714, and the building faults should not be repeated on the reliable foundation.）

51　The Kizhi Federal Museum of Architecture and Cultural History (2013) *The Detailed Report on Preservation of Kizhi Pogost Monuments in 2013*, The Kizhi Federal Museum of Architecture and Cultural History.

52　校木の修理方法を巡る議論は、*ICOMOS Report on the Reactive Monitoring Mission to*

116

4 ヨーロッパの木造建築遺産保存における基本方針の検討

Kizhi Pogost - Russian Federation 20-25 February 2011 に報告されている。イコモスから派遣されたノルウェーとカナダの専門家は、校木の繕いに使用されている高度な木工技術を評価しながらも、多数の緻密な刿木によって全体の外観が損なわれる危険を指摘し、原則的に3か所以上を補修する必要がある校木について、丸ごと取り替えることを推奨している（第6章参照）。

53 2007年、2010年、2011年および2013年にミッションが派遣されている。

54 *Joint UNESCO-ICOMOS mission, 8 - 17 April 2007 – Mission Report.*

55 この原則は、注9）に記述した『歴史的木造構造物保存のための原則』（1999）に含まれており、またノルウェーのStavkirkeprogrammetとProsjekt Bryggen、フィンランドのSodankylä Vanha Kirkkoなどの木造建築修理（表4-2：20番）、また日本の木造建築遺産保存の基本原則でもある。

117

5 日本の木造建築遺産保存における基本方針の検討

1 はじめに

1.1 研究の目的と対象

　前章では、ヨーロッパの木造建築遺産の修理事例を検討した結果、その基本方針を時間の経過による建物の変化を減速することを目的とした「延命方針」と、変化を逆戻りさせることを目的とした「蘇生方針」とに大別できると論じた。本章では、日本の木造建築遺産の修理事例を検討し、その基本方針に関する考察を行い、さらにヨーロッパとの比較によって日本の特質を明らかにすることを目的とする。

　前章では、建物全体の傾斜・沈下・変形および各部材の腐朽が深刻で、大規模な修理を必要とする木造建築の事例を検討した。本章では、比較検討のため、同様に大掛かりな修理工事が行われた事例を対象とする。建築の種類に関しては、前章と同様に宗教建築および住宅建築を対象とする。また、日本の木造建築遺産のうち、本研究では、国によって国宝・重要文化財に指定された建造物を対象とする。それと言うのも国宝・重要文化財建造物は原則的に国の補助によって修理され、関係行政機関の指導下で、国の承認を受けた修理技術者が保存修理工事の設計監理に携わることから、日本の木造建築遺産保護制度の考え方が直接反映されていると解釈できるためでる。一方、明治30（1897）年の古社寺保存法制定によって成立したこの制度にも、時代とともに考え方の変化していく様子が確認できる。本研究では、昭和25（1950）年制定の文化財保護法のもとに実施された修理事例を対象とし、現在の傾向を把握する目的で、比較的近年の事例を中心に検討した。[1]

　表5-1は、本章で詳細検討の対象とした建物の一覧表である。

第Ⅱ部　木造建築遺産保存の方法における日本とヨーロッパの比較検討

1.2　先行研究と本研究の位置付け

日本の木造建築遺産保存の特質を明らかにすることを目的とした海外の先行研究として、主に下記のものがある。

1）Larsen, Knut Einar（1994）*Architectural Preservation in Japan*. Tapir.
2）Enders, Siegfried RCT, Gutschow, Niels（1998）*Hozon - Architectural and Urban Conservation in Japan*. Axel Menges.
2）Henrichsen, Christoph（2003）*Historic Wooden Architecture in Japan: Structural Reinforcement and Repair*. Theiss.

上記の研究では、日本の木造建築遺産保存の全体像が描かれており、特に修理の際に行われる綿密な調査や、高度な木工技術による古材の補修と再用、修理記録の作成と公表が高く評価されている。これらの側面においては、日本とヨーロッパの保存原則に大きな差異はないという結論が出されている。

また、建物の部材を一旦取り外し、破損した木材の繕いや取り替えを行い、全ての変形と傾斜を修正したうえで組み直す「解体修理」の手法は、日本の伝統的な修理方法として尊重するべきであるとする。

一方、修理の際に建物を過去の姿に戻す「復原」については、ヨーロッパの保存原則と基本的に矛盾する行為として疑問視されている。

本章では、上記の先行研究で指摘された課題を再確認しつつ、特に修理の基本方針に深く関わる「変形の修正」および「復原」に注目する。また、前章で検討したヨーロッパの事例を踏まえ、上記の先行研究ではなされていない、西洋と日本の修理方針の比較を試みる。

2　日本の木造建築遺産保存における変形の修正

建築遺産の価値判断を行うにあたり、経年変化に起因する傾斜・沈下および各部材の撓み・歪み・狂いなどの変形について、ヨーロッパと日本とでは認識に根本的な違いが見られる。

5　日本の木造建築遺産保存における基本方針の検討

表5-1　日本における木造建築遺産の修理事例（修理年代順）

番号	建造物名	修理竣工年	所在地	建築類	建築年代	方針(蘇生・延命)	方針(復原)
1	定光寺観音堂	1980	愛媛	寺社	1463	蘇生	当初復原
2	竹林寺本堂	1989	広島	寺社	1511	蘇生	中古復原
3	輪王寺慈眼堂阿弥陀堂	1990	栃木	寺社	1646	蘇生	現状維持
4	寶林寺仏殿	1990	静岡	寺社	1667	蘇生	当初復原
5	知恩院三門	1991	京都	寺社	1619	蘇生	現状維持
6	清水寺本堂	1991	島根	寺社	1393	蘇生	当初復原
7	奥田家住宅	1992	大阪	民家	17世紀末	蘇生	当初復原
8	旧平田家住宅	1992	山梨	民家	1720年	蘇生	当初復原
9	寛永寺清水堂	1996	東京	寺社	1631	蘇生	中古復原
10	法華経寺祖師堂	1997	千葉	寺社	1678	蘇生	中古復原
11	飯盛寺本堂	1997	福井	寺社	1489	蘇生	中古復原
12	雨錫寺阿弥陀堂	1997	和歌山	寺社	1514	蘇生	当初復原
13	粉河寺大門	1998	和歌山	寺社	1707	蘇生	現状維持
14	吉田家住宅	1998	埼玉	民家	1721	蘇生	当初復原
15	藤岡家住宅	1998	奈良	民家	江戸後期	蘇生	当初復原
16	川打家住宅	1999	佐賀	民家	江戸中期	蘇生	中古復原
17	旧高橋家住宅	2001	埼玉	民家	17世紀末頃	蘇生	当初復原
18	平井家住宅	2002	茨城	民家	1688〜1704	蘇生	中古復原+活用のための整備
19	飯高寺講堂	2002	千葉	寺社	1651	蘇生	当初復原
20	関家住宅	2005	神奈川	民家	17世紀前半	蘇生	当初復原
21	時国家住宅	2005	石川	民家	18世紀中頃	蘇生	当初復原
22	本芳我家住宅	2006	愛媛	民家	1889	蘇生	中古復原+活用のための整備
23	泉福寺仏殿	2007	大分	寺社	1524	蘇生	中古復原
24	大村家住宅	2009	愛媛	民家	1789〜1800	蘇生	当初復原+活用のための整備
25	龍福寺本堂	2012	山口	寺社	1479	蘇生	当初復原

121

第Ⅱ部　木造建築遺産保存の方法における日本とヨーロッパの比較検討

　ヨーロッパでは、変形は建物の安定性・機能性を損傷する「破損」として認識されると同時に、その文化遺産としての「価値」の一側面としても認識される。変形を時間の蓄積と歴史の連続性を感じさせる重要な価値として認識する考え方は、ヨーロッパでは建築遺産保存の発端から潜在していた[2]。この考え方は、なにも石造・煉瓦造の建物に限ったものではない。むしろ、木造建築の方が、変形した姿を維持することがより重要であるという意見も見受けられる。イギリスの木骨造建築（half timber）の修理の専門家は「木骨造建築は、石造や煉瓦造のものと異なり、変形する傾向があり、このことがその魅力と特質を増大させる場合が多い」[3]と主張し、同様の意見はドイツ[4]、フランス[5]の木造建築の修理技術者によっても述べられている（第Ⅰ部小結参照）。

　他方、日本の木造建築遺産保存では、変形は「破損」の一種としてしか認識されていない。このことは、日本で行われてきた修理工事の内容、および保存図の表現方法から読み取ることができる。

2.1　日本における「最小限の修理」

　文化財保護法の規定により、重要文化財建築の修理の際に復原、構造補強または活用のための整備を行う場合は、建物の現状が変更されるとみなされ、許可の申請が必要とされる（「現状変更」）。その一方で、建造物の文化的意義を保つために必要とされている最小限の、または「常識的な範囲での」修理措置は、現状変更の対象とされず、申請は不要である。そのため、過去の修理における現状変更の申請の有無を確認することで、「最小限の修理」が具体的にはどういった範囲を指すのかを推定することが可能である。

　以下では、現状変更の申請を行っていない大規模修理の実施内容を検討することで、日本における「最小限の修理」の意味を確認したい。

2.1.1　知恩院三門

　知恩院三門は南北に階段を持つ山廊を附属する五間三戸二階二重の門で、この形式では日本最大の規模を誇る。元和7(1619) 年に建立されて以降、度々修理が行われたが、際立った改変はなされず建築当初の形態をとどめている。

5　日本の木造建築遺産保存における基本方針の検討

図5.1（左）　知恩院山門　修理前　（修理工事報告書、1992より転載）
図5.2（右）　知恩院山門　修理後　（修理工事報告書、1992より転載）

図5.3　東福寺三門

　昭和61（1986）年から、一階・二階の屋根の一部解体と両山廊の全解体を伴う修理が行われた。修理前、軸部の腐朽・傾斜・沈下はほとんどなかったが、軒が垂下し、垂木が波打ち、軒先の曲線が乱れていた（図5.1）。
　修理の際、瓦・土居葺は全面を葺き替え、一階・二階の軒廻りは飛檐垂木までを一旦解体し軒先の垂下と屈曲を修正し、腐朽した部材は取り替えられた。小屋組は沈下を修正し、部材の一部を取り替え、固め直しが行われた。腐朽していた懸魚・鯱・六葉については、当時現存のものを調査し、類例も

123

第Ⅱ部　木造建築遺産保存の方法における日本とヨーロッパの比較検討

図5.4（左）　輪王寺慈眼堂阿弥陀堂　修理前　（修理工事報告書、1993より転載）
図5.5（左）　輪王寺慈眼堂阿弥陀堂　修理後　（修理工事報告書、1993より転載）

参考にしながら新調された。また、各部材の木口に施されていた胡粉塗りは塗り直された。一方、不陸が生じていた高欄・縁、軸部の腐朽・傾斜が生じていた両山廊については、一旦全解体して修理が施された（図5.2）。

　軒の垂下は社寺建築に広く見られる変形であり、当初の建築意匠を変更すると言えるが、建物の構造的安定性に直接影響を与えるものではない。該当建物と類似する形式・規模を持つ東福寺三門の場合には、寛政3（1791）年の修理の際に隅支柱を補入し、軒の垂下を復位せずそのままの形で修理が施されている（図5.3）。また、変形の修正とともに懸魚・鯱・六葉などの装飾部材の補足も、「最小限の維持措置」とみなされていることが分かる。

2.1.2　輪王寺慈眼堂阿弥陀堂

　輪王寺慈眼堂阿弥陀堂は桁行一間、梁間一間、一重宝形造りのシンプルな建物である。背面に来迎壁があり、他は解放とし、総漆塗りである。正保3（1646）年に建立されて以降、幾度も修理が行われており、漆塗断層調査からは10回前後漆を塗り替えていることが明らかとなった。

　昭和62（1987）年から、全解体を伴う修理が行われた。修理前は、雨漏りによって小屋組の部材が著しく腐朽しており、軸部が傾斜していた（図5.4）。

　修理では、腐朽した部材の補修・取り替えが行われ、全ての変形を修正したうえで、再び組み直された。漆塗りは全て、一旦掻き落として塗り替えられた。さらに、欠損していた背面長押唄金物2個は、残存するものに倣い新調された。棟廻りの露盤・宝珠・伏鉢は別途保管していたが、破損が大きく再用できないと判断され、古材を模して作り直された（図5.5）。

124

5　日本の木造建築遺産保存における基本方針の検討

図5.6（左）　粉河寺大門　修理前　（修理工事報告書、2002より転載）
図5.7（右）　粉河寺大門　修理後　（修理工事報告書、2002より転載）

すなわち、小屋組の破損など、建造物の存続に関わる破損の修理とともに、欠損する錺金具の補足、塗装の修理も「維持措置」に含まれていることが分かる。

2.1.3　粉河寺大門

和歌山県所在の粉河寺大門は宝永4（1707）年に建立された三間一戸楼門である。建立後、瓦の差し替えと木部の小修理が幾度か行われたが、大規模な修理も改変を伴わず、建立当初の形態で現在まで至っている。

平成10（1998）年から、全解体修理が行われた。修理前は、不同沈下はなく、軸部の傾斜は軽微であったが、棟、軒、二階組物が垂下しており、二階縁廻りは不陸を生じ、一階柱足元などが腐朽していた。また、当初施されていた弁柄塗りはほとんど剥落しており、妻飾りの懸魚などが大きく風化し、長押唄金具など飾り金具が欠損していた（図5.6）。

修理の際には建物を全解体し、腐朽した部材を繕い、変形した部材は矯正された。上部の荷重を受けて変形していた天井組子は、水浸し、形を整えたうえで乾燥させられた。一方、捻れが生じていた高欄地覆については、裏面より鋸目を入れ、捻れを修正し、合成樹脂を注入して固定された。さらに、必要に応じて添え木や鋼材による構造補強が施され、小屋組み・軒廻り・縁廻りの全ての変形が修正され組み直された（図5.8・図5.9）。加えて、欠損していた妻飾りの部材・飾り金具は補足され、塗装が施された（図5.7）。[9]

すなわち、軒の垂下などの変形、装飾材の補足、塗装の塗り直しとともに、高欄地覆など構造材以外の部材も含め、個々の部材の変形修正も「最小限の

第Ⅱ部　木造建築遺産保存の方法における日本とヨーロッパの比較検討

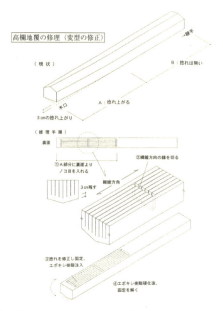

図5.8　粉河寺大門　高欄地覆　変形の矯正①　（修理工事報告書、2002より転載）

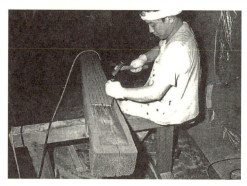

図5.9　粉河寺大門　高欄地覆　変形の矯正②　（修理工事報告書、2002より転載）

維持措置」として行われた。

　上記の修理事例の検討から、日本の木造建築遺産の修理では、建物の存続と安定性に直接関わる主要構造部材の破損・傾斜の修理のみならず、軒の垂下と曲線の修正、個々の部材の変形の矯正、錺金具などの補足、塗装の修理が全て「維持措置」として行われていることが了解される。すなわち、これ

らの措置は、建物の文化的意義を保存するうえでの最小限の修理とみなされている。

ところで、軒の垂下や曲線の乱れなど、構造的安定性に直接影響しない変形を修正せずに建物を修理することも、技術的には充分可能である。近世以前は、むしろ多くの建物で軒支柱や方杖を取り付けることで軒を垂下した状態で固定し、変形をある程度受け入れた形で修理が施されていた。軒支柱などは姑息的なものでなく、整然とした収まりで長期にわたり取り付けられていた事例も見られる[10]。しかし、古社寺保存法の制定によって国の事業として修理が行われるようになって以降、軒支柱などは撤去され、全ての変形を徹底的に修正する方針が取られるようになった[11]。

この方針は、現在に至るまで一貫していると言えるが、例外的に部材の変形を矯正せず修理が行われた事例も確認できる。平成元（1989）年

図5.10　相馬中村神社　向拝柱（修理工事報告書、1993より転載）

図5.11　相馬中村神社　茅負（修理工事報告書、1993より転載）

から行われた相馬中村神社（福島県、寛永20（1643）年建立）の修理では、極力多くの部材を保存することを意図して、向拝柱など変形した部材がそのまま再用された。また、変形した建具に合わせて敷居・鴨居の溝を掘り直し、柱に辺付を打って隙間を隠した。一方、茅負については、鋸目を入れて変形を修正し、合成樹脂を注入して固定した。変形を受け入れる方針を採用した背景については、修理工事報告書に「多少の変形はこの建物自体が持っている特性の一つととらえることにした」とある[12]。

第Ⅱ部　木造建築遺産保存の方法における日本とヨーロッパの比較検討

2.1　保存図に見る変形の認識

「保存図」は建築遺産の修理事業の一環として作成される建築図面である。修理工事報告書とともに修理の記録を残すことを目的とする。永久保存を前提とし、現在でも原則としては大判ケント紙に手描きし、烏口で墨入れ仕上げとする。

　初期の修理工事には、必ず修理前・竣工（竣成）の2セットの図面が製図され、修理前図面に経年変化による建物の変形、破損、および軒支柱や方杖などの後世に付加した補強材が描かれている（図5.12・図5.13）。明治36（1903）年に作成された京都府の規定には、現状図の作成方法について「縮尺百分一乃至弐拾分ノ一、トシ建造物ノ現在破損傾斜セル状態ヲ表示スルモノ」[14]とあり、経年変化を含む建物の姿をそのまま描くことがルール化されている。

　しかし、昭和9（1934）年前後から、修理前図面に建物の傾斜・変形など

図5.12（左）　当麻寺東塔　修理前断面実測図（明治35年）（奈良県教育委員会蔵）
図5.13（右）　東大寺大仏殿　明治修理前正面実測図（奈良県教育委員会蔵）

5　日本の木造建築遺産保存における基本方針の検討

図5.14（左）　定光寺観音堂　修理前　正面　（修理工事報告書、1980より転載）
図5.15（右）　定光寺観音堂　修理前　正面図　（修理工事報告書、1980より転載）

図5.16（左）　定光寺観音堂　修理前　背面　（修理工事報告書、1980より転載）
図5.17（右）　定光寺観音堂　修理前　背面図　（修理工事報告書、1980より転載）

が表示されなくなっていった。⁽¹⁵⁾そのきっかけとなったのは、文部技師大岡實の指摘であったという。このことについて、大岡は「当時の現状図は破損図で、まがったのをそのまま書いていた。それで私は、あれは意味がないから、わかることだからやめたほうがいいって、修理前の軒が下がったのはちゃんと直していく図にしちゃったはずだ。」⁽¹⁶⁾と説明する。すなわち、修理の際には変形を直すことが前提になっているため、修理前図面に変形を表示することが不要とされた。

　現在、修理前図面に傾斜・変形・破損は表示されず、建物が理想化されて描かれている。そのため、修理前の建物の状態と図面上の姿が大きく異なっている事例もある。昭和55（1980）年に修理された定光寺観音堂（愛媛県、寛正4（1463）年建立）では、修理前は屋根が破損しており、軒の垂下が大きかった。軒先を支柱によって補強していたが、隅木に残る支柱の枘穴から、この建物では創建後まもなく支柱を立て、後世に、さらに建て替えられたことが判る。また、軒瓦の多くが落下し、隅棟は南東部のみが残存し、隅鬼瓦4個

129

第Ⅱ部　木造建築遺産保存の方法における日本とヨーロッパの比較検討

のうち、1個のみが元位置に残存し、他の3個および露盤は堂内に保存されていた。さらに、背面の壁には養生板が張られていた（図5.14・図5.16）。しかし、修理前図面を見ると、軒の垂下と変形が修正して描かれており、軒支柱・養生板が表示されていない。また、欠損している軒瓦、隅棟、および別途保存の鬼瓦・露盤が元位置に描かれており、建物をある程度完成させて描かれていることが分かる（図5.15・図5.17）[17]。

　修理前の図面に変形が表示されないのは、修理の際に変形が修正されることが前提となっているためである。同様に、軒支柱・養生板の撤去および欠損する部材・瓦の補足も「必要最小限の維持措置」とみなされている。これらの措置は、図面に表示する必要がないとされる程、既に常識となっていることが窺える。

　知恩院三門、慈眼堂阿弥陀堂、粉河寺大門の事例のように、修理の際に「現状変更」が行われず、上記のような「維持措置」のみが実施された場合、保存図は「修理前図面」・「竣工図面」の2セットではなく、破損・変形を修正した1セットのみが作成される。すなわち、保存図が修理の内容を記録することが目的とされるが、実際は修理の内容ではなく、修理の際の「現状変更」を記録している。

小　結

　本節で検討した修理の事例および保存図の特質から、日本の木造建築遺産修理では、修理の際に経年変化による全ての変形を修正することが前提となっていることが明らかである。修正は、建物の存続に関わる重大な変形に限って行われるのではなく、軒の垂下と曲線の乱れ、化粧材の変形など、建物の機能性・安定性に直接影響しない変形についても行われる。この方針は、修理前図面に変形を表示する必要がないとされる程、既に暗黙の了解事項とされており、変形した姿を維持する修理の可能性が最初から除外されていることが読み取れる。

　変形の修正と同様に、軒支柱・方杖などの後世に付加された補強材の撤去、欠損する錺金具などの補足、外部の塗装の塗り直しなどの措置も、もはや常識のこととして扱われている。

130

このような修理の方針は、解体修理という手法と深く関係している。解体修理は原則的に腐朽した部材の補修、安定性に関わる軸部の傾斜の修正のために行われるが、変形の修正を徹底するには、解体修理の範囲を広げ、頻度を高くする必要が生じる。

この修理方針の背景に、建築意匠の芸術的価値、構造体の技術的価値を重視し、経年変化による変形・部材の欠損などを全て、これらの価値を損なう「破損」として認識する建築遺産の評価基準が潜在している。解体修理という手法を適用して、変形を徹底的に修正することで、これらの価値を明確にすることができる。しかし、その反面、時間の蓄積と歴史の連続性を感覚的に認知させる建物の「経年価値」が失われ、修理後の建物が新しく見えるという問題点がある。

3　日本の木造建築遺産保存における「復原」

前節では、現状変更が行われなかった木造建築遺産の修理事例を検討した。しかし、半解体・全解体を含む根本修理が行われる際に、大多数の場合に建物を過去のある時点の姿に戻す「復原」が実施される。近年の根本修理の方針を統計的に分析すると、現状の姿のままに修理する建物は約23％で、約76％は当初または中間の時点の姿に復原されている[18]。前者の大半は、前節で検討した事例のように門など建築当初から改造のないものであり、改造を受けた修理前の姿を積極的に評価してその維持を意図した修理事例はさらに少ない。この状況から、日本の建築遺産保存における復原意志の強さが窺える。

日本では、復原は、建築遺産保存が始まった当初から現在まで、一貫して行われている[19]。ただし、近年は痕跡調査技術の発展に伴い、より学術的で正確性の高いものになった。また、建築遺産保存の初期には、建物を建築当初の姿に復原することは主流であったが、近年は後世の改造も含め建物が最も整った時点に復原する事例が増えていることも指摘されている[20]。

しかしながら、復原は幾つかの異なる性質の操作を伴う複雑な行為であり、それぞれの操作の正確性にばらつきがある。また、復原を行うか否か、行う場合はどの時点に復原するかを決定するために、建物の文化的意義を適切に

第Ⅱ部 木造建築遺産保存の方法における日本とヨーロッパの比較検討

評価することが前提となるため、評価基準を明確にする必要がある。

本節では、近年に行われた復原の事例の分析を通して、まず復原の性質について検討し、次に復原志向の背景にある建築遺産の評価基準を再確認し、最後に復原が文化的意義に与える影響について考察する。

3.1 復原の性質と信頼性

復原は建物を過去のある時点の姿に戻すことを目的とするが、そのために幾つかの性質の異なる操作を行う必要がある。ここで、平井家住宅の復原の事例を通して復原の性質について検討する。[21]

平井家住宅は茨城県に所在する農家で、建設年代は17世紀前半と推定される。平成13（2001）年から実施された解体修理の際、建物をその形が整った元禄年間（1688～1704）の姿に復原した。修理後は建物を常時の住居とせず、社会教育などの施設として活用している。

復原の主な内容は次の通りである（表5-2、図5.19～図5.22）。南側・西側半間通り、便所、北側の台所・風呂場、土間に設けられていたシタベヤ、および小屋組みに取り付けられていた筋違を撤去した。これらについては、木材の風食具合、納まり・工法、丸釘の使用などから後世のものであることが判明した。また、北東のジョウチュウベヤに切断され束として転用されていた柱を復旧し、柱に残る貫穴・間渡穴から土壁を復旧した。一方、発掘調査によって土間に竈があったことが判明したため、これを復旧したが、その具体的な形態は推定に基づいて決定した。建具については、柱に残る敷居・鴨居の痕跡などからその基本的な形態を読み取ることができたが、詳細は類例などに基づいて推定した。さらに、西側面の建具の内側に建物の修理後の活用を考慮して明障子を挿入した。

平井家住宅の事例から、復原は下記の4種類の異なった性質の操作を含むことが分かる。

1　後世の増築部・補強材の撤去。部材が確実に後世のものと判別された場合、その撤去によって復原を実現できる。

2　痕跡に基づく失われた部材の復旧。仕口穴、圧痕などの痕跡から、部

5 日本の木造建築遺産保存における基本方針の検討

表5-2 平井家住宅 現状変更要旨およびその根拠 （修理工事報告書（2003）を基に作成）

外廻り

	修理前	修理後	根 拠
1	∅	床・柱・壁・天井	周囲の地盤が嵩上げしている・雨水の進入を防ぐため
2	半間張り出し（明治後期〜戦前）	∅	丸釘＋材が新しい＋家相図
3	柱	柱＋板戸	柱が切断されて残存＋痕跡（建具の形態は推測）
4	梱＋柱＋土壁＋開戸（戦前〜）	袖壁＋片引戸	工法
5	縁廊下（江戸後期〜明治後期）	∅	風蝕具合
6	便所（江戸後期〜明治後期）	∅	工法
7	部屋（1955〜1965）	∅	材が新しい＋姑息的な納まり
8	天井（1955〜1965）	∅	天井裏にせがい軒残存
9	北台所＋風呂場（1965〜1975）	∅	材が新しい＋聞き取り
10	間仕切り	柱＋片袖付き引き戸	柱が切断されて残存
11	∅	棚	痕跡＋風蝕具合（棚の形態は推測）
12	柱	∅	痕跡＋風蝕具合
13	押入（江戸後期〜明治後期）	∅	風蝕具合
14	柱2本（江戸後期〜明治後期）	柱1本＋土壁	柱が切断されて残存＋痕跡
15	建具＋雨戸	腰板壁＋土壁	貫穴＋板小穴＋見切板穴＋間渡穴
16	ガラス戸	∅	
17	腰下見板張り＋土壁	腰板壁＋土壁	腰板壁 一部残存＋見切板穴＋間渡穴
18	障子＋雨戸＋戸袋	格子窓＋内法長押	痕跡（格子は類似による）
19	障子＋雨戸	板戸＋内法長押	痕跡（建具は調整）
20	ガラス窓＋雨戸＋戸袋＋土壁	土壁＋腰板壁＋片引戸	痕跡＋方立残存
21	ガラス窓＋雨戸	片引戸	活用のため整備
22	腰付障子	板壁	痕跡
23	ガラス戸／障子	片引戸／障子	板戸 調整（障子は活用のため整備）
24	ガラス戸／ガラス窓	土壁	貫穴＋間渡穴
25	下地窓	土壁	貫穴＋間渡穴

	修理前	修理後	根 拠
33	∅	片引戸＋袖壁	痕跡
34	上り縁（明治後期〜戦前）	∅	材の仕上げ
35	∅	竈	発掘調査

座敷部 変更要旨

	修理前	修理後	根 拠
36	∅	部屋を拡張	痕跡
37	棚（明治後期〜）	∅	工法
38	根太天井（江戸後期〜明治）	∅	工法
39	床板	床板	風蝕具合
40	∅	床	材の仕上げ＋痕跡
41	神棚／一段高くなった天井（明治）	∅／一定の高さの天井	工法

	修理前	修理後	根 拠
42	差鴨居＋建具（明治後期〜戦前）	∅	工法
43	床＋天井	炉戸＋天井開放	工法
44	畳	∅	床板が化粧仕上げ＋煤け具合
45	物入（明治後期）	無目の敷鴨居	工法＋風蝕具合（無目の敷鴨居は工法から推測）
46	根太天井	∅	工法
47	天井	より高い天井	廻縁の仕口
48	∅	開放	痕跡
49	ガラス戸	∅	痕跡
50	板壁	土壁	貫穴＋間渡穴
51	ガラス戸／襖／障子／板戸片引	板戸	板戸残存個所と鴨居寸法同じことから建具を推測
52	畳	（畳仮設）	床板が化粧仕上げ＋煤け具合（活用のため畳を仮設）
53	土台（江戸後期）	礎石建	工法

小屋組 変更要旨

	修理前	修理後	根 拠
54	筋違（江戸後期〜明治）	∅	工法
55	繋梁上に上屋梁端部を支持する束	∅	柄穴＋あたり痕

土間部 変更要旨

	修理前	修理後	根 拠
26	部屋（1935）	∅	風蝕具合
27	天井	∅	工法
28	部屋＋柱（明治後期〜戦前）	∅	風蝕具合＋工法
29	天井（戦前）	∅	工法
30	∅	柱＋土壁	柱を切断して束に転用して残存＋番付
31	柱＋土壁（江戸後期〜明治後期）	∅	柱を切断して束に転用して残存＋番付
32	∅	床	柱の煤け具合

凡 例

撤去
痕跡等を基に復旧
類例等を基に復旧
活用のため整備

第Ⅱ部　木造建築遺産保存の方法における日本とヨーロッパの比較検討

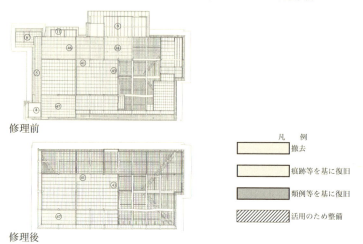

図5.18　平井家住宅 天井見上げ図 修理前（上）・修理後（下）（修理工事報告書（2003）を基に作成）

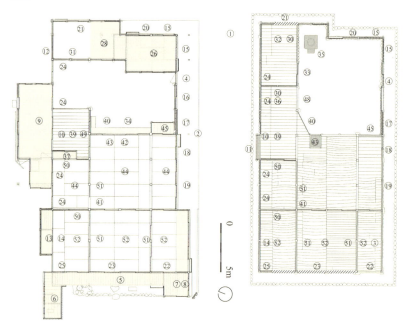

修理前　　　　　　　　　　　　　　修理後

図5.19　平井家住宅 平面図 修理前（左）・修理後（右）（修理工事報告書（2003）を基に作成）

134

5　日本の木造建築遺産保存における基本方針の検討

図5.20（左）　平井家住宅　修理前　南西より　（修理工事報告書、2003）
図5.21（右）　平井家住宅　修理後　南西より

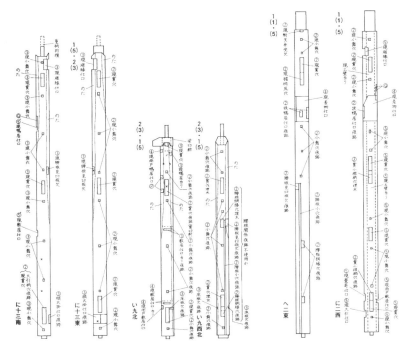

図5.22　平井家住宅　柱痕跡図　（修理工事報告書、2003）

135

第Ⅱ部　木造建築遺産保存の方法における日本とヨーロッパの比較検討

　　材の位置・寸法を正確に知ることができるが、部材の加工・仕上げな
　　どについては一部推測も要する。
3　類例などに基づく失われた部材の復旧。建具、竈などについては建物
　　に残る痕跡を基にその位置・規模を知ることができるが、具体的な仕
　　様や装飾のディテールについては類例などに基づいて推測する必要が
　　あり、復原の正確性が下がる。
4　修理後の活用のための部材の新設。過去の部材の形態が判明した場合
　　でも、修理後の活用のためにそれを復旧できず、別の形の部材を新設
　　する必要が生じる場合が多い。

　上記の操作のうち、完全に正確なものは (1) のみである。ただし、日本
では木部材に残存する痕跡を読み解く調査の技術が発達しているため、(2)
の操作も比較的に正確性が高い。しかし、復原を実現するためにはほとん
どの場合 (1) ～ (3) の全ての操作が必要であり、復原は一部推測を含むこ
とが余儀なくされている。さらに、修理後の活用のために (4) が要求され、
復原を建物の一部に留めざるを得ない。そのため、完全に正確な復原を実現
することは現実的にほぼ不可能である。
　一方、正確性の課題は別として、復原は建物の理解に対して誤解を招く可
能性もある。操作 (1) の場合、撤去された増築部・補強材は一切存在しな
かったという誤解を招く。また、操作 (2)・(3) の場合、復旧される部材は
オリジナルの複製品であるが、これらがオリジナルの部材そのものと見なさ
れる可能性がある。すなわち、復原は建物が変化せずに現在に至っていると
いう誤解を与えかねない。
　復原が孕むこのような本質的課題は、建物の真の価値と感覚的に認知され
る価値の一致性を損ない、文化遺産としての真正性を危うくする。

3.2　復原によって明確になる価値

　日本において復原は主流の方針として推進されてきた背景に、主に下記の
2つの論点がある。[22]

136

5 日本の木造建築遺産保存における基本方針の検討

1 後世の改造・修理が建築意匠を損なうものであり、これらを戻すことによって建物の芸術的・技術的価値を明確にすることができる。

2 建築遺産はある時代・様式・建築類型の典型として指定されている場合が多く、復原を行うことによって建物の建築史上の学術的価値を明確にすることができる。

さらに、復原は第2節で検討した解体修理と変形の修正の方針とも関連している。歴史的には、増築や改造が建物の変形を修正せずに重ねられてきた。解体修理を行い、変形を徹底的に修正すると、後世の部材が納まらなくなる。そのため、復原を行うことによって、建物をより整った形で完成させることができる。

すなわち、日本の復原志向の背景には、解体修理という徹底的な修理方法とともに、建築遺産の建築作品としての芸術的・技術的価値および建築史上の学術的価値を強調する評価基準がある。

3.3 復原によって失われる価値

上記のように、復原によって、建物の文化的意義の建築的な側面をより明確にできる場合がある。しかし、文化的意義は複合的なものであり、建築的な側面以外に様々な側面から構成されている。

下記では、比較的近年に行われた復原の事例の分析を通して、復原が文化的意義に与える影響について考察する。

3.3.1 奥田家住宅主屋[23]

奥田家住宅は大阪府に所在する。広大な屋敷に重要文化財に指定されている5棟の建物が建つ。主屋は北を正面とし、居室部と東側に続く数寄屋風の座敷部からなる。居室部、座敷部とも17世紀末に建てられたと推定されている。奥田家は昭和48（1973）年から新宅に移り、建物は公開施設として活用されてきた。

平成元（1989）年から行われた半解体修理では、庇、小屋組および床組を解体し、土壁を掻き落とし、屋起こしを行うことで軸部の傾斜と不陸を修正

第Ⅱ部　木造建築遺産保存の方法における日本とヨーロッパの比較検討

表5-3　奥田家住宅主屋　現状変更要旨およびその根拠　（修理工事報告書（1993）を基に作成）

外廻り

	修理前	修理後	根拠
1	カンジョウバ（1776年頃）	∅	材が新しい
2	ネベヤ（1845年頃）	∅	材が新しい
3	∅	柱	横架材に残る枘穴＋圧痕
4	∅	格子窓＋障子	中敷居・鴨居仕口（建具・格子の形態は整備）
5	∅	大壁	スサ掛け
6	∅	大壁	整備
7	∅	庇柱	繋梁・土ът痕跡＋礎石
8	∅	庇柱	推定
9	下屋（1845年頃）	∅	材が新しい＋工法
10	ガラス戸	大戸（板戸＋障子）	柱間寸法（形態は正面大戸と類似）
11	∅	茅屋根葺降ろし	推定
12	∅	板戸片引き	使い勝手を考慮して推定
13	縁（1845年頃）	∅	工法

土間部

	修理前	修理後	根拠
30	間仕切（1776年頃）	∅	無益な工法
31	キタドコ＋オチマ（1845年頃）	ヒロシキ	工法＋根太掛け痕跡（ヒロシキの出は推定）
32	∅	大壁	東側に倣って整備
33	∅	ツシ二階	根太仕口
34	板戸片開	土壁	辺付止釘穴
35	簀戸立	板戸	整備
36	簀戸立	∅	間仕切の痕跡がない
37	根太天井	∅	材が新しい
38	カマド＋ナガシ	カマド＋ナガシ	吉村家住宅の類例を参考

居室部

	修理前	修理後	根拠
14	竿縁天井（1845年頃）	∅（上方の根太天井を表す）	材が新しい＋上方の根太天井が煤けている
15	差鴨居＋障子	柱＋板戸	姑息的な納まり＋柱頂部・足元残存（板戸は整備）
16	∅	柱	梁上に柱頂部残存
17	∅（1845年頃）	襖	敷居鴨居仕口（建具は整備）
18	∅（1845年頃）	板戸	整備
19	∅（1845年頃）	襖	敷居仕口（建具は整備）
20	畳	板敷	敷居側面は柱面と揃わない
21	畳／板敷	畳	部屋が畳割寸法で割付けられている
22	畳	板敷	整備
23	押入	出格子	出格子の材が切断されている＋框貫仕口
24	ガラス戸（内法上股壁）	板戸（外法土壁）	2本溝差鴨居残存（建具は整備）
25	板戸／襖	袖壁＋戸袋＋板戸＋障子	2本溝差鴨居残存＋戸袋痕跡（建具は整備）
26	板床（1845年頃）	∅	材が新しい

柱間装置

	修理前	修理後	根拠
27	雨戸＋障子／土壁	舞良戸＋障子	3本溝差鴨居仕口＋戸袋痕跡（建具は整備）
28	トコ（1845年頃）	∅	姑息的な納まり＋煤け具合
29	仏壇（奥行き半間＋襖で間仕切る）	仏壇（奥行き40cm＋トコの構え）	当初台輪・控柱残存／敷鴨居後補＋落掛け・框残存
45	障子	土壁	整備
46	板戸片開	土壁	貫穴＋間渡穴
47	障子	板戸＋土壁	風食具合
48	∅（建具欠失）	板戸＋土壁	風食具合
49	障子	土壁（外大壁＋腰板張）	間渡痕跡
50	障子／ガラス戸片開	土壁（外大壁＋腰板張）	スサ掛けの刻み＋間渡穴
51	ガラス戸	土壁（外大壁＋腰板張）	間渡穴
52	∅	格子窓＋障子＋土壁（外大壁＋腰板張）	間渡穴（格子窓は整備）
53	∅	大壁	間渡穴
54	襖	土壁	辺付止釘穴＋間渡穴
55	舞良戸	土壁＋舞良戸	方立枘穴＋辺付止釘穴＋当初差鴨居に三本突止溝
56	襖	襖（突止溝）	当初差鴨居に四本突止溝（建具は整備）
57	∅	土壁	整備
58	∅	戸袋	整備

座敷部

	修理前	修理後	根拠
39	切妻・本瓦葺の高塀（居室部東妻）	入母屋屋根	丸釘使用＋姑息的な納まり＋扠首穴＋垂木当り（一部推定）
40	∅	座敷部上屋の柱を20cm延ばす	柱頂部が切断されている＋痕跡
41	和小屋＋銅板葺	扠首組＋茅葺	和小屋丸釘使用／転用されている当初上屋梁に扠首穴
42	下屋	下屋（急勾配）	急勾配の垂木が取り付いた風食差・欠け込み
43	銅板／桟瓦（下屋葺き材）	銅板	当初こけら葺きと推定、銅板葺に改める
44	濡縁	∅	後設

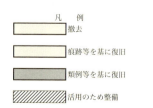

凡　例
□ 撤去
□ 痕跡等を基に復旧
■ 類例等を基に復旧
▨ 活用のため整備

138

5　日本の木造建築遺産保存における基本方針の検討

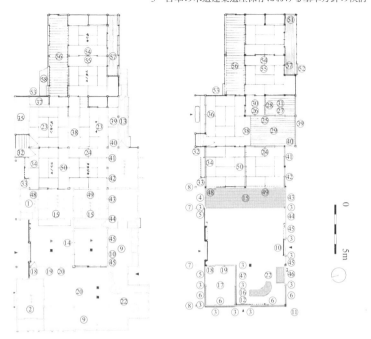

図5.23　奥田家住宅 平面図 修理前（左）・修理後（右）（修理工事報告書（1993）を基に作成）

図5.24　奥田家住宅　ヒヤ東面　修理前（左）修理後（右）（修理工事報告書、1993より転載）

139

第Ⅱ部　木造建築遺産保存の方法における日本とヨーロッパの比較検討

図5.25　奥田家住宅 土間境 修理前（左）修理後（右）（修理工事報告書、1993より転載）

した。その際に、建物を建築当初の姿に復原することが決定された。

　復原の主な内容は次の通りである（表5-3、図5.23～図5.25）。土間に設置されていた間仕切り、土間境に設けられていた畳敷きの2部屋、および仏壇が撤去された。また、居室部上手背面の畳敷きの部屋（「ヒヤ」）に設けられていた縁と竿縁天井を撤去し、中心部に柱・間仕切りを復旧して3室に分けられた。さらに、背面の下屋が撤去された。

　これらの増改築は、江戸後期（1776年頃）から末期（1845年頃）に行われたものであり、修理前の時点で既に長い歴史を持ち、生活様式の変化に建物がいかに適応してきたかを知るために貴重な情報が含まれていた。これに対して、復原された「当初の姿」は、建築後の数十年しか存在しなかった一時的な姿に過ぎない。さらに、奥田家住宅の場合、撤去された増改築には、高い意匠性を持つものも確認され、その芸術的価値も高かったと言える。

　当初復原の方針が選択された理由について、修理工事報告書には記載がみられないが、当初形態の建築史上の学術的価値が優先されたものと推定できる。同形式の建物で、同じく大阪府に所在する吉村家住宅主屋の場合には、昭和28（1953）年に民家建築で初めての根本修理が行われ、居室部の当初復原が行われた。その結果、建物は非居住となり、住まいが別棟に移された。40年程後に行われた奥田家住宅の修理では、基本的に同じ方針で復原が実施された。

3.3.2　関家住宅主屋・書院[24]

　関家住宅は神奈川県に所在する農家である。主屋は17世紀前半の建築と推定されており、古い民家の特徴を示す。18世紀に主屋の南面西寄りに書

5 日本の木造建築遺産保存における基本方針の検討

表5-4 関家住宅主屋・書院　現状変更要旨およびその根拠　（修理工事報告書（2005）を基に作成）

主屋

	修理前	修理後	根　拠
1		仮設室仮設室へ	地下遺構の保存措置
2	東端1間+上部小屋組(18世紀)	○(側柱2本挿入)	当初番付+材種+表面加工+工法
3	柱2本+土台+柱間装置	突出部	材種+工法
4	床組+間仕切(明治以降)	○	材が新しい+家相図
5	柱+間仕切+床組(1958)	1間張り出し床	間取／根太彫+角釘穴残存
6	流し(1958)	流し	当初本間のみ板壁であった点から推定
7	根太天井(明治期)	○	丸釘使用+納まりが悪い
8	腰下見板(南面土間部)(18世紀)	ヒシャギ竹腰壁	工法／釘穴+風食具合+古写真
9	竈(土間北東隅)	竈(土間棟通り北側東寄り)	発掘調査
10	間柱+土台(18世紀)	○	材の寸法+材種
11	差鴨居	差鴨居(高さ変更)	痕跡
12	上がり段+切目長押	○(根太木口を見せる)	丸釘使用
13	式台(明治中期)	○	当初痕跡なし
14	下屋廊下	○	当初痕跡なし
15	書斎+廊下(1940)	○	当初痕跡なし
16	便所(1954)	○	当初痕跡なし
17	畳	○	床板は台鉋仕上げ、表面が煤けている
18	炉(床下)(明治中期)	○	丸釘使用
19	風呂場+洗面所+間仕切(1958)	突出部	当初側柱北面に間渡穴
20	畳	○(板敷)	17に散う
21	コタツ(1958)	囲炉裏	痕跡なし／家相図(1871)をもとに推定
22	柱+板壁+押入(1958)	柱+押板壁構+板壁	押板木口+羽目板穴溝+寄せ仕口+板溝+胴縁穴
23	柱+間仕切(1940)	○	間取り
24	物入(1940)	○	間取り
25	トコ+棚+押入(1940)	○	間取り
26	竿縁天井(1940)	○	間取り
27	押板+間柱	二連のトコ構え	当初トコ框・寄せ残存・無目鴨居
28	間仕切+柱+天井(1958)	○	当初痕跡なし
29	土台(明治以降)	○(礎石建ち)	工法
30	小屋組(土間)(明治期)	小屋組	牛梁上に梁の取り付け痕跡+桁行梁の断片残存
31	○	竹簀子天井(上屋梁上)	工法
32	せがい(南面軒)(18世紀以降)	○	風食具合+工法
33	○	小屋貫+土壁	貫材断片残存+間渡穴
34	寄棟造	入母屋造	古写真(昭和初期)+工法+当初扠首残存
35	棟瓦覆い	竹簀子巻+破風板+妻竪板裏	類例

書院

	修理前	修理後	根　拠
36		柱	柱頂部・足元が切断されて束として残存
37	欄間(1926)	土壁小壁	墨書／飛貫の切断後+間渡穴
38	北面下屋柱4本	柱を切り縮める	柱に継手+継手位置に旧柄
39	天井(1926)	天井(一段下がる)	竿縁天井廻縁の欠き込み
40	床+棚(大正末～昭和初期)	○	書院使用と一連の仕事
41	○	柱	柱頂部が切断されて束として残存
42	縁切目長押+縁板	縁板(高さ変更)	丸釘使用／当初縁高が転用されて残存
43	小屋組	小屋組(勾配・構造変更)	当初材一部残存+痕跡
44	鉄板葺(1926)	茅葺	茅葺竹の竹栓痕跡

主屋　柱間装置

	修理前	修理後	根　拠
45	鉄格子窓	板戸片引	間渡穴
46	ガラス戸+板戸+上部ガラス格子欄間	板戸片引	戸当たり+鴨居止釘穴(建具の形態は推測)
47	ガラス窓	土壁	間渡穴
48	戸袋	土壁	間渡穴
49	格子戸+板戸+障子	格子+障子	敷居痕跡(建具の形態は推測)
50	障子	板戸+障子	3本溝敷鴨居痕跡／建具の形態は推測
51	石膏ボード／障子	板戸+障子	材が新しい(建具の形態は推測)
52	○	板戸片引	柄仕口(建具の形態は推測)
53	○	土壁	間渡穴
54	無双窓		不明
55	○	土壁	間渡穴
56	ガラス窓	壁	当初土壁(建具の形態は活用を考慮して決定)
57	ガラス窓	土壁+無双窓+板壁	間渡穴+板壁小穴(窓は痕跡なし)
58	ガラス戸	板戸引込+間柱+土壁	59に散う
59	ガラス戸	板戸引込+間柱+土壁	間渡穴
60	ガラス戸	壁	間渡穴(建具の形態は活用を考慮して決定)
61	ガラス戸	土壁	間渡穴
62	板壁+間柱+襖片開	土壁+間柱+格子窓+板壁	間渡穴+窓無目敷居痕跡+板壁小穴(建具の形態は推測)
63	障子	土壁	間渡穴
64	障子+間柱+木摺漆喰壁	土壁	間渡穴
65	木摺漆喰壁+板壁	土壁	間渡穴
66	木摺漆喰壁+石膏ボード	壁	当初土壁(建具の形態は活用を考慮して決定)
67	板戸		当初痕跡なし
68	ガラス窓		不明
69	間柱+土壁+板戸	板戸	敷居痕跡(建具の形態は推測)
70	板戸	○	当初痕跡なし
71	障子	板戸	建具形式推定
72	帯戸	板戸	2本溝鴨居残存(建具の形態は推測)

第Ⅱ部 木造建築遺産保存の方法における日本とヨーロッパの比較検討

	修理前	修理後	根拠
73	板戸両開+引出+間柱+板戸片開	板壁+間柱+板戸引込	胴縁穴／間柱・板戸は推定
74	両折襖戸	∅	当初土壁／活用のため開放
75	∅	土壁	不明
76	∅	土壁＋襖	当初土壁と推定（建具の形態は活用を考慮して決定）

書院　柱間装置

	修理前	修理後	根拠
77	雨戸	∅	縁葛仕口
78	障子戸片開	∅	当初痕跡なし
79	板戸片開	∅	当初痕跡なし
80	襖	障子	当初不明（建具の形態は活用を考慮して決定）
81	ガラス戸	障子	建具形式は活用のため
82	障子+上部板欄間	袖板壁+障子+上部板嵌殺	中敷居痕跡+板小穴（建具の形態は推測）

凡　例
- □ 撤去
- □ 痕跡等を基に復旧
- ▨ 類例等を基に復旧
- ▨ 活用のため整備

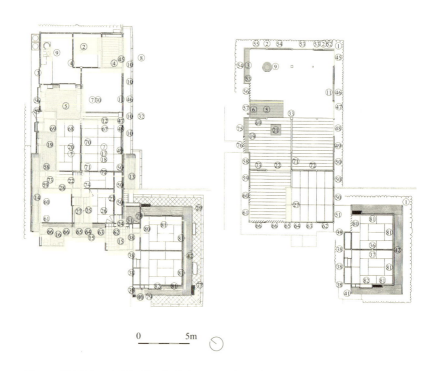

図5.26　関家住宅　平面図　修理前（左）・修理後（右）　（修理工事報告書（2005）を基に作成）

142

5 日本の木造建築遺産保存における基本方針の検討

図5.27（左） 関家住宅　主屋・書院　南西より　修理前　（修理工事報告書、2005）
図5.28（右） 関家住宅　主屋・書院　南西より　修理後

院が建設され、その後、主屋が東に5.4m曳家され、ドマが東に一間拡張された。さらに江戸末期から昭和前期まで、主屋・書院を度々増改築し、台所・風呂場・便所などの近代的な設備が備えられ、修理前の時点まで関家の主な生活の場としての機能を保持しており、修理後も居住として使用され続く予定であった。

　平成14（2002）年から行われた修理では、主屋を全解体し、書院を半解体後、揚屋して建物の転び起こしが行われた。さらに、修理の際に復原が行われた。関家住宅の場合には、方針決定まで至る経緯が修理工事報告書に掲載されているため、その背景にある建物の評価基準について知ることができる。

　本建物の場合、当初復原を行い、主屋を建築当初の位置に戻すと、書院との位置関係に不具合が生じる。そこで、修理工事報告書によると、下記の2案が検討された。

（1）　主屋・書院とも、主屋が現位置に移動し、ドマが拡張された時点に復原する。
（2）　現位置のまま、主屋・書院のそれぞれを建築当初の姿に復原する。

　（1）の場合は、2棟の建物は同時点に復原されるため相互の整合性が保持され、各棟と地盤との関係も守られる。復原時の部材残存率が高く、より正確性の高い復原が可能である。だが、議論の結果、最終的には主屋の17世紀前半の規模・形式の特徴を表すことが重視され、主屋を現位置のまま17世紀前半の姿に復原し、書院に関しては建築当初の18世紀の姿に復原する

143

第Ⅱ部　木造建築遺産保存の方法における日本とヨーロッパの比較検討

という (2) の案が採用された。また、復原を行うことによって主屋内の台所・風呂場・便所などの設備が撤去されたため、主屋背面に別棟の「管理棟」を建設さし、設備を補完することとした（表5-4、図5.26〜図5.28、口絵9）。

すなわち、建物相互および建物と地盤との整合性が失われ、住居としての用途を一部別棟に移す必要が生じるにもかかわらず、当初復原案が実施されたことになり、修理方針の策定にあたって建物の建築史上の学術的価値を明確にすることが、整合性や、用途の保持よりも優先されたことが窺える。

一方、上記の当初復原、中古復原の2案の他、現状修理の可能性もあったと思われる。現状修理を行うことで、復原が抱えている整合性や正確性の問題が避けられ、近代的な設備を適宜維持・更新することで主屋・書院に居住空間を完結することができ、管理棟を増設する必要もなかったであろう。

3.3.3　龍福寺本堂[25]

山口県所在の龍福寺本堂は、もとは興隆寺本堂として文明11（1479）年に建立された。当初は天台宗本堂の特徴を示し、平面を外陣・内陣に分け、内外陣境に幣軸構えの板扉を建て込んでいた。

明治14（1881）年に火災により龍福寺の前身本堂が焼失すると、同16（1883）年に興隆寺本堂を移築して龍福寺本堂とした。ところで、龍福寺は曹洞宗寺院であるため、移築時に内部の柱間装置をすべて開放とし、須弥壇が切り縮められ後方へ移設されるなど、宗派の変更に併せて建物の改造が行われた。

修理工事は平成17（2005）年から行われた。当初は軸部を残す半解体修理を予定していたが、解体調査によって、破損・腐朽範囲が広範囲に及ぶことが判明し、また部材の痕跡から復原を行う許可を得たことから、全解体修理へと修理方針を変更するとともに、当初復原を実施することが決定された。復原によって失われていた内外陣境の建具と須弥壇を復旧するとともに、正面の障子を蔀に、屋根を桟瓦葺きから檜皮葺きに復旧した。復原の根拠としては、主に痕跡や転用されて残存していた部材などが使用されたが、建具の詳細、軒付けなどのディテールについては同時代の類例などに倣い、一部推測も含まれている（表5-5、図5.29）。

当初復原が選択された理由について、修理工事報告書に下記の記載がある。

この本堂は、大内氏が隆盛を誇った当時、その氏寺の本堂として建立さ

5　日本の木造建築遺産保存における基本方針の検討

表5-5　龍福寺本堂　現状変更要旨およびその根拠（修理工事報告書（1993）を基に作成）

造作

	修理前	修理後	根　拠
1	須弥壇（一間幅）(1881)	須弥壇（三間幅）	当初材が転用されて残存＋墨書＋痕跡＋古図
2	下屋(1881)＋渡り廊下	∅	縁繋・隅叉首の痕跡
3	縁（三面）	縁（四面、出が43cm大きい）	当初材 一部残存、痕跡
4	高欄	高欄	痕跡／意匠は現状の高欄を踏襲
5	石階＋側桁階段	∅例	当初4面に木階／渡廊下を設けるため2個所に設置／腐朽を避けるため石階
6	内法貫＋内法長押（正面両側面）	内法貫＋内法長押（40cm高い位置に）	釘穴＋風食具合＋仕口穴
7	∅	内法長押＋切目長押	釘穴＋風食具合
8	∅	頭貫＋内法貫＋通肘木	仕口穴＋部材が 一部残存
9	∅	腰長押＋腰貫（脇陣・外陣境）	腰貫仕口＋長押襷輪仕口＋古図
10	∅	腰貫	仕口穴
11	内法貫＋内法長押	内法貫＋内法長押	材種＋内法貫が切断されている
12	∅	間斗束	転用された通肘木に残る痕跡＋他の間が全て間斗束
13	二重床板	∅	材種＋痕跡がない
14	床組	床組（大引を撤去＋根太配置を変更）	工法＋痕跡
15	畳	板敷床＋畳	当初は板敷き（活用を考慮して畳敷きにする）

柱間装置

	修理前	修理後	根　拠
16	障子(1881)	蔀	柱に決り溝＋地垂木に吊金具痕跡（建具の形態は類似に倣う）
17	障子(1881)	格子戸	2本溝敷鴨居転用されて残存＋古図（建具の形態は類似に倣う）
18	障子(1881)	幣軸構え板扉	当初材一部転用されて残存＋風食具合＋痕跡
19	障子(1881)	竪嵌板	板溝＋痕跡＋当初材一部転用されて残存＋古図
20	襖(1881)	竪嵌板	板溝＋痕跡＋古図
21	∅(1881)	竪嵌板	板溝＋痕跡＋古図
22	∅	幣軸構え板扉	幣軸・辺付け・框仕口穴＋風食＋蹴放し転用されて残存＋古図
23	土壁（外廻りの頭貫・内法貫間）	横嵌板	板溝
24	欄間	横嵌板	板溝

	修理前	修理後	根　拠
25	∅(1881)	格子戸	2本溝敷鴨居転用されて残存（建具の形態は類似に倣う）
26	吹寄せ縦欄間	横嵌板	板溝
27	∅	腰貫上連子窓＋腰貫下板戸＋内法貫上横嵌板	板溝＋古図（建具の形態は推測）
28	∅	鎧良戸	辺付・樋端当り＋止釘跡＋古図（建具の形態は類似に倣う）
29	∅(1881)	竪嵌板	板溝＋板が転用されて残存
30	欄間	横嵌板	内陣東・西面に倣う

天井・軒廻り・小屋組み

	修理前	修理後	根　拠
31	∅	組子（外陣天井桁・通肘木間）	組子は切断されている＋桁に組子を入れる決り

	修理前	修理後	根　拠
32	格縁2列（内陣天井）(1881)	∅	材種＋工法
33	格天井(1881)	∅	丸釘使用
34	軒廻り	軒廻り（六仕掛・出が20cm大きい）	隅木転用されて残存＋桁材に垂木溝を示す釘痕
35	妻飾（土壁）	妻飾（板壁＋枝外垂木勾配が緩い等）	前包痕跡＋板溝
36	小屋組	小屋組	土居桁・野垂木転用されて残存＋貫穴＋墨書番付
37	桟瓦葺	檜皮葺	棟札写し＋記録（軒付の形態は同時代の形式に倣う）
38	棟	棟	県内の類似に倣う

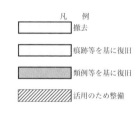

凡　例

□　撤去

□　痕跡等を基に復旧

▨　類例等を基に復旧

▨　活用のため整備

145

第Ⅱ部　木造建築遺産保存の方法における日本とヨーロッパの比較検討

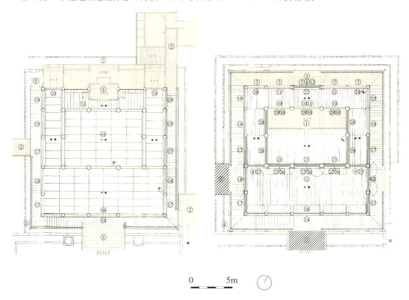

図5.29　龍福寺本堂　平面図　修理前（左）・修理後（右）（修理工事報告書（2005）を基に作成）

れたものである。また、仏堂としても中国地方以西では数少ない室町時代に属する和様仏堂である。よって、これを機に文明11年に建立された当時の姿に復旧整備する。

すなわち、当初復原実施の背景に、建物とその創建者との関係の歴史的意義を強調する意図とともに、上記の事例と同様に建物の建築史上の学術的価値を重視する評価基準があることが窺える。

しかし、復原を行うことは、現在でも曹洞宗本堂として使用されている建物の用途と、その外観・内観との不整合性を生じさせることに繋がる。また、正面側に復原された蔀の荷重が大きく、日々の開閉は困難となるため、電動の吊り上げ装置を設置する必要が生じるなど、復原を行うことは現代的な使用との矛盾も発生する結果となる。

5 日本の木造建築遺産保存における基本方針の検討

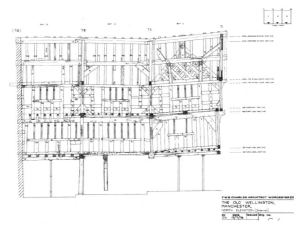

図5.30 オールド・ウェリントン　修理前立面図（Charles, 1984より転載）

小　結

　本節では、復原が行われた修理工事の事例の分析を通して、復原の特質とその背景にある建物の評価基準について次の点が明らかとなった。
　日本では木造建築に残る痕跡を読み解く調査技術が発達しており、比較的高い正確性で建物の当初形態とその後の変遷を明らかにすることができる。しかし、復原はほとんどの場合にある程度の推測を含まざるを得ず、完全に正確な復原の実現は現実的に不可能である。また、復原は建物に関する誤解を招く可能性もあり、文化的意義の真正性を危うくする行為でもある。
　一方、近年には当初復原、中古復原、現状修理の選択が、後世の増改築の価値を充分に考慮にいれたうえで、ケース・バイ・ケースで行われているとされている。しかし、本節で検討した近年の修理事例の分析を通して、増改築の建築的価値や歴史資料としての価値が高い事例、復原を行うことで建物に不整合性が生じる事例、あるいは復原を行うことで現在の建物の使用に不都合が生じる事例のいずれにおいても、とりもなおさず復原が実施されていることが確認された。このことから、日本では近年の修理においても復原志向は強力であることが窺える。
　復原志向の背景に、建築遺産の建築作品としての芸術的・技術的価値およ

147

第Ⅱ部　木造建築遺産保存の方法における日本とヨーロッパの比較検討

び建築史上の学術的価値を優先する評価基準がある。その一方で、後世の増改築が持つ建築的な価値・歴史資料としての価値、および建物の用途の価値が、未だに過小評価されている可能性がある。

　一方、近年の修理事例では、建物の用途をその文化的意義の一側面として認識し、修理後も用途が保たれるように修理設計が行われた事例も見られる。愛媛県内子町に所在する本芳我家住宅[26]と大村家住宅[27]の修理工事では、遺産建築内に生活が続けるように、修理の際に近代的な台所・風呂場などが備えられた（口絵11）。これらの操作は「整備」として位置付けられて行われ、可逆性を重視して実施された。ただし、この2棟についても、建物の他の部分についてやはり復原が行われている。

　復原に伴う誤解、矛盾や不整合性は、それが時間の流れを逆行しようとする行為であるという根本的な問題に起因する。増改築の価値や建物の用途の価値などを含め、文化的意義をより総合的に保存継承するためには、復原以外の修理設計の方法の可能性を探る必要がある。

4　木造建築遺産保存における基本方針に関する日本とヨーロッパの比較

　以上、近年の事例を中心に、日本の木造建築遺産保存における基本方針について検討した。本節では、前章で検討したヨーロッパの木造建築遺産保存における基本方針との比較を通して、「変形の修正」および「復原」の2側面に注目して日本の修理方針の特質について考察する。

4.1　解体修理と変形の修正

　本研究では、ヨーロッパと日本において、破損状況が著しく、大掛かりな修理が必要とされた木造建築遺産の事例を検討した。

　日本では、このような建物について、一旦解体し、腐朽した部材の取り替え・繕いとともに、経年変化による変形を修正することが通常の修理方法であることを確認できた。修正は、建物の安定性・機能性に直接影響する変形

5　日本の木造建築遺産保存における基本方針の検討

に限って行われるのではなく、可能な限り徹底的に実施される傾向がある。

　ヨーロッパでも日本と同様に、建物を一旦解体して、変形を修正した事例が確認された。その場合、経年変化を逆戻りし、建物を健全な状態に戻すことを目的とした「蘇生方針」に基づき修理が実施される。前章において検討したスペインのトッレ・ハウレギアおよびロシア・キジ島の変容の教会がその事例である。

　しかし、変形が建物の安定性・機能性に直接影響しない場合は、「蘇生方針」の他に、経年変化による変形をそのまま受け入れ、建物の劣化を減速することを目的とした「延命方針」が採用される事例も見られる。前章において検討したノルウェーのウルネス教会およびフランスのル・プティ・ルーブルでは、この方針のもとで修理が行われた。ウルネス教会は日本の木造建築と同様に、継手仕口による結合をもち、架構式で、土壁等がなく分解可能の構造を持つが、建物が大きく傾斜したまま修理された。日本の方針のもとで本建物を修理した場合には、解体して軸組の傾斜を修正し、腐朽や割れが生じた木材を補修し、さらに切断された二本の柱を復原して後世の筋違を撤去したと推測できる。また、ル・プティ・ルーブルでは変形した現状に合わせた補強材を挿入することによって修理が実施された。日本でも、このような修理方法が技術的には充分適用可能な場合があると思える。

　しかし、日本では、変形は修正しなければならないとの認識が強く、「延命方針」による修理の可能性は、最初から除外されている。このことは、日本では修理前図面に変形を表現しないことからも読み取れる。一方、ヨーロッパでは手間を省くために変形の表現が省略される場合もあるが、修理前図面に建物の変形した姿を描くことは原則となっており（図5.30）、修理前調査の段階では変形の修正が行われるか否かの判断がついていない。

　この違いについて、従来は木造建築の構造的な特徴や、日本における温暖湿潤気候、地震や台風の発生頻度など、主に立地条件に関する要因と技術的な要因をもとに説明されることが多かった(28)。しかし、安定性・機能性に直接関わらない変形も徹底的に修正される点など、上記の要因のみでは説明しきれない部分もあり、修理方針策定の背景にある日本とヨーロッパとの木造建築遺産の評価基準についても考慮に入れる必要がある。

　日本では、修理方針として解体修理と変形の修正が一貫して採用されてきたことの背景には、建築意匠の芸術的価値、構造体の技術的価値を重視し、

第Ⅱ部　木造建築遺産保存の方法における日本とヨーロッパの比較検討

経年変化による変形をこれらの価値を損なう「破損」として認識する木造建築遺産の評価基準がある。これに対してヨーロッパでは、日本と同様に上記の価値が優先され「蘇生方針」が採用される場合だけでなく、変形をも守るべき文化的意義の一側面として認識し、「延命方針」が採用される場合も確認される。

　特に安定性・機能性に直接影響しない屋根の波打ちなどの変形については、ヨーロッパでは日本と対照的な認識が示される場合も見られる。日本では、上記検討の事例の通り、これらの変形を修正することは常識とされていることに対して、イギリスの木骨造建築修理の専門家は「外観の特徴を保つためには、屋根を波打った形状のまま維持することが肝要である」[29]と主張している。また、イコモス木の委員会が2017年に作成した『木造建築遺産保存のための原則』[30]では、「構造的な影響がなく、建物の使用に支障を及ぼさない経年によって生じた変形については、現代的な美意識を満足させるためにその『修正』を試みてはならない」[31]とある。

4.2　日本の「復原」とヨーロッパの「修復」

　日本で行われている「復原」は、建物を過去の失われた形態に戻す行為であるヨーロッパの「修復」（restoration）と同様の目的を持つ。しかし、復原は解体修理の一環として行われている点が特徴的である。日本では、破損状況が深刻な建物について、解体修理と変形の修正が修理方針の常識となっているため、変形後に加えられた増築を撤去して復原を実施することによって、より整った形で建物を完成させることができる場合が多い。これに対して、ヨーロッパでは逆に、増改築を保持できるよう建物を変形したまま保存することが修理の目的とされることが多い。この点について、イギリスの木骨造建築修理の専門家は「木骨造建築が、過去に変形したまま修理・増築が加えられたことが多く、後世の改築や修理の際に取り付けられた部材を撤去せずに変形を修正することが不可能の場合が多い。後世の修理・増築は独自の価値を持つため、他の主要な理由がない限り、変形の修正を試みてはいけない」[32]と主張する。

　ヨーロッパでは、事実上修復が行われ続けているが、建築遺産保存専門家

の間では、避けるべき行為とみなす意見が大勢である。建築遺産保存憲章の内容を確認すると、1931年のアテネ憲章[33]では、ヨーロッパ諸国では「完全な修復を行わず、これに伴う危険を避ける傾向が優勢であることを確認できた[34]」とある。また、1964年のヴェニス憲章[35]では、修復として増改築の撤去のみが想定されており、これが「例外的な条件下、撤去される部分の価値が低く、露出される部分の歴史的、考古学的、あるいは美的価値が高く、かつその保存状況が処置を正当化するのに充分なほど良好である場合[36]」に限り認められるとする。さらに、1979年のバラ憲章[37]は、後世の部材の撤去のみを修復として認め、新しい材料が挿入される場合の行為を「再建」(reconstruction)として分類する。

　ヨーロッパにおける修復に対する反発は、この行為が抱えている真正性の問題、および増改築の文化的意義の損失への懸念に起因すると思われる。

5　おわりに

　本章では、修理工事の事例の検討およびヨーロッパの事例との比較によって、日本の木造建築遺産保存における基本方針について下記の点が明らかとなった。

　日本では、大掛かりな修理を必要とする木造建築遺産については、建物を一旦解体し、腐朽した部材の取り替え・繕いとともに、変形を徹底的に修正することが修理方法の常識となっている。さらに修理は多くの場合に復原を伴って行われる。

　このような修理方針が一貫して採用されてきた背景には、日本の木造建築遺産の構造的特質や立地条件とともに、建築遺産に対する固有の評価基準がある。すなわち、日本では建築遺産の意匠の芸術的価値や、構造体の技術的価値・建築史上の学術的価値が優先され、修理の際にこれらの価値を損なうとされる変形を修正し、さらにこれらの価値をより明確にするために復原が行われる。

　また、日本では、経年変化を遡り、建物を健全な状態に戻すことを修理の目的とされ、徹底的な修理を行うことによって次の修理までの期間を延ばすことが目指される[38]。その反面、建物に対する介入の度合いは高くなる。

第Ⅱ部　木造建築遺産保存の方法における日本とヨーロッパの比較検討

　日本における解体修理・変形の修正・復原という修理の基本方針は、建築意匠の芸術的価値・構造体の技術的価値・建築史上の学術的価値を保存し、明確にするために効果的なものである。しかし、その一方で、解体の範囲・頻度が高くなるとともに、建物の経年価値・歴史的資料としての価値・用途の価値および真正性が損なわれる危険性がある。修理の基本方針の策定は、それぞれの方針によって守られる価値と失われる価値を確実に認識したうえで、明確にした判断基準のもとで行われるべきである。

　一方、日本において「木造建築遺産」として認識されるようになった建物の数と種類が増える中、その文化的意義の多様性に対応して、従来と異なる修理方針の可能性を探る必要がある。その際、ヨーロッパで適用されている多種多様な修理方針は、重要な参考事例になると思われる。

5 日本の木造建築遺産保存における基本方針の検討

註

1 前章では、ヨーロッパで木造建築遺産保存に関する情報が豊富になる1960年代以降の修理事例を対象とした。

2 このような考え方は19世紀半ばからラスキン、モリスなどの著書に表現されている。また、1903年にアロイス・リーグルは、時間の経過がもたらす劣化と不完全性による記念物の美的効果を「経年価値」（Alteswert）と名付ける。（Riegl, A.（1903）Der Moderne Denkmalkultus - Sein Wesen und Seine Entstehung, Braumuller）。第3章参照。

3 "Timber framed buildings, unlike stone and brick structures, have a tendency to move and distort and this often adds greatly to their quality and character"（Boutwood, James（1991）*The Repair of Timber Frames and Roofs*, SPAB より）。また、イギリスの木造建築修理について Powys, A. R.（1929）*Repair of Ancient Buildings*, SPAB および McCaig, Ian & Ridout, Brian（2012）*English Heritage Practical Building Conservation - Timber*, Ashgate では同様な主張が見られる。

4 Gerner, Manfred（1979）*Fachwerk - Entwicklung, Gefuge, Instandsetzung*. Deutsche Verlags - Anstalt および Hähnel, Ekkehart（2003）*Fachwerkinstandsetzung.* Fraunhofer IRB Verlag 参照。

5 Taupin, Jean-Louis（1979）"Technique de Consolidation des Bois", *Symposia on the Conservation of Wood - Stokholm 1977 Troyes 1980*, ICOMOS International Wood Committee 参照。

6 京都府教育庁指導部文化財保護課（1992）『重要文化財 知恩院三門修理工事報告書』京都府教育委員会。

7 京都府教育庁指導部文化財保護課（1978）『国宝 東福寺三門修理工事報告書』京都府教育委員会。

8 日光社寺文化財保存会（1993）『重要文化財 輪王寺大猷院霊廟慈眼堂・夜叉門・同左右廻廊・阿弥陀堂修理工事報告書』 日光社寺文化財保存会。

9 和歌山県文化財センター（2002）『重要文化財 粉河寺大門修理工事報告書』粉河寺。

10 例えば千葉県所在の泉福寺薬師堂については、貞享2（1685）年に軒先に受桁を通し、軒支柱を立てて屋根の荷重を支えることとした。本建物では昭和56（1981）年に解体修理が行われるまで、ほぼ300年間軒支柱が取り付けられていた。

11 古社寺保存法による修理工事の内容およびその前後における軒支柱に関する修理方針の転換について、清水重敦（2013）『建築保存概念の生成史』中央公論美術出版に詳しい。

12 文化財建造物保存技術協会（1993）『重要文化財 相馬中村神社本殿・幣殿・拝殿保存修理報告書』相馬中村神社。

13 古社寺保存法時代における実測図の作成の開始、国宝保存法の制定に伴う保存図システムの確立について、前掲清水重敦（2013）が参考となる。

153

第II部 木造建築遺産保存の方法における日本とヨーロッパの比較検討

14 京都府内務部第六課「古社寺建造物修理工事施工方法」明治36年6月1日（松室重光関係資料B3 -20、東京大学大学院工学系研究科建築学専攻所蔵）。

15 昭和9（1934）年に修理された法隆寺東大門の場合には、修理前図面に破損・変形が表示されている。しかし、同年に修理された食堂・細殿の場合には破損図が描かれていない。以降、変形を表さない修理前図面の作図方法が次第に普及するが、昭和14（1939）年に修理された興福寺東金堂の場合にも修理前図面は破損図である。

16 大岡実（聞書き）（1988）「国宝保存法の時代」『普請研究』24号。

17 文化財建造物保存技術協会編（1980）『重要文化財 定光寺観音堂修理工事報告書』重要文化財 定光寺観音堂修理委員会。

18 村田健一（2003）「国宝重要文化財建造物の保存修理と復原の現状」『全文連会報』47号 p.42-44。平成4（1992）年度から同13（2001）年度の10年間に竣工した保存修理事業（石造物・災害復旧物件を除く）を対象とする。

19 日本の建築遺産保存の初期における修理方針をめぐる議論と復原方針の定着について、前掲清水重敦（2013）に詳しい。

20 前掲 村田健一（2003）によると、後世の改造時の姿に復原した建造物は全体の3割強である。

21 文化財建造物保存技術協会（2003）『重要文化財 平井家住宅 保存修理工事報告書』平井正己。

22 復原を推奨する論点は、太田博太郎（1974）「修理と復原」『重要文化財12 建造物I』付録、毎日新聞社で整理されている。

23 文化財建造物保存技術協会（1993）『重要文化財 奥田家住宅 主屋・表門・乾蔵・旧綿蔵・納屋・米蔵 修理工事報告書』財団法人奥田邸保存会。

24 文化財建造物保存技術協会（2005）『重要文化財 関家住宅主屋・書院および表門 保存修理工事報告書』関恒三郎。

25 文化財建造物保存技術協会（2012）『重要文化財 龍福寺本堂 保存修理工事報告書』龍福寺。

26 文化財建造物保存技術協会（2006）『重要文化財 本芳我家住宅主屋ほか三棟 保存修理工事報告書』芳我大輔。

27 文化財建造物保存技術協会（2012）『重要文化財 大村家住宅 保存修理工事報告書』大村勉。

28 例えば、関野克"Principles of Conservation and Restoration Regarding Wooden Buildings in Japan" (*International Symposium on the Conservation and Restoration of Cultural Property – Conservation of Wood*, Tokyo National Research Institute for Cultural Properties, p.127-142、1978)、伊原恵司「古建築の修理周期」（『普請研究』32号、p. 2-17、1990）、稲垣栄三「日本の文化遺産憲章検討上の課題」（『文化遺産保護憲章 研究・検討 報告書』 日本イコモス国内委員会、p. 8-10、1999）ではこのような説明が行われている。

5 日本の木造建築遺産保存における基本方針の検討

29 "It is important to ensure that the undulations in the roof are maintained, to preserve its visual character." (McCaig, Ian & Ridout, Brian (2012) *English Heritage Practical Building Conservation - Timber*. Ashgate)。また、Boutwood, James (1991) *The Repair of Timber Frames and Roofs*. SPAB にも同様な意見が表現されている。

30 ICOMOS Interntional Wood Committee (2017) *Principles for the Conservation of Wooden Built Heritage*.

31 "No attempt should be made to "correct" deflections that have occurred over time, and which have no structural significance, and present no difficulties of use, simply to address present-day aesthetic preferences."

32 "(...) frames have often been repaired or added to in their distorted positions in the past and it is not possible to correct this without unpicking later alterations or repairs which may be of interest in their own right. No attempt should be made to do this unless it is necessary for other, overriding, reasons" (Boutwood, James (1991) *The Repair of Timber Frames and Roofs*, SPAB)

33 International Museums Office (1933) "Conclusions of the Conference", *The Conservation of Artistic & Historical Monuments*, Société des Nations, Institut International de Coopération Intellectuelle.

34 "there predominates in the different countries represented a general tendency to abandon restorations in toto and to avoid the attendant dangers"

35 IInd International Congress of Architects and Technicians of Historic Monuments (1964) *International Charter for the Conservation and Restoration of Monuments and Sites*

36 "(...) in exceptional circumstances and when what is removed is of little interest and the material which is brought to light is of great historical, archaeological or aesthetic value, and its state of preservation good enough to justify the action."

37 ICOMOS Australia (1979) *The Australia ICOMOS Guidelines for the Conservation of Places of Cultural Significance ("Burra Charter")*

38 高品正行 (2013)「保存修理の現状——技術者の立場から」『文化財建造物の保存修理を考える第1回シンポジウム「保存修理の理念とあり方」の記録』文化財建造物保存技術協会

155

6 保存原則の観点から見た
木造建築遺産の修理技法の比較検討

1 はじめに

1.1 研究の背景と目的

　木造建築遺産の修理において最も根本的な操作は、腐朽により、本来の構造的機能を果たし続けられない木部材の補修である。現在、近代的なおよび伝統的な技術、木・鋼鉄・合成樹脂など様々な材料を用いた、木部材を補修するための種々の技法がある。部材に求められる構造強度、工事の施工条件、工費・工期、必要な技術と材料の有無などの条件を考慮したうえで、保存の原則に従って最適な修理技法の選択が行われるべきである。

　しかし、保存原則には相反している理念が潜在しているため、修理技法の選択は困難な課題である。例えば、木造建築遺産の修理に「伝統的な修理技法による補修」が好ましいとされるが[1]、伝統的な修理技法には可逆性がなく、ほとんどの場合において、近代的な技法と比較すると失われる古材の量が多い。また、「伝統的な修理技法」と「近代的な修理技法」の明確な定義と分類も行われていない。

　そこで、本章において、まず木造建築遺産保存の理念的なアプローチおよび具体的な技法を紹介しているヨーロッパの木造建築遺産の修理マニュアルを分析する（第2節）。次に、腐朽した木部材の修理技法に焦点を当て、ヨーロッパのマニュアル・修理事例および日本の修理事例を検討し、修理技法の体系化を行う（第3節）。さらに、保存原則の観点から、それぞれの修理技法の特質について考察する（第4節）。

157

1.2　研究対象および先行研究

　本章において、ヨーロッパの木部材の修理技法に関して、「木造建築遺産の修理マニュアル」を検討する。これらのマニュアルは、保存修理に関わる建築家を対象とし、保存の理念と原則とともに、修理技法に関する実践的な情報を提供している。建築遺産全般の修理マニュアルに加えて、1960年代から木造建築遺産に特化した修理マニュアルが各国で発行されるようになる。ヨーロッパにはこのような資料を通して、修理技法に関する情報が共有されている。

　さらに、木造建築遺産の修理マニュアルに紹介されている技術が具体的に適用された修理の事例を検討する。

　一方、日本ではこのような修理マニュアルが存在しない。その理由として、国宝・重要文化財建築の保存修理に関わる建築家は国の承認を受けた専門家に限られることが考えられる。代わりに、現場において修理技法に関する知識が伝承される。また、1971（昭和46）年以降、修理技術者を育成するための養成研修が設けられている。しかし、国宝・重要文化財建築以外の建築遺産の保存・修理・改修・リノベーションなどには、文化財修理を専門としない一般の建築家が携わることを鑑みると、これらの建物が持つ文化的意義を損ねないように、日本においてもヨーロッパと同様に保存の考え方から修理技法に関する情報まで纏めた建築遺産の修理マニュアルを作成する必要があると考える。

　また、日本では国宝・重要文化財建築については、個別の保存修理報告書に、修理の際に適用された修理技法について記載されているが、修理技法の網羅的かつ体系的な整理と分析が未だに行われていない。この課題について、下記の先行研究で扱われている。

1) 趙賢貞（2011）『木造文化財建造物における部材の保存技術と修復技法に関する研究』（東京芸術大学博士論文）。破損した部材を「端部や表面が劣化・損傷した部材」、「芯部が劣化・損傷した部材」、「折損・変形した部材」に分け、さらに垂直材と水平材に区分し、寺社建築と民家建築の修理事例を取り上げて、保存修理報告書から部材の修復技法に

6　保存原則の観点から見た木造建築遺産の修理技法の比較検討

表6-1　木造建築遺産の修理マニュアル

資料番号	題　名	著者・編集者	出版年(初版)	国	発行者	A.0	A.1.1	A.1.2	A.2.1	A.2.2	A.2.3	A.3.1	A.3.2	A.3.3	A.3.4	B.1.1	B.1.2	B.2	B.3
①	Repair of Ancient Buildings	Powys, A. R.	1929	イギリス	SPAB	△	◎	○	-	-	-	△	-	-	-	-	-	-	-
②	Notes on the Repair and Preservation of Historic Buildings - Timberwork	Ministry of Public Building & Works	1965	イギリス	Her Majesty's Stationery Office	-	-	◎	-	○	-	-	○	-	-	-	-	○	-
③	Fachwerk - Entwicklung, Gefuge, Instandsetzung	Gerner, M.	1979	ドイツ	Deutsche Verlags-Anstalt	○	◎	○	-	-	-	○	-	-	-	-	-	-	-
④	The WER System Manual	Stumes, P.	1979	カナダ	APT	-	-	-	-	-	-	-	-	○	-	-	-	-	-
⑤	Gamle Trehus	Drange, T., Aansen, H. O., Braenne, J.	1980	ノルウェー	Gylendal	○	○	○	-	-	-	○	-	-	-	-	-	-	-
⑥	Conservation of Timber Buildings	Charles, F. W. B.	1984	イギリス	Donhead	○	◎	○	○/×	×	×	△	×	×	△	○	-	○	-
⑦	Schaden an Holzkonstruktionen	Monck, W., Erler, K.	1987	ドイツ	Huss-Medien	○	○	○	-	○	-	○	-	○	-	○	○	○	○
⑧	Practical Building Conservation Vol. 5 Wood, Glass & Resins	Ashurst, J. & Ashurst, N.	1988	イギリス	English Heritage	○	○	○	-	◎	-	○	-	-	-	-	-	-	-
⑨	The Repair of Timber Frames and Roofs	Boutwood, J.	1991	イギリス	SPAB	-	◎	○	×	×	×	×	×	×	△	-	-	○	-
⑩	Il Restauro delle Strutture di Legno	Tampone, G.	1996	イタリア	Hoepli	×	○	×	×	×	×	×	×	×	×	○	○	○	○
⑪	Conservation of Historic Timber Structures - An Ecological Approach	Larsen, K. E., & Marstein, N.	2000	ノルウェー	Butterworth Heinemann	○	◎	○	×	×	×	×	×	×	×	○	×	-	-
⑫	Intervencion en Estructuras de Madera	Arriaga, F., Peraza, F., Esteban, M., Bobadilla, I., Garcia, F	2002	スペイン	AITIM	○	○	○	-	-	-	○	-	-	-	○	-	○	○
⑬	Appraisal and Repair of Timber Structures	Ross, P.	2002	イギリス	Thomas Telford	○	○	○	-	-	-	○	-	-	-	-	-	-	-
⑭	The Repair of Historic Timber Structures	Yeomans, D	2003	イギリス	Thomas Telford	○	○	○	-	-	-	○	-	-	-	-	-	-	-
⑮	Fachwerkinstandsetzung - EinPraxishandbuch	Hähnel, E.	2003	ドイツ	DIN	○	○	○	-	-	-	○	-	-	-	○	-	○	○
⑯	Le Colombage, Mode d'Emploi / La Charpente, Mode d'Emploi	Valentin, J. L.	2007/2008	フランス	Eyrolles	○	◎	×	-	-	-	○	-	△	×	-	-	-	-
⑰	Il Restauro delle Strutture di Legno	Laner, F.	2011	イタリア	Grafill	○	◎	○	-	-	-	×	×	○	○	○	-	○	-
⑱	English Heritage Practical Building Conservation -Timber	McCaig, I. & Ridout, B.	2012	イギリス	English Heritage	○	○	○	-	-	-	○	-	-	-	-	-	-	-
⑲	日本の文化財建築修理					○	◎	○	-	△	△	-	△	△	△	○	○	○	○

◎推奨技法　○使用可能技法　△特定な条件下に認められている技法　×非推奨技法　-紹介されていない技法

　関する記載を抜粋して整理している。また、部材修復に関する考え方の変遷について論じられている。保存修理報告書の情報の体系的な整理を試みた基礎的な研究として評価できる。
2)　上野勝久［編］（2012）『木造建造物の保存修復における伝統技法の類型と革新的技術の考案に関する研究』（東京藝術大学大学院美術研究所）。木造建築の修理技法のうち、補強技術を対象とする。伝統的な補強技法について、筋違・貫・金物を取り上げ、それぞれについて古代から近代の事例を紹介する。また、近代的な補強技法として、文化財修理の初期の鉄骨補強、近年の耐震補強、アラミド繊維や合成樹脂などによる修理技法の事例を紹介する。

第II部　木造建築遺産保存の方法における日本とヨーロッパの比較検討

　本研究においては、上記の先行研究および他の論文等を参考にしながら、日本の木部材の修理技法について、主に保存修理報告書の記載を分析した。特に、近年の報告書では、「工事実施仕様」の項目において、修理技法に関するより具体的な内容が掲載されるようになった。報告書が発行されている保存修理工事の事例の中から、新しい補修補法が適用された初期の事例、修理技法について詳細的な情報が掲載されている事例を選択した。

2　ヨーロッパの木造建築遺産の修理マニュアルの分析

　本研究では、7カ国の修理マニュアル18冊を調査することによって、ヨーロッパにおける木造建築遺産修理の全体像を把握することを目的とする（表6-1）。調査した資料のうち、資料①以外は全て木造建築遺産に特化した修理マニュアルである。資料①は建築遺産全般を対象とするが、木造小屋組の修理に関する部分が詳しく、出版年（1929年）がきわめて早く、後の修理マニュアルに影響を与えたと考えられるため、調査対象範囲に含めた。また、資料④はカナダで出版されたものだが、扱っている修理技法がヨーロッパで広く使用されているため、併せて調査対象に含めることとした。

　調査した資料は、イギリスの建築遺産保存関係の団体によるもの、個人よるものに大別できる。

2.1　イギリスの建築遺産保存関係の団体による
木造建築遺産の修理マニュアル

2.1.1　古建築保護協会（SPAB）による資料

　古建築保護協会はウィリアム・モリスが書いた創建時の『宣言』において、修復を否定して「現状保存」と「最小限の介入」に基づく修理を提唱するとともに、修理の際に新しく付け加えられた新材と古材を明確に区分した「正直な修理」を主張する。[2] このような保存原則に基づいた具体的な修理技法

160

を提供する目的で、本協会の事務局長も務めていた保存建築家A・R・ポーイス[3]が1929に資料①を執筆した。建築遺産の木造部分について、継木による腐朽した部材の補修を基本的な修理技法とするが、「正直な修理」を強調して古材と明確に区別が付くように新材を簡素に仕上げ、繰型は輪郭のみを再現することを推奨する。また、鉄・鋼鉄を修理に用いることは極力避けるべきとし、より多くの材料の保持を可能にする場合に限ってその使用を認める。

　古建築保護協会はさらに1991年に木骨造住宅と木造小屋組の修理に特化した冊子（資料⑨）を出版した。本資料では資料①と同様な修理技法が提唱されるが、合成樹脂は、その耐久性を問題視し、使用を避けるべきであると警告を加えた。

2.1.2　行政機関による資料

　イギリスに1962年から1970年かけて公共事業省（Ministry of Public Building and Works）が建築遺産保護を担い、1965年に資料②を発行した。本資料は継木による補修を基本的な修理技法とするが、接合に接着剤を使用することを勧める。また、鋼鉄の使用に対して積極的である。

　1983年からイングランド文化遺産局（English Heritage）が建築遺産・記念物・遺跡の保存管理を担当し、1988年に資料⑧、2012年に資料⑱を発行した。資料⑧は、木・鋼鉄を使用した修理技法について資料②をそのまま引用し、合成樹脂に関する内容を付け加えた。合成樹脂は部材を取り外さず（in situ）に修理できることと、より多くの材料の保持を可能にすることを主張し、木造建築の修理では既に20年間使われてきたため、ある程度その耐久性が実証できたとし、その使用に対して積極的な態度をしめす。資料⑱には同様の考え方が示されており、継木による補修を優先しながら、鋼鉄および合成樹脂による修理技法も認め、数多くの多様な修理技法を紹介する。

　すなわち、イギリスの建築遺産保存関係団体からは、木造の修理における鋼鉄・合成樹脂の使用に対して否定的である古建築保護協会と、それらに対して積極的である行政機関の二つの傾向が確認できる。

第Ⅱ部　木造建築遺産保存の方法における日本とヨーロッパの比較検討

2.2　個人の専門家による木造建築遺産の修理マニュアル

・資料③はドイツの木骨造住宅（Fachwerk）を対象とし、継木による補修
　を基本としながら、見え隠れの部分に合成樹脂の使用に対して肯定的で
　ある。

・資料④は合成樹脂に基づいた修理技法である WER 方法を紹介するもの
　であり、実験に基づいたその構造計算方法を提供する。

・資料⑤はノルウェーの木造住宅建築を対象とし、伝統的な木工技術に基
　づいた修理技法を提唱する。

・資料⑥はイギリスの木骨造住宅（half-timber）を対象とする。鋼鉄のス
　トラップ（鉄帯）で締めた伝統的な継木による補修を基本的な修理技法
　とする。1984年の初版には継木に接着剤を使用することに対して肯定
　的であったが、1995年版には現場で接着剤を使用するために必要な環
　境を確保することが困難であるとし、その使用を避けるべきであると主
　張する。また、エポキシ樹脂の充填による修理技法に対しても批判的で
　ある。

・資料⑦、資料⑫、資料⑬、資料⑭は木・鋼鉄・合成樹脂を使用した数多
　くの修理技法を紹介し、それぞれの構造計算方法と実施方法を提供する
　ものである。

・資料⑩は主にイタリアの木造小屋組・床組を対象とする。腐朽した部分
　を含めて、材料を最大限に保持することに主眼を置き、伝統的な修理技
　法など、部材の取り替えを前提とする修理技法に対して批判的である。
　修理は取り替えではなく、可逆性があり、材料の最大限保持を実現する
　近代的な金具の付加によって行うべきであると主張する。合成樹脂につ
　いては、可逆性がなく、構造体内の本来の荷重の伝わり方を変更するた
　め避けるべきとしている。

・資料⑪は、1999年のイコモス木の委員会の『歴史的木造構造物保存のた
　めの減速』の採択当時、同委員会の委員長を務めていたニルス・マル
　ステインおよび事務局長クヌート・アイナール・ラルセンが作成して
　いる。[4] 本資料において、1999年の憲章の中心的な概念である「伝統的
　な技術・材料に基づいた修理」の方法を展開する。修理の理念的なアプ

162

ローチに重点を置き、具体的な修理技法については、各地域において文化的背景を配慮して適応させるべきだあるとする。

・資料⑮は資料③と同様に、ドイツの木骨造住宅を対象とし、資料③と異なり合成樹脂の使用を除外し、鋼鉄の使用に対しても否定的である。

・資料⑯はフランスの木骨造住宅（colombage）および木造小屋組（charpente）をそれぞれ対象とした2冊の冊子から構成される。著者はフランスの職人団体（Compagnons du Devoir）に所属する大工・建築家であり、本資料は保存建築家・職人に向けた実践的なものである。継木による補修を基本とし、鋼鉄の使用を好ましくないとするが、文化的意義が特別に重要な部材を補修する際には合成樹脂の使用を認める。

・資料⑰は資料⑩と同様に、イタリアの木造小屋組・床組を対象とするが、資料⑩と対照的に伝統的な修理技法を主張し、継木による取り替えまたは添え木の付加を最適な修理技法とする。

　上記の木造建築遺産の修理マニュアルの他、建築遺産全般の修理マニュアルでも一部木造建築の修理技法について紹介されている資料が見られる。その場合、上記の専門的な資料が参考にされることが多い。バーナード・フェイルデンが執筆した『歴史的建造物の保存』（*Conservation of Historic Buildings*[5]）には資料⑥が引用されており、イングランド文化遺産局が出版した『歴史的建造物の修理』（*The Repair of Historic Buildings*[6]）には資料⑧が参考にされている。また、アメリカの建築遺産を対象とした『歴史遺産保存』（*Historic Preservation*[7]）には、専門的なマニュアルから提供された木・鋼鉄・合成樹脂を使用した修理技法が紹介されている。

小　結

以上の分析から、次の点を指摘できる。

・ヨーロッパの修理マニュアルでは、木造建築遺産の修理に対して多種多様のアプローチが採られており、同国・同時期において同様な構造の建築を対象とする資料の場合でも、対照的な修理技法が主張されている例

第Ⅱ部　木造建築遺産保存の方法における日本とヨーロッパの比較検討

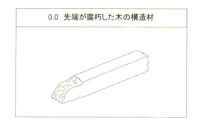

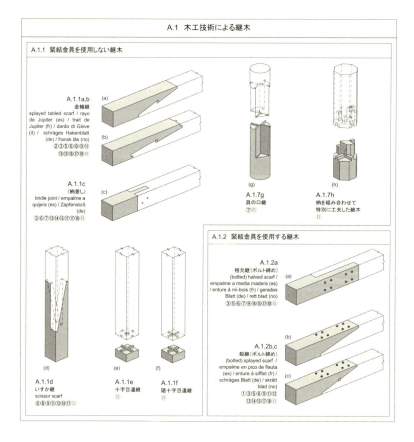

図6.1　先端が腐朽した構造木部材の修理技法

6 保存原則の観点から見た木造建築遺産の修理技法の比較検討

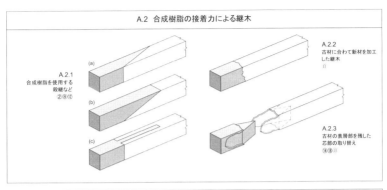

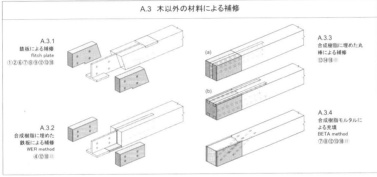

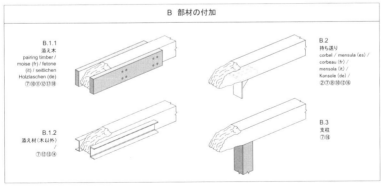

①②③日： ヨーロッパの修理マニュアル／日本の文化財建築修理において、「推奨技法」、「使用可能技法」、「特定な条件下に認められている技法」とされている技法。記号は表6-1のものに対応する。

165

第Ⅱ部　木造建築遺産保存の方法における日本とヨーロッパの比較検討

も見られる。ただし、継木による腐朽した部材の補修を基本的な方法として位置付けている点では、例外はあれども広く合意が見られる。

・木造建築遺産の修理における合成樹脂の使用について、1960年代から1980年代にかけては、積極的に受け入れるマニュアルが多い。1990年代になると、合成樹脂を疑問視し、伝統的な材料・技術に基づいた修理技法を提唱するマニュアルが現れる。現在、合成樹脂の使用を排除するマニュアルと、その適切な使用を認めるマニュアルが共存している。

3　先端が腐朽した構造木部材の修理技法の体系化

次に、木造建築遺産の修理技法のうち、先端が腐朽した構造部材の修理技法に焦点を当て、その体系化および比較検討を行いたい。すなわち、腐朽菌・虫害などによって先端が損傷し、本来の構造的機能を果たし続けなくなった木部材の修理技法を対象とする（図6.1：0.0）。このような破損は、木造建築において、建築類型・構造形式・時代・地域を問わず広く見られ、比較検討を行うためにふさわしい。その典型的な事例として、根腐れした柱と、先端が腐った梁が挙げられる。

この他、埋木など、部材の断面全体に及ばない破損の修理、折損した木部材の修理、結合部の修理、木部材の補強、構造体全体の補強、化粧材の修理なども木造建築遺産の修理に当たっての基本的な操作であるが、これらについては今後の研究課題としたい。

木造建築遺産の修理マニュアルおよび関連文献では、個々別々の基準に基づいた木部材の修理技法の分類が行われている。最も一般的に見られる分類基準は、補修に当たって使用される材料（木・金属・合成樹脂など）である[8]。また、修理技法を「伝統的」と「近代的」なものに大別する資料も見られる[9]。しかし、「伝統的」の定義が曖昧であるため、近年この単語を避ける傾向が見られる[10]。加えて、部材を取り外さずに補修する技法（repair in situ）と、建物から部材を取り外したうえで補修する技法（repair by dismantling）を基準とする分類も見られる[11]。

本研究においては、保存原則の観点から修理技法の比較を行うことを目的とするため、修理技法をその理念的なアプローチに基づいて「取り替えによ

6　保存原則の観点から見た木造建築遺産の修理技法の比較検討

図6.2　先端が腐朽した構造木部材の修理技法　体系図

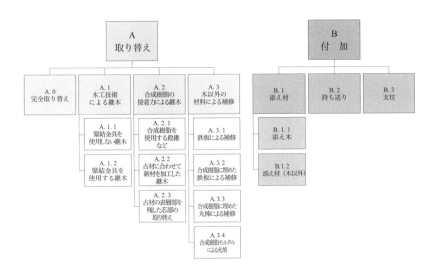

る修理技法」と「付加による修理技法」（図6.2）に大別する。

「取り替えによる修理技法」は、部材の腐朽した部分を切り取り、新材に取り替えることによって、古材を構造材として復活させることを目的とする修理技法である。

一方、「付加による修理技法」は、腐朽した部材をそのまま残し、本来古材が果たしていた構造的機能を新しく付加する別の部材に委ねる修理技法である。

本節では、それぞれの修理技法についてヨーロッパのマニュアルと修理事例および日本の修理事例を検討し、修理技法の特質について考察し、上記の基準に基づいてその体系化を行う。さらに、日本とヨーロッパにおける修理技法の適用について比較検討を行う。

3.1　腐朽した部材の完全取り替え（図6.1：A.0）

腐朽した部材を補修せず、完全に新材に取り替える修理技法である。
建築遺産の修理では、現存する材料を最大限に保持することが中心的な保

167

第Ⅱ部　木造建築遺産保存の方法における日本とヨーロッパの比較検討

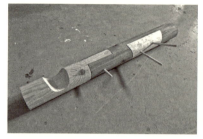
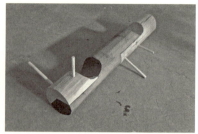
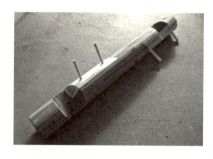

図6.3　キジ島野外博物館で開発された補修用継木（2016.08撮影）
　高度な木工技術に基づいて、様々なログの補修用継木・矧木・埋木の形態が開発されている。接合ははめ木の組み込みを基本とし、木の込み栓を刺し、金属製緊結金具等を使用しない。必要な場合、継木を造るためにウレタン樹脂を接着剤として使用するが、接合の構造強度を接着剤に頼らない。このような継木による修理技法が現在実施中の「変容の教会」の修理に適用されているが、伝統的な修理には見られない。

存原則となっているため、先端など一部腐朽した部材は補修して極力再利用することが大前提である。しかし、保存原則が適応されない一般建築の修理の場合、腐朽した部材を補修するか完全に取り替えるかの判断は、工期・工費の効率を基に行われる。すなわち、補修にかかる時間と手間を見積もり、古材を補修するよりも新材を入手するほうが効率的であれば、腐朽した部材を完全に取り替えるのである。この判断基準は現在文化遺産として認識されていない建築の他、保存原則が導入される以前の「伝統的な修理」にも適用されたと考えられる。

　また、建築遺産の修理にあたっても、破損状況がひどく、かつ構造的な機能が重要な部材の場合には、完全な取り替えが推奨される。ヨーロッパの修理マニュアルには、特に大きく腐朽した敷桁、土台について完全取り替えが勧められている。[12]

　さらに、古材を補修することによって建物の外観が損なわれると判断し、材料を保持することよりも外観を保護することが優先される場合には、完全な取り替えが行われる。

　技術的に補修可能な基準は、現在実施中のロシア・キジ島の「変容の教

6 保存原則の観点から見た木造建築遺産の修理技法の比較検討

図6.4（左） キジ島野外博物館で行われた部材の補修事例（ICOMOS, 2012より転載） このような補修は伝統的な修理技法から離れており、建物の外観へ悪影響を与えるため、避けるべきである、とイコモスの調査団が判断した。
図6.5（右） キジ島・「変容の教会」修理後の外壁（東南側）（2016.08撮影） 一本のログについて数カ所に補修を施すことが避けられている。

会」の修理工事に適応されている。本工事において、建物を層に分けて順番に解体して行く修理方針が2004年に採用された。工事の初期に、現存する材料を最大限に保持する原則に重点を置き、高度な木工技術による継木を用いて腐朽した部材を補修し、一本のログ（校木）について数カ所に継木・矧木・埋木を行って古材の再利用に努めた（図6.3）。しかし、2011年に建物の保存状況と修理工事の進行状況を調査したイコモスの専門家団は、この修理技法がもたらす「非伝統的な、パッチワークのような外観」を避けるべきとし、原則として腐朽したログ（校木）を完全に取り替えるように勧めた（図6.4）。痕跡等が残っており、その文化的意義が特別に重要な古材について、原位置に残せない場合は別当保存することを提案した。すなわち、古材の最大限保持よりも、地域の伝統的な修理技法および修理後の建物の外観を優先した修理基準が提唱された。現場では、上記の指摘を受けて、さらに詳細的な部材の補修のための指針を作成した。本指針には、建物の中での部材の位置を配慮して、「パッチワーク効果」を避けるために一本の部材に

第II部　木造建築遺産保存の方法における日本とヨーロッパの比較検討

図6.6　龍福寺本堂　修理後　背面外観（2016.03撮影）　平成24（2012）年に行われた龍福寺本堂（重文、山口県、1479年建立）の修理には、木工技術による緻密な継木・矧木・埋木を用いて、古材一本について多数の補修を施した。

対する補修個所を制限し、さらに一つの壁面について30％以上の部材が補修していない部材（古材または完全取り替え材）であることが推奨されている。現在、修理工事がこの指針をもとに進めている。

　一方、日本においては、文化財建築の修理の場合は材料の保持が重視され、一本の古材について多数の継木・矧木・埋木が施される事例が多く見られる（図6.6）。

3.2　木工技術による継木（図6.1：A.1）

　「木工技術による継木」は古材の腐朽した部分を切り取り、新しい木材に取り替え、古材と新材の接合に木工技術を用いる修理技法である。そのうち、接合を木の組み込み・叩き込みによって構成し、木の込み栓・契・車知・太柄などのみを使用し、締め金具を使用しない純粋木造の継木（図6.1：A.1.1）と、ボルト・鉄帯・ファスナー・せん断リング等の緊結金具を用いて接合を補強する継木（図6.1：A.1.2）がある。

3.2.1　ヨーロッパにおける木工技術による継木

　ヨーロッパのマニュアルからは、木工技術による継木を基本的な修理技法とする合意が広く見られる（表6-1参照）[18]。
　木工技術による補修用継木は、古来より木造建築を造る際に長い部材を形

170

6 保存原則の観点から見た木造建築遺産の修理技法の比較検討

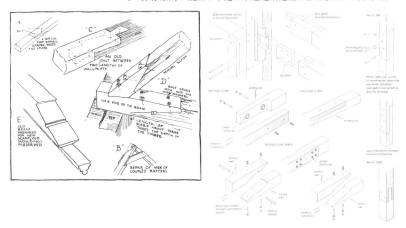

図6.7（左） 木工技術による継木の事例（資料①より転載） A:ボルトで締めた殺継による垂木の補修　B:添え板による垂木の結合部の補修　C:蟻継による敷桁の補修　D:ボルトで締めた殺継によるトラスの陸梁および合掌の補修　E:繰型を保持するために工夫された継木による梁の補修
図6.8（右） 木工技術による継木の事例2（資料⑱より転載）　相欠継、殺継などによって古材と新材を接合し、緊結材として木栓、金属製ファスナーを用いる。

図6.9 殺継による梁の補修（Donald Insall & Associates撮影、資料⑨より転載） 梁の下部にある繰型を保持するために、新材を古材の上に剝ぎ合わせた逆形態の殺継（inverted scarf）が用いられており、ボルトで締めている。

成するために使用されてきた継木に基づいている。しかし、修理マニュアルに紹介されている補修用継木と、新築の際に使用されてきた継木は、下記の2点において異なっている。

1 補修用継木においては、古材を最大限に保持するため（または痕跡・繰型など、古材の文化的意義が特に重要な部分を保持するため）に工夫が加えられ、新築用の継木の基本形態から変更されている。例えば

171

第 II 部　木造建築遺産保存の方法における日本とヨーロッパの比較検討

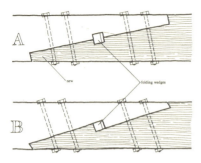

図6.10（左）　補修用継木の簡略化（資料⑨より転載）　下の「B」は通常の金輪継（splayed tabled scarf）であるが、部材を取り外さずにこの継木を造ることが困難なため、簡略化した補修用の継木上の「A」が提案されている。ただし、「A」の構造強度が比較的に劣っているため、ボルト等で継木を締めることが必須になる。

図6.11（右）　継木による垂木の補修（資料⑫より転載）　1997年に実施されたデンマークのヘルスホルム教会（Hørsholm Kirke、コペンハーゲン、1823年）の修理では、ボルト等で締めた単純な継木によって部材の補修を行った。このような継木は近代的な木工技術や道具で施工できる。

　　梁の補修について、古材を斜めに切って下から新材を矧ぎ合わせた殺継が構造的に有利とされるが、梁の下部に繰型等がある場合、新材を古材の上に矧ぎ合わせた逆の形態の継木（inverted scarf）を用いる（図6.7E、図6.9、図6.1：A.1.2b）。この場合、込み栓等では必要な構造強度を確保するために、殺継をボルト等緊結金具で締める必要が生じる。[19]

2　補修用継木は傷んだ部材を取り外さずに（in situ）継木が造られるように簡略化されている（図6.10）。また、現在の木工技術・道具で施工可能なようにも補修用継木は簡略化されている（図6.11）。金輪継（splayed tabled scarf、図6.1：A.1.1a,b）、いすか継（scissor scarf、図6.1：A.1.1d）など、複雑な木の組み込みによって古材と新材の接合を実現する継木の形態が修理マニュアルに紹介されているが、その施工は困難とされており、補修には単純な相欠継や殺継などが勧められている。[20]　一方、このような簡略化した補修用継木は多くの場合で、接合部の必要な構造強度を確保するためにボルトやファスナー等を用いる必要が生じる。

　　すなわち、ヨーロッパのマニュアルでは、「材料の最大限保持」と「最小限の介入」という保存原則が優先されており、これらを守るために補修用継

172

6　保存原則の観点から見た木造建築遺産の修理技法の比較検討

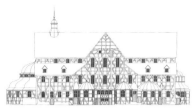

図6.12（左）　フィドニツァの平和教会　外観（Schaaf, 2003）
図6.13（右）　フィドニツァの平和教会　側面図（Schaaf, 2003）

木の形態が工夫されている。そのため、部材の補修には複雑な木の組み込み・込み栓等によって成立する純粋木造の継木（図6.1：A.1.1）よりも、緊結金具を用いた単純・簡略化した継木（図6.1：A.1.2）の方が多く用いられている。

この修理技法が適用された修理の事例として、ポーランド・フィドニツァの平和教会（Friedenskirche、1657年）の修理工事が挙げられる[21]。

本建物は、三十年戦争の講和条約・ヴェストファーレン条約下で、ハプスブルク家がシレジア地方（現在のポーランド南西部からチェコ北東部）のプロテスタント教徒に建設を許可した3つの教会のうちの1つである。建物の材料を木と土壁にすることが許可の条件となっていた。長さ44m、高さ23mとヨーロッパ最大級の木骨造建築で、現存するヤヴォルの平和教会とともに2001年に世界遺産に登録された。

1657年に建設されて以降、17世紀後期・18世紀初頭に増改築され、18世紀後半に修理、さらに1852年と1902年に記念祭に合わせて修復・改修が行われた。1980年代後半に、板葺屋根の破損により雨漏りが生じ、建物全体に及ぶ結合部の緩和と木部材の腐朽が確認され、大規模な修理を行う必要が迫られていた。

修理事業がポーランドの専門家の協力を得て、ドイツの伝統的技術・文化財保存研究所（Deutschen Zentrums für Handwerk und Denkmalpflege）によって行われた。1992年より準備調査を実行し、1996年より実験的な補修を行うとともに修理計画を立て、1996年から2002年にかけて修理を実施した。

修理前の調査によって、建物が大きく変形していることが明らかとなった。水平方向のずれが棟木で測って45cmに及び、梁のうちには20cmも撓んでい

173

第Ⅱ部　木造建築遺産保存の方法における日本とヨーロッパの比較検討

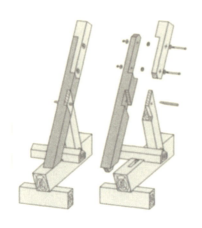

図6.14（左）　フィドニツァの平和教会　垂木の補修（Schaaf, 2003 より転載）　新材と古材の接合を相欠継とし、木栓、ボルトとファスナーを緊結材として用いる。

図6.15（上）　フィドニツァの平和教会　梁の補修（Schaaf, 2003 より転載）　新材と古材の接合に殺継を用い、ボルト締めとする。

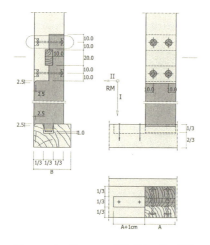

図6.16　フィドニツァの平和教会　柱の補修（Schaaf, 2003 より転載）　新材と古材の接合を相欠継とし、ボルトで締める。

る部材が確認された。しかし、変形した状態のままに構造解析を行い、建物が安定している結果が得られた。そのため、基本的な修理方針としては、変形を修正せずに現状のまま修理を行うことが決定された。また、補強材の挿入なども不要と判断し、修理を傷んだ木部材の補修に限定することとした。一方、建物は現役で利用されているため、建築以降の全ての増改築を含めて保存することが決定された。

木部材の補修について、部材をその破損状況によって (1) 破損が軽いもの、(2) 断面の1/3まで腐朽しているもの、(3) 断面の1/3以上が腐朽しているものに分類し、それぞれに適応した修理技法を採った。(1) について、部材をそのまま残し、板等を添えて補強した。(2) について腐朽した部分を切り取り、埋木・矧木によって部材を補修した。一方、(3) について、部材全体の取り替え、または腐朽した部分を切り取ったうえでの部分取り替えが行われた。部分取り替えの場合、新材と古材の接合には相欠継・殺継など木

174

6　保存原則の観点から見た木造建築遺産の修理技法の比較検討

工技術による継木を使用し、緊結材として木栓および金属製のボルトとファスナーを用いた。垂木の補修には、古材と新材の接合は相欠継とし、ボルト、ファスナーと木栓を用いて緊結した（図6.14）（図6.1：A.1.2a）。梁の補修にはボルト締めの殺継を用いた（図6.15）（図6.1：A.1.2b）。柱根継はボルト締めの相欠継とした（図6.16）（図6.1：A.1.2a）。

なお、修理は建物を解体せずに行われ、部材の補修についても基本的に部材を取り外さずに施工された。

3.2.2　日本における木工技術による継木

日本においても、腐朽した部材を補修する際の基本的な技法は、木工技術による継木とする。純粋の木造継木（図6.1：A.1.1）および緊結金具を用いた継木（図6.1：A.1.2）の両者が使用されているが、前者を通常は用いる。[22]

先端が破損した構造木部材の補修の典型的な事例として、根腐れした柱の根継が挙げられる。根継は、厳しい環境に置かれた建物の場合には約100年の周期で行う必要がある。[23] 使用する継木の形態は部材の特徴と根継の高さをもと

図6.17　須波阿須疑神社本殿　修理後（南西より）（修理工事報告書（2012）より転載）　1491（延徳3）年に建立された須波阿須疑神社本殿（重文、福井県）において、2011（平成23）年に柱の根継を含む部分修理が行われた。

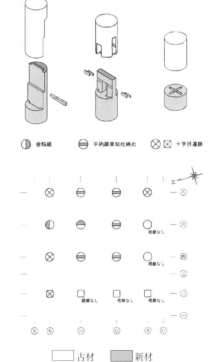

図6.18　須波阿須疑神社本殿　柱根継（修理工事報告書（2012）の図に加筆）　高い根継は金輪継（左）、小根継は隠十字目違継（右）とし、貫穴がある柱の根継は平枘継車知栓締め（中）とした。

175

第Ⅱ部　木造建築遺産保存の方法における日本とヨーロッパの比較検討

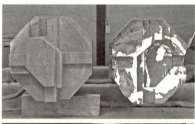

図6.19（左）　本門寺五重塔　西正面（修理工事報告書（2003）より転載）
図6.20（右）　本門寺五重塔　初重四天柱の根継（伊藤博、2003より転載）　初重四天柱のうち、中心部が腐朽していた一本について、工夫して枘を組み合わせた複雑な形態の継木を用いて補修した。

に決定する。根腐れが進んでおり、根継する位置が高い場合には（40cm程以上）、構造強度の高い金輪継を用いることが多い（図6.1：A.1.1b）。一方、根継する位置が低い場合（小根継、30cm程以下）、より多くの古材の保持を図って十字目違継を用いることが多い（図6.1：A.1.1e,f）（図6.17、図6.18）。

　既に根継が施された柱の足元を再修理するにあたって、根継の形態を踏襲する場合がある。しかし、より多くの材料、または痕跡を残すために、継木の形態を工夫する場合も確認できる。慶長13（1608）年建立の本門寺五重塔（東京都）には、初重の四天柱のうち二本について、元禄時代に根継が施されていた。平成13（2011）年に行われた全解体修理の際、この根継材も腐朽していることが確認され、再び根継を施すこととした。そのうち、当初材中心部の腐朽状況が特に著しかった一本の柱について、在来の根継の形態を変更し、枘を組み合わせた複雑な形態の継木を特別に施した。この操作によって、より多くの材料を残すことが可能となった（表1：A.1.1h、図6.20）。修理の際、部材を取り外すことを前提とするため、このような複雑な形態の組み込みに基づいた継木は施工可能である。

6　保存原則の観点から見た木造建築遺産の修理技法の比較検討

図6.21（左）　イ・バハ・バヒ　中庭西側　修理前1981年12月撮影（日本工業大学、1998より転載）
図6.22（右）　イ・バハ・バヒ　中庭西側　修理後（2015年9月撮影）

　また、日本の場合には補修後の部材の外観を配慮して、継木が目立たないようにその形態に工夫を加える事例が見られる。小根継によく用いられる十字目違継には、柄を部材の表面に表す形態（図6.1：A.1.1e）と表さない形態（隠十字目違継、図6.1：A.1.1f）がある。隠十字目違継のほうが、かかる手間が多く、より精度の高い木工技術を要求するが、外観への影響が少ないため、広く使用されている。[26]

　このような外観への配慮は、海外で日本の専門家が携わった修理工事にも影響を与えている。ネパールのカトマンズ盆地・パタン市に所在するイ・バハ・バヒ仏教僧院（I Baha Bahi、1427年創立）は、ネパール政府考古局と日本の専門家が協力して、1990年から1995年にかけて修理された（図6.21、図6.22）。建物は方形の中庭を囲む2階建であり、外壁は煉瓦壁とし、中庭に面して木の柱列を設け開放的な回廊とする。修理の際、外壁の煉瓦を再利用に堪えないと判断し、解体して新しい材料で組みなおしたが、木材については腐朽した部分を補修して極力再利用することとした。[27]回廊の柱の多数は足元が腐朽していた。このような破損に対するネパールの伝統的な修理技法は、十字目違継によって柱に根継を施すことである。ネパールの伝統的な十字目違継は柄が長く、部材の断面を貫き通して表面に表れる。現在も、ネパールの専門家が担当している遺産建築の修理工事ではこのような継木の形態が使用されている（図6.23）。[28]また、カトマンズ盆地にある、ドイツの専門家によって修理された遺産建築についても、同様の形態の根継が用いられている（図6.24）。しかし、イ・バハ・バヒの修理には、ネパールの伝統的な十字目違継の他に、日本で使用されてきた隠十字目違継も使用されている（図6.25、図6.26）。このことにによって、当初材の表面の部分をより多く残すとともに、継ぎ目を隠し、外観への影響を抑えることができる。ただし、この継木形態

177

第Ⅱ部　木造建築遺産保存の方法における日本とヨーロッパの比較検討

図6.24　シアシリン・マンダップ　柱根継（2015年9月撮影）（Cyasilin Mandap、バクタプール）当初材を一部再利用して、1990年にドイツの協力事業によって再建。根継にはネパール伝統的の十字目違継を使用する（右下）。

図6.23　イトゥム・バハ仏教僧院　柱根継（2015年9月撮影）（Itum Baha、カトマンズ）ネパールの専門家（KVPT）によって実施されている今回の修理工事において、根継に枘が長く継ぎ目が外に表すネパール伝統的な十字目違継が使用されている。

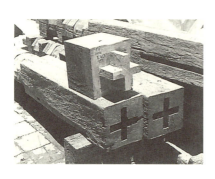

図6.25（上）　イ・バハ・バヒ　柱根継（日本工業大学、1998より転載）

図6.26（右）　イ・バハ・バヒ　根継された柱（2015年9月撮影）　継木の形態は日本に用いられている「隠十字目違継」である。枘を部材の中心部に隠し、外から見ると継目は一本の直線で目立たない。ネパールでは伝統的にはこの継木の形態は見られない。

178

はネパールの伝統的な木工技術の方法から離れている。この修理技法が適用されたことが、補修後の部材の外観を重視する日本の専門家の価値観を現している[29]。

　補修後の部材の外観への配慮は、日本では継木を行う際に新材と古材の木目を合わせるように努めていることにも現されている。木目を合わせることには、新材と古材の相性を図って接合部の強度と耐久性を向上する意図も含まれている。しかし、文化財建築保存修理工事の実施仕様書を見ると、特に「見え掛かりの埋め木・根継材など」について木目を合わせることが強調されていることから、継木の外観を整えることもこの操作の目的であることが明らかである[30]。

　すなわち、ヨーロッパと日本の双方において、木工技術による継木を部材の補修の基本的な技法とし、極力多くの材料を保持できるように、伝統的な継木の形態に工夫を加える傾向が確認できる。ヨーロッパでは建物への介入を最小限に抑えることが強調され、部材を取り外さずに、また近代的な技術と道具を使用して施工可能な簡略化した継木の形態を用いられており、多くの場合で金属製のファスナーやボルト等で継木を締める必要がある。一方、日本では多くの場合に建物を解体して部材を取り外したうえで補修することが前提になっており、修理にも複雑な継木の形態が使用される。さらに、日本には補修後の部材の外観が重視され、継木が目立たないように工夫が加えられている。

3.3　合成樹脂の接着力による継木（図6.1：A.2）

　古材の腐朽した部分を切り取り、新しい木材に取り替え、古材と新材の接合に接着剤（合成樹脂）を用いる修理技法である。

　木部材の補修では、合成樹脂が接着剤、充填材、および含浸強化材として使用される。この修理技法の類型には、合成樹脂を主に接着剤として使用した修理技法を含める。

3.3.1　ヨーロッパにおける合成樹脂の接着力による継木

　ヨーロッパでは1930年代から接着剤として合成樹脂が広く使用されるようになり[31]、1960年代から継木に接着剤として合成樹脂の使用を推奨する修

第Ⅱ部　木造建築遺産保存の方法における日本とヨーロッパの比較検討

理マニュアルが見られる[32]。その最大の利点は、継木の構造強度の向上である。木工技術による継木では、緊結金具を使用しない場合、継木した部材の曲げに対する強度は一本の健全の部材の1/3程度とされている[33]。緊結金具を使用した場合は、70％から80％の強度に及ぶことが可能だとされている[34]。一方、接着剤を使用した場合、健全の部材の強度の100％を取り戻すことが可能である[35]。

　合成樹脂で接着した殺継など単純な継木による修理技法は資料⑫に紹介されている（図6.1：A.2.1）。この技法では、強度の高い接合部を確保する他、継木の施工は簡単なため、部材を取り外さずに補修できる。この修理技法は、2008年に行われたスペイン・パンプロナ市のコンデスタブレ宮殿（Palacio del Condestable、1548年建築）の修理工事に適用された。

　本建物は中庭を囲ったルネサンス様式の貴族住宅である。外壁は組積造で、床組・小屋組は木造とする。床組は、壁に架けた大梁、根太、床板から構成される。大梁について、壁に差し込んでいた部材の先端が腐朽していた。修理の際に、腐朽した部分を切り取り、破損の状況に応じて、縦に切った殺継（図6.27・左）および斜めに切った殺継（図6.27・右）によって補修した。接着材としてエポキシ樹脂を使用した。補修後の部材の強度は、縦に切った殺継の場合は元の部材の強度の100％、斜めに切った殺継の場合は85％である。いずれの場合に部材を取り外さずに修理が行われた[36]。

　また、合成樹脂を接着剤として使用することによって、芯部が腐朽した部材について、表層部を残して芯部のみを新材に取り替える修理技法が可能になる（図6.1：A.2.3）。この修理技法は、イギリスにあるウェールド・アンド・ダウンランド野外博物館（Weald & Downland Open Air Museum）によって1990年代に開発された。

　イギリス南東部ウェスト・サセックス州に所在する本博物館は、主に13世紀から19世紀のヴァナキュラー建築等を移築保存して公開する施設である。1960年代のダム建設や道路拡張事業などによって、元の場所で保存することが不可能となった建築遺産を、本博物館の敷地内に移築して保存することを目的として、1967年に創立した[37]。

　施設内の木造建築の修理は、当初は込み栓で緊結した木工技術による継木を用いてあらゆる修理を行っていた。1975年から、次第に合成樹脂を接着剤および含浸強化剤として使用するようになった。これによって、修理の際

180

6 保存原則の観点から見た木造建築遺産の修理技法の比較検討

図6.27 コンデスタブレ宮殿 大梁の補修（Mikel Landa撮影） 左：縦に切った殺継による補修。補修後の部材の強度は元の部材の100％である。 右：斜めに切った殺継による補修。補修後の部材の強度は元の部材の85％である。

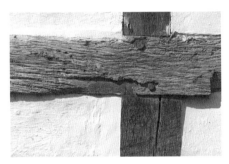

図6.28 ポプラ住宅 部材の補修 横の部材について、下から柱の枘が入る枘穴の周辺が腐朽していた。修理の際に、表層部を残して、その裏側（部材の中心部）に短い板状の材を挿入して枘穴を補修し、エポキシ樹脂で接着した。

により多くの古材を保持することが可能になった。1999年に行われたポプラ住宅（Poplar Cottage、17世紀中半）の移築解体修理の際に、エポキシ樹脂を接着剤として使用して、部材の表層部を残して腐朽した芯部のみを取り替える修理技法を実現した（図6.28）。さらに、2000年に行われたチャールウッド車舎（Charlwood Waggon Shed）の解体修理に、腐朽した柱の根継にこの修理技法が使用された[38]（図6.29）。

すなわち、この修理技法は、合成樹脂を接着剤として使用することによって、外観に影響を与える古材の表層部の保持を可能にしている。そのことから注目を集め、近年のイギリスの修理マニュアルにも紹介されている（資料⑭・資料⑱、図6.30参照）。ただし、施工のために高度な木工技術が必要である他、建物を解体して部材を取り外したうえで補修することが前提である。

181

第II部　木造建築遺産保存の方法における日本とヨーロッパの比較検討

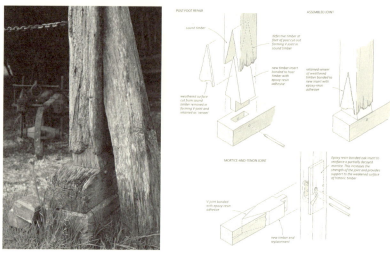

図6.29（左）　チャールウッド車舎　柱根継
図6.30（右）　ウェールド・アンド・ダウンランド野外博物館における合成樹脂による部材の修理技法　模式図（資料⑱より転載）

3.3.2　日本における合成樹脂の接着力による継木

　日本で初めて文化財修復に合成樹脂が応用された例は、昭和17（1942）年に施工された霊山寺三重塔（奈良県、室町前期）の板絵の剥落止め処置である。戦後、次第に木材の補修にも合成樹脂が用いられるようになり、昭和40年代（1960年代後半）から構造強度を必要としない埋木・矧木の接着剤としてその使用が一般化した。[39]

　一方、構造部材の継木補修については、痕跡等が残り、文化的意義が特別に重要な古材を保持するために、合成樹脂の接着力を用いて特別に工夫された継木の使用が確認される。（図6.1：A.2.2）。このような継木を用いた早い事例として、熊野神社長床（福島県）の修理工事が挙げられる。[40]

　本建物は鎌倉時代に建立し、慶長16（1611）年に地震で倒壊した後、部材を再利用し、規模を縮小して同19（1614）年に再建された。昭和49（1974）年に行われた全解体修理の際、充填・整形、含浸硬化など、合成樹脂による部材の補修処置を積極的に取り入れた。なかでも、二丁残存していた二重梁のうちの一丁について、合成樹脂を接着剤として使用した継木をもって部材の補修が施工された。先端が欠損していたこの部材には、圧痕など痕跡が残っていたため、古材を最大限に保持することが重視された。そのため、残

182

6 保存原則の観点から見た木造建築遺産の修理技法の比較検討

図6.31（左）　熊野神社長床　修理後全景
図6.32（右）　熊野神社長床　二重梁　修理中（修理工事報告書（1974）より転載）　左上に痕跡が残る古材。右下に欠損している部分の形に合わせて加工した新材。

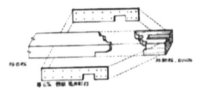

図6.33（左）　熊野神社長床　二重梁　修理後（修理工事報告書（1974）より転載）
図6.34（右）　熊野神社長床　二重梁の修理　模式図（修理工事報告書（1974）より転載）

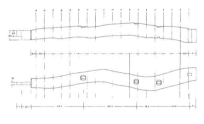
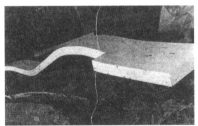

図6.35（左）　旧中山家住宅　土間大梁　実測図（修理工事報告書（1975）より転載）
図6.36（右）　旧中山家住宅　集成材を構成する湾曲した挽板（修理工事報告書（1975）より転載）

存していた古材の面に合わせて新材を加工し、エポキシ樹脂で古材と新材を接着させた。この継木を両側から鉄板を釘で取り付けてさらに補強している（口絵12、図6.31～図6.34）。

また、日本では、古材の表層部を残して、芯部を取り替える修理技法（図6.1：A.2.3）が、1970年代半ば（昭和50年代）から、虫害などによって空洞化した部材の補修のために開発された。それ以前、このような破損があり木工

183

第Ⅱ部　木造建築遺産保存の方法における日本とヨーロッパの比較検討

図6.37（左）　旧中山家住宅　背割りした土間大梁（修理工事報告書（1975）より転載）
図6.38（右）　旧中山家住宅　古材に嵌め込んだ集成材（修理工事報告書（1975）より転載）

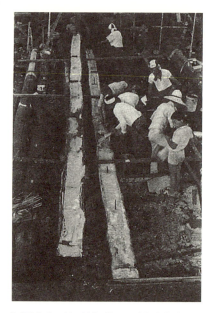

図6.39　我妻家住宅　梁の補修（修理工事報告書（1981）より転載）

184

技術のよって補修が不可能と判断した場合、腐朽した部材は完全に取り替えられていた。しかし、民家建築の湾曲した梁等について、同様の形態の新材の入手が困難であるため、合成樹脂によって古材の補修が行われるようになった。

　この修理技法は、昭和49年（1974）年に行われた茨城県の旧中山家住宅の移築解体修理で適用された。[41] 延宝2（1674）年に建てられた本建物において、土間に湾曲した全長約6メートルの大梁が架け渡されていた（図6.35）。この部材は雨漏りの影響および虫害のため、内部半ばが空洞化しており、最初は構造部材として再用に耐えないと判断された。しかし、三次元に湾曲したこの部材が形成する独特な架構を新材で再現することが困難とされ、古材の上端を切開して芯材をつめる修理技法が採られた。芯材に鋼材、木材が検討されたが、最終的に挽板を古材の湾曲に合わせて積層して製作した集成材を使用することを決定した（図6.36）。補修方法は、古材上部に溝を切開して背割し（図6.37）、腐朽した中心部を取り去り清掃し、表層部を合成樹脂およびFRP（繊維強化プラスチック）によって強化した後、集成材を内部に嵌め込み、合成樹脂を使用して古材と集成材を接着した（図6.38）。

　旧中山家住宅と同様な修理技法は、後に昭和51（1976）年に埼玉県の平山家住宅の修理工事において、湾曲した梁の補修に使用された。[42] さらに、昭和54（1979）年に鳥取県の後藤家住宅の修理工事において、湾曲が少ない梁の補修にこの技法が使用された。この場合には、取り替え用の芯材には集成材ではなく、一本の木材を用いた。[43] また、昭和55（1980）年に行われた宮城県の我妻家住宅の修理工事において、土間の柱二本および梁一丁の補修にこの修理技法が使用された。梁については、以前と同様に上端に溝を切開して背割するのではなく、古材を完全に二つに挽き割って補修した（図6.39）。[44]

　社寺建築においては、この修理技法は昭和61（1986）年に神奈川県の燈明寺本堂の移築修理工事で適用された（口絵13、図6.41）。[45] 室町時代前期（15世紀初め）に建立された本建物は、もと京都府加茂町に建っていた。昭和22・23（1947・1948）年に台風の被害を受け屋根が崩壊し（図6.41）、解体修理に着手したが、部材を解体して保存小屋に格納した段階で工事が中断した。その後昭和57（1982）年に、神奈川県三渓園に移築再建が決定した。30年以上の間に、保存小屋に格納していたあいだ部材の腐朽が進行し、木工技術による修理技法のみを使用した場合は当初材の残存率が低いため、合成樹脂による

第Ⅱ部　木造建築遺産保存の方法における日本とヨーロッパの比較検討

図6.40（左）　燈明寺本堂　修理後全景
図6.41（右）　燈明寺本堂　解体直前（修理工事報告書（1987）より転載）

図6.42　燈明寺本堂　正面側柱の補修（修理工事報告書（1987）より転載）　左：修理前、表面に紙貼り養生、中：半割した部材の芯腐朽部の削り落とし施工中、右：補修完了後

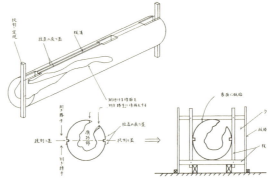

図6.43　燈明寺本堂　側柱の補修燈明寺本堂（修理工事報告書（1987）より転載）

186

6　保存原則の観点から見た木造建築遺産の修理技法の比較検討

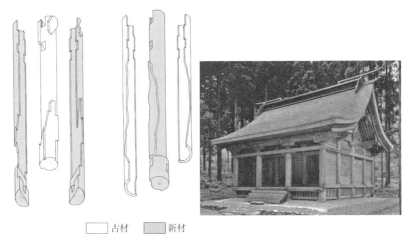

図6.44（左）　正面側柱の補修　側柱の補修（修理工事報告書（1987）の図に加筆）左：正面中央間右寄りの側柱、右：背面中央間左寄りの側柱
図6.45（右）　波宇志別神社神楽殿　修理後全景（修理工事報告書（1987）より転載）

修理技法を使用することにした。建築当初材である側柱二本および外陣虹梁二丁について、合成樹脂を接着剤、含浸強化材として用いて補修した。

　そのうち、空洞化して、根腐れしていた正面中央間右寄りの側柱について、合成樹脂を接着剤として使用し、表層部を残して芯部を取り替える修理技法を適用した。施工にあたって、部材を縦に半分に挽割り、健全な表面木肌部を一寸五分残して腐朽した深部を削り取り、半円の片蓋材に仕えた。芯木となる新補材をひかりつけの工法によって古材の傍に削り合わせ、片蓋材の古材を両側から剝ぎ合わせ、エポキシ樹脂で接着した（図6.42・図6.43）。片蓋材と新補材の隙間は平均4mm弱で、古材と新材の削り合わせにきわめて精度の高い木工技術が適用された。

　さらに、背面中央間左寄りの側柱は、芯部が健全で表面が腐朽していたため、腐朽した部分を削り取り、外側から半円の片蓋状に加工した新材をエポキシ樹脂で接着して剝ぎ合わせ、正面の側柱と逆の補修を行っている（図6.43）。また、外陣虹梁についても合成樹脂を接着剤として腐朽した部分を新材に取り替える補修を実施している。これらの古材の補修にあたって、材料を最大限に保持することの他に、古材に残る仕口穴、板溝、壁下地痕等の痕跡を残すことが特に重視された。

187

第Ⅱ部　木造建築遺産保存の方法における日本とヨーロッパの比較検討

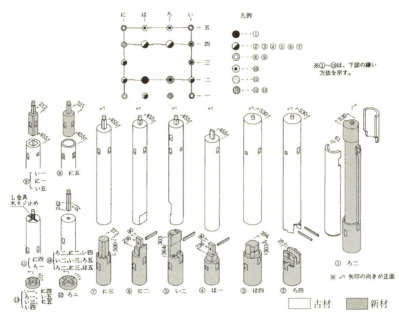

図6.46　波宇志別神社神楽殿　柱の修理技法（修理工事報告書（1993）の図に加筆）

　上記のような修理技法は近年さらに普及し、その適用事例が多く見られるようになった。平成4（1992）年に行われた秋田県の波宇志別神社神楽殿（室町中期）の解体修理工事は、構造部材の補修に木工技術による継木とともに合成樹脂の接着力による継木を使用した事例として挙げられる。[46] 本建物は18本の丸柱があり、それぞれの破損状況に応じて様々な修理技法が適用された。柱の根腐については、木工技術による継木を使用して根継を施した（継手は小根継の場合には隠十字目違継、高い根継の場合には柄継・金輪継）。一方、頂部の腐朽が大きかった柱の場合は、腐朽部を割り抜き、新材を挿入し、古材と新材の接着を合成樹脂によって行った。さらに、特に腐朽状況が酷く、空洞化していた一本の柱について、燈明寺本堂の正面側柱と同様の修理技法による補修が行われた。すなわち、柱を縦に半割して、腐朽した芯部を刳り抜き、古材の健全な部分を2寸ほどの片蓋材に加工した後、合成樹脂を接着剤として使用して、古材の形に合わせて加工した新材を矧ぎ合わせた（図6.46）。

　つまり、古材の表層部を残して芯部を取り替える修理技法は、日本では最

6 保存原則の観点から見た木造建築遺産の修理技法の比較検討

初民家の湾曲した梁など特別な部材の補修に限って使用されていたが、次第に普及し、近年では民家および社寺建築の修理現場において、あらゆる種類の構造材の補修に広く使用されるようになった。

また、この修理技法がイギリスのウェールド・アンド・ダウンランド野外博物館と日本の文化財建築修理の双方で独立に開発された背景には、修理に関わる類似した前提条件の存在がある。それは、両者において建物を解体して部材を取り外したうえで補修し、古材（特に外観に影響を与える表層部）を保持することに対して積極的であり、修理には高度な木工技術を有する職人が関わることである。上記のような前提条件が揃った場合、文化的背景が異なる国々でも同様な修理技法が採用されるのである。

3.4 木以外の材料による補修 (図6.1：A.3)

古材の腐朽した部分を鋼材、または充填材（セメント・合成樹脂のモルタルなど）に取り替える修理技法である。

3.4.1 ヨーロッパにおける木以外の材料による補修

ヨーロッパの木造建築遺産修理マニュアルでは、修理に木を使用することを基本とするが、より多くの材料を保持できる場合、および建物に対する介入を抑えられる場合に、木以外の材料による修理技法が推奨される。

腐朽した部材の先端を切り取り、鋼板（flitch plate）に取り替える修理技法（図6.1：A.3.1）は、特に組積造の壁に挿入した梁の先端の補修で勧められており、イギリスの修理マニュアルに多く見られる[47]。鋼板を古材の健全な部分に挿入してボルトで固定し、見え掛りの部分に古材に倣って加工した木材を両側から取り付けて鋼板を隠す（図6.47・図6.48）。

また、合成樹脂を充填材として使用して、鋼またはFRPの板・丸棒を補強材として使用した修理技法は、WER技法[48]という名前でカナダにおいて1970年代より開発され、1979年にそのマニュアルが発行される（資料④）。先端が腐朽した梁の場合、腐朽した部分を切り取り、健全な部分に溝を切り、溝をエポキシ樹脂で充填し、鋼板を挿入して補修する（図6.1：A.3.2、図6.49）。この修理技法の最大の利点は、「部材を取り外さずに補修することが可能で

189

第II部　木造建築遺産保存の方法における日本とヨーロッパの比較検討

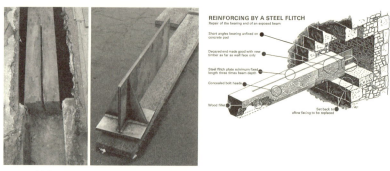

図6.47（左）　鋼板による梁の補修①（資料⑱より転載）
図6.48（右）　鋼板による梁の補修②（資料②より転載）

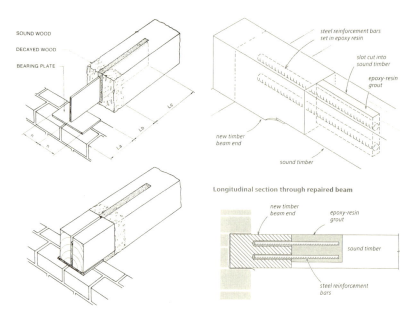

図6.49（左）　WER技法による梁の補修（資料④より転載）
図6.50（右）　合成樹脂で充填した溝に埋めた鋼丸棒による梁の補修（資料⑱より転載）

190

6　保存原則の観点から見た木造建築遺産の修理技法の比較検討

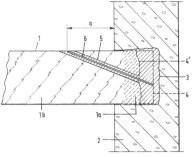

図6.51（左）　セメントを用いた木材の補修（資料⑱より転載）　セメントは浸透性が低いため、結露を発生させ、木材の腐朽を促したと見られる。
図6.52（右）　BETA技法による梁の補修（Klapwijk, 1975より転載）

あり、外観への影響が少ない[49]」ことであるとする。合成樹脂で充填した溝に埋めた鋼丸棒を使用する修理技法など、WER技法に基づいた他の修理技法も、ヨーロッパの修理マニュアルに紹介されている（図6.1：A.3.3、図6.50）[50]。

さらに、木以外の材料による修理技法として、古材の腐朽した部分を充填材で補う修理技法が挙げられる（図6.1：A.3.4）。充填材として、現在は合成樹脂を使用することが一般的であるが、以前はセメントが使用されていた。この修理技法が、1928年から実施されたフランス・アンドル＝エ＝ロワールに所在するアゼ＝ル＝リドー城（Château d'Azay-le-Rideau、1523年）の舞踏室天井の修理に適用された[51]。

本修理工事において、天井を支える木の大梁について腐朽した先端の補修が行われた。部材を取り外さずに、表層部を残して腐朽した部分を刳り抜き、残した表層部を型枠とし、セメントを注入した。この技法は、天井組を解体せずとも修理の施工を可能にしたため、同時代的に評価された。しかし、後にセメントは浸透性が低いためその表面に結露を発生させ、木材の腐朽を促した事例がみられ、セメントを使用した修理技法が批判を浴びるようになった（図6.51）[52]。

1970年代から、上記のような修理に充填材として合成樹脂を使用することが検討され、1975年にオランダでBETA技法が開発された[53]。この修理技法において、部材を取り外さずに健全な部分から腐朽した部分に向かって斜めにドリルで通し穴を開き、鋼・FRPなどの丸棒を開いた穴に挿入し、最後にエポキシ樹脂に粒（砂等）を混入して作ったモルタルを注入する。樹脂は、

191

第Ⅱ部　木造建築遺産保存の方法における日本とヨーロッパの比較検討

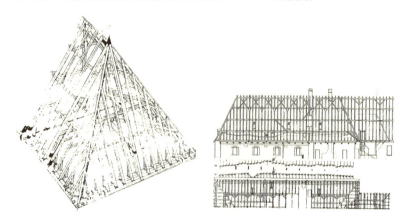

図6.53（左）　グランド・シャルトルーズ修道院 製薬所 小屋組　透視図（Taupin, 1979より転載）
図6.54（右）　グランド・シャルトルーズ修道院 製薬所 小屋組　図面（Taupin, 2009より転載）
上：立面図　下：平面図

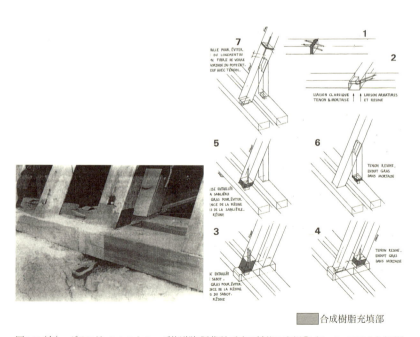

図6.55（左）　グランド・シャルトルーズ修道院 製薬所 垂木の補修の事例①（Taupin, 1979より転載）
図6.56（右）　グランド・シャルトルーズ修道院 製薬所 垂木の補修の事例②（Taupin, 2009より転載）

6　保存原則の観点から見た木造建築遺産の修理技法の比較検討

腐朽して残存する木材を含浸硬化し、欠損する木材の部分を充填する（図
6.52）。型枠としては、古材の表層部を使用することが可能であるが、これが
腐朽している場合に古材の形に倣って板等で型枠を作る。

　フランスでは、1977年から実施されたイゼール県のグランド・シャルト
ルーズ修道院（Grande Chartreuse）の修理工事が、大規模の建築遺産の修理で
この技法が本格的に使用された初めての事例である。[54]この修道院は12世紀
から18世紀にかけて建築された広大な建造物群である。17世紀に建てられ
た古図書館（Ancienne Bibliothèque）では、床組みの大梁4丁の先端が腐朽して
いた。修理の際、腐朽した部分を刳り抜き、部材に穴をあけて補強用丸棒を
挿入し、型枠を作り、合成樹脂のモルタルを充填した。修理は下階の装飾
が施された天井を解体せずに施工した。一方、1720年に建てられた製薬所
（Pharmacie-Distillerie）では、木造小屋組の修理が行われた。小屋組は、組積造
の壁の頂部に置かれた敷桁と、その上に組んだ垂木から構成される（図6.53・
図6.54）。垂木の足元に枘を造り、敷桁に掘った枘穴にさして結合する。この
結合部および敷桁の全長に腐朽は集中していた。修理の際、合成樹脂（充填
材）とFRP丸棒（補強材）を用いて、破損の種類に応じて種々の補修技法を
適用した（図6.56）。垂木足元の補修の場合、腐朽した部分を切り取り、合成
樹脂モルタルを充填して枘を含めた垂木足元を整形する。合成樹脂と古材の
一体化を図るためにFRP丸棒を挿入する。また、後に結合部の分解が可能で
あるように、敷桁の枘穴に事前にコーティング剤を塗った（図6.55・図6.56：5・
3）。

　BETA技法によって、部材を取り外さずに修理が可能となり、古材の腐朽
した部分を含めて保存できるため最大限の材料の保持が実現され、さらに施
工が容易であるため、ヨーロッパには1970年代後半から次第に普及し、多
くの修理マニュアルに紹介されるようになった（表6-1参照）。

　一方、特に建造物外部の木材について、合成樹脂による補修の耐久性が疑
問視されてきた。ドイツのミュッケ・セルンロッドの木骨造教会（Pfarrkirche
in Mücke-Sellnrod、1697年）は1980年から1983年にかけてBETA技法によって
修理され、腐朽した柱の足元などを合成樹脂とFRP丸棒を使用して補修し
た。しかし、再修理の際に行った調査で、合成樹脂と木の吸水量の違いによ
る膨張差が生じ、合成樹脂の補修部分が剥がれ、その隙間に水分が浸透し、
結果的に木材の腐朽が促されたことが判明された（図6.57）。[55][56]ただし、良好

193

第Ⅱ部　木造建築遺産保存の方法における日本とヨーロッパの比較検討

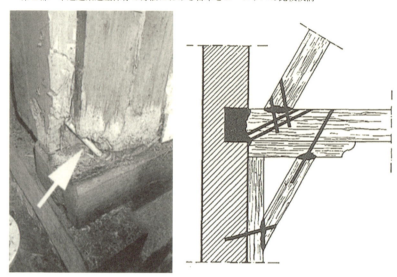

図6.57（左）　BETA技法によって補修された柱足元（Grimminger, 2003 より転載）　再修理の際に、合成樹脂で充填していた部分を取り外し、木材の腐朽が進行していることが判明された。補強のFRP丸棒が見られる。

図6.58（右）　合成樹脂の充填による結合部の補修①（資料③より転載）　資料③（1979年）には、見え隠れの部分で、木工技術で補修を行った場合に取り替え率が高い場合にBETA技法が推奨される。しかし、図のように結合部にこの技法を適用することにより、木の仕口による結合部の本来の柔軟性が失われる。

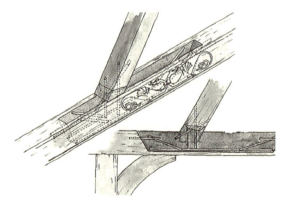

図6.59　合成樹脂の充填による結合部の補修②（資料⑯より転載）　合成樹脂の使用は、装飾等があり特別に文化的意義が高い部材の補修に推奨されている。

な環境状況で、修理が入念に施工された場合、この修理技法によって補修された部材の耐久性が、30年後でも問題がない事例も確認されている。[57]

また、結合部に合成樹脂を充填材として使用することによって、構造体の本来の挙動が変更される恐れがあることも指摘されている。すなわち、木工仕口によって構成された結合部がもつ柔軟性が、結合部を合成樹脂で充填することによって失われ、構造体における荷重の伝達のあり方が変更され、建造物に悪影響をもたらす可能性がある。[58]

3.4.2　日本における木以外の材料による補修

日本では、木以外の材料による修理技法として、「人工木材」を使用した修理技法が代表的である。人工木材は、合成樹脂におが屑、木粉またはマイクロバルーン（微小中空球体）を混入した充填材である。

文化財建築修理における人工木材の初めての適用事例は昭和42（1967）年に実施された奈良県の元興寺五重小塔（奈良時代後期）の解体修理の際である。その後、昭和46（1971）年に実施された旧富貴寺羅漢堂（奈良県、平安時代後期）の移築再建工事、同年に実施された如庵（愛知県、1618年頃）の移築再建工事の際に、人工木材を充填材として木部材の補修に全面的に応用する他、合成樹脂を接着剤と含浸硬化剤としても使用した。羅漢堂、如庵のいずれの場合も、破損状況が深刻なため、通常の木工技術による修理技法では殆どの部材が再用不可能になるため、例外的に人工木材を用いた修理技法が採られた。[59]

これら初期の修理事例について、後に紫外線による合成樹脂の変色現象が生じており、近年の修理工事では、建物外部での合成樹脂の使用が避けられている（図6.60）。また、BETA技法の場合と同様に、10年以上経過した後、合成樹脂と木の吸水量の違いによって木と合成樹脂の境界面が剥がれる現象も生じている。[60]変色の場合には悪影響は外観にとどまるが、剥離の場合は木材の腐朽が促される可能性もある。

上記の事例では、人工木材は主に強度が要求されていない部分の整形補修に使用されたが、兵庫県の箱木家住宅の修理は、人工木材を充填材として使用して柱に構造材としての本来の強度を回復させる初めての試みであった。[61]

箱木家住宅の建設年代は室時代後期に遡ると推定され、日本で残存する最古の民家の一つとみられているが、ダムの建設のため、1978（昭和53）年に移築解体工事が行われた。過去に5回大改修が行われており、修理前の時点

第Ⅱ部　木造建築遺産保存の方法における日本とヨーロッパの比較検討

図6.61　箱木家住宅　修理後　全景

図6.60　合成樹脂による柱の補修（樋口、1999より転載）処置から10年後、古色づけが剥げ落ちている。

図6.62　箱木家住宅　修理後　内部　写真に写っている土間境の3本の柱（右側から「りの八」、「との八」、「ほの八」）が入口木材によって補修されている。

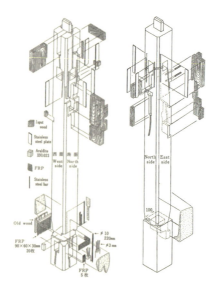

図6.63（左）　箱木家住宅　柱の補修（樋口・中里・西浦、1980より転載）　左：「りの八」　右：「との八」
図6.64（右）　箱木家住宅　「りの八」柱下部の補修過程（樋口・中里・西浦、198より転載）　上：補修前　中：補修中　下：補修後

196

で既に当初材の残存量が少なかったが、主屋の柱5本（当初材4本および中古材1本）は加工・風食・煤の具合から他の後補材から差異がみられ、特にその文化的意義が重要だと評価された。しかし、いずれも上下両先端の貫穴周辺が大きく腐朽しており、一部について解体時に完全に分断してしまった部分もあった。そのため、構造材としてそのまま再用することができず、木工技術によって補修することも不可能とされた。そこで、人口木材（ガラスマイクロバルーン混入エポキシ樹脂）を含浸材および充填材として使用し、鋼板・鋼丸棒・FRPを補強材として挿入して補修を行った。欠損部が大きい部分については、木材で捕捉し、合成樹脂によって接着した（図6.61～図6.64）。

　上記のように、日本においても合成樹脂を充填材として用いた、ヨーロッパのWER技法・BETA技法に類似する補修技法が使用されている。しかし、日本とヨーロッパでは、これらの技法が適用される背景に、異なる意図が潜在している。ヨーロッパで、これらの技法が開発された理由が、本来部材を取り外さずに修理するためであり、より多くの材料の保持を可能にすることの他、建物に対する介入を最小限に留めることが、その最大の利点とされている。一方、日本では、部材を取り外したうえで修理することが前提にあり、合成樹脂充填処理は特別に文化的意義が重要の部材が、木工技術で補修不可能とされた場合に限り、適用する。

3.5　部材の追加による修理技法（図6.1：B）

　以上、「取り替えによる修理技法」の類型を検討したが、それらと根本的に異なるアプローチに基づく「付加による修理技法」も使用される。前述の通り、「付加による修理技法」は、腐朽した部材は介入せずそのまま残し、本来その部材が果たしていた構造的機能を新しく付加する別の部材に委ねる修理技法である。

3.5.1　ヨーロッパにおける「付加による修理技法」

　「付加による修理技法」は、建物に対する介入の度合が低く、破損した部分も含めて材料の最大限保持を可能にし、可逆的であり、施工が容易であり経済的である。そのため、ヨーロッパでは「取り替えによる修理技法」と立

第Ⅱ部　木造建築遺産保存の方法における日本とヨーロッパの比較検討

図6.65（左）　添え木による梁の修理（資料⑰より転載）
図6.66（右）　グレート・コックスウェル納屋（イギリス・オックスフォードシャー、13世紀建築）。梁が添え木によって修理されている。添え木に修理年代（「1868」）が記されている。

図6.67（左）　支柱による梁の修理（資料⑱より転載）
図6.68（右）　石の持ち送りによる梁の修理（資料⑯より転載）

6 保存原則の観点から見た木造建築遺産の修理技法の比較検討

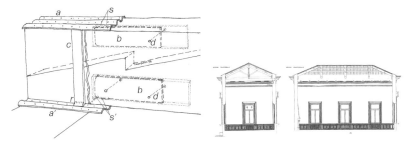

図6.69（左） 鋼の持ち送りによる梁の修理（資料⑩より転載） a,a': 古材の破損した先端部分を固定する鋼波板、b:古材に挿入した鋼板、ボルトおよび合成樹脂で古材に取り付け、a,a'に溶接する c: a,a'を繋ぐ鋼板、d: ボルト、s,s':溶接点
図6.70（右） ヴィラ・デミドフ舞踏室 断面図（Tampone, 2002より転載）

ち並び多くの修理マニュアルに紹介されている[62]。一方、建物の外観に悪影響を与える可能性があるため、これらの修理技法は特に小屋組など見え隠れの部分の修理に推奨される。

先端が腐朽した構造部材の修理のために、修理マニュアルで紹介されている「付加による修理技法」は、添え材（図6.1：B.1）、持ち送り（図6.1：B.2）、支柱（図6.1：B.3）に大別できる。

添え材は、腐朽した部材と並行して新材を挿入する技法である。腐朽が進行していない場合、古材の腐朽した部分をそのまま残し、古材の健全な部分と添え材をボルトや鉄帯等で緊結することができる（図6.65、図6.66、口絵5）。添え材には木材（図6.1：B.2.1）、鋼材図6.1：B.2.2）が用いられるが、鋼材を使用した場合は結露が発生し古材の腐朽が促進される可能性が指摘されている[63]。

支柱は、撓んだ梁などの横架材の補強に使用されることが多いが、先端が腐朽した横架材の場合にも使用される（図6.67）。

持ち送りは、腐朽した先端部を回避し、部材中程の健全な範囲に支点を移す技法である。伝統的に石材（図6.68）、木材が持ち送りに使用されてきた。一方、資料⑩では、部材を取り外さず、周りの部材にも手を加えずに設置可能であるように特別に設計された鋼の持ち送りが紹介されており、これを保存原則に最も忠実な修理技法とする（図6.69）。この修理技法が、イタリア・フィレンツェ北郊に所在するヴィラ・デミドフ（Villa Demidoff）の舞踏室（salone delle feste）の修理に適用された[64]。

199

第Ⅱ部　木造建築遺産保存の方法における日本とヨーロッパの比較検討

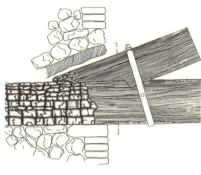

図6.71　ヴィラ・デミドフ舞踏室 修理前 トラスの破損状況（Tampone, 2002より転載）　陸梁の先端が完全に腐朽している。合掌と陸梁を緊結する金具は修理全から取り付けられていたものである。

図6.72　ヴィラ・デミドフ舞踏室 修理装置
（Tampone, 2002より転載）

図6.73　ヴィラ・デミドフ舞踏室 トラスの修理（Tampone, 2002より転載）左：修理前、右：修理後（修理装置設置のために一時的に取り外した古い金具を、後に再度取り付けた）

200

6 保存原則の観点から見た木造建築遺産の修理技法の比較検討

1886年頃に建築された本建物は、組積造の外壁に木の梁をかけ、木造の天井を張り、さらにその上に三つのキングポストトラスをかけ、寄棟造りの屋根を支えている（図6.70）。破損調査によって、外壁に挿入しているトラスの陸梁の先端および陸梁と合掌の結合部が大きく腐朽しており、その構造強度がほとんど失われていることが確認された。破損の原因は、詰まった雨樋から漏れた雨水が壁に浸透して、木材の腐朽を生じさせたと判断された。1999年から実施された修理の際に、防水を整備して破損の原因を修正したうえ、古材の腐朽が進行していないことを確認した。トラスの修理方針の策定にあたって、腐朽菌によるこの破損の形態が典型的なものであり、学術的資料としての価値が高いと判断した。さらに、修理装置とともに破損部分を残すことによって、修理が行われた理由を後世に明瞭に伝えることが重視された。そのため、腐朽した部分を切り取らず元の位置に保存し、部材を取り外さず、材料を最大限に保持し、残存する部材の構造強度を活かし、後に点検・調整が可能であるように部材外側から取り付けた修理装置を使用するべきであるとした。[65] 最終的に、修理前の腐朽形態を詳細的に記録した破損図（図6.71）を作図したうえで、特別に設計した鋼の持ち送りを設置することを決定した。持ち送りは、外壁と陸梁を繋ぐL字型の鋼材、陸梁に挿入する鋼板、および合掌と陸梁を緊結する金具から構成される（図6.72・図6.73）。

この修理技法は、他の建物にも多く見られる同様の破損状況にも適用可能である。ただし、この建物の場合、天井が張られているため、トラスが通常は目に入らないない位置にあるが、他の場合では修理装置が建物の内観へ与える影響を考慮に入れる必要がある。

3.5.2　日本における「付加による修理技法」

日本の文化財建築修理において、腐朽した構造木部材の修理にあたっては、「取り替えによる修理技法」が基本であり、「付加による修理技法」の使用は例外的である。

添え木は伝統的に使用されてきたが、基本的に既存する部材の強度を増やす補強材として用いられ、既存部材が腐朽している場合、継木補修を行ったうえで添え木を加えることが原則である。平成14（2002）年に行われた和歌山県の粉河寺大門（宝永4・1707年建設）の修理では、添え木による化粧隅木の補修が行われた。[66] 化粧隅木は、以前の修理で先端部に継木が施されてい

201

第Ⅱ部　木造建築遺産保存の方法における日本とヨーロッパの比較検討

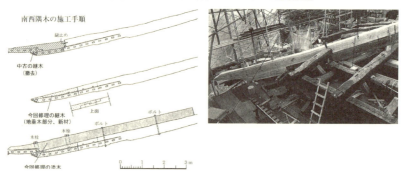

図6.74（左）　粉河寺大門　隅木の修理　図面（修理工事報告書、2002より転載）　中古の先端部継木を撤去し、新たに継木補修を施したうえ、補強材として添え木を挿入した。
図6.75（右）　粉河寺大門　隅木の修理　写真（修理工事報告書、2002より転載）

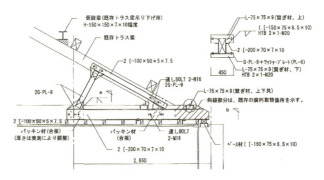

図6.76　旧下関英国領事館附属屋 トラスの修理 図面（修理工事報告書、2014より転載）　トラス陸梁の斜線部分は、腐朽して取り替えられた部分を示す。

図6.77　旧下関英国領事館附属屋 トラスの修理 写真（修理工事報告書、2014より転載）

6 保存原則の観点から見た木造建築遺産の修理技法の比較検討

図6.78 豊平館トラスの修理(修理工事報告書、1986より転載) トラス真束の頂部・脚部が割れて仕口が弛んでいた。他の部分は健全であったため、部材を取り替えず、両側からタモ添え木をボルトで取り付けた。この修理技法を次回の解体修理までの一時的な措置とする。

たが、継木が突き突け・鎹止めであったため垂下していた。今回の修理の際に、以前の継木部を撤去し、新材を使用して金輪継に継木の形態を改めたうえ、さらにボルト・木栓で取り付けた添え木を付け加えて全体を補強した(図6.74・図6.75)。すなわち、古材の継木補修が行われたうえで、補強材として添え木を用いている。

また、添え木と同様な方針に基づいて、鋼材を添え材として用いた事例も見られる。平成26(2014)年に行われた山口県の旧下関英国領事館附属屋(明治39・1906年建設)の修理には、小屋組の木造トラスを鉄骨によって補強した。[67] ヴィラ・デミドフの事例と同様に、本建物は、煉瓦壁に大入れとなる陸梁端部が腐朽していた。この場合には、陸梁の腐朽した部分を切り取り、継木によって補修したうえで、両側に鉄骨を添えてボルトで固定した(図6.76・図6.77)。

一方、昭和61(1986)年に行われた北海道の豊平館(明治13・1880年建設)の修理では、小屋組の木造トラスの真束に生じた破損部を取り替えず、添え木によって修理した。[68] 真束の頂部・脚部が割れて仕口が弛んでいたが、古材をそのまま残し、両側から添え木をボルトで取り付けた(図6.78)。この修理技法を採用した理由として、修理工事報告書に「他の部分は健全なので解体する必要もない。将来解体した際に完全修理するとして、今回は明らかな補強を施しておく」とある。ここにある「明らかな補強」は、「修理装置とともに破損部分を残すことによって、修理が行われた理由を後世に明瞭に伝える」というヴィラ・デミドフの事例の保存原則に類似する意図を示す。た

203

だし、ヴィラ・デミドフの場合は、採られた修理措置は半永久的なものであることに対して、本建物の場合は、次の解体に「完全修理」（すなわち、破損した部材の完全または部分取り替え）するまでの一時的な措置として添え木が使用されている。

小　結

上記の分析から、ヨーロッパと日本における構造木部材の修理技法について、次の点が指摘できる。

・ヨーロッパでは、木工技術による継木が構造木部材の基本的な修理技法とされているが、その他に合成樹脂を接着剤として使用する継木、木材の代わりに鋼材・合成樹脂を使用する継手補修、添え材・持ち送り・支柱の付加による修理技法も修理マニュアルに紹介されており、実際にその適用事例も多く確認できる。一方、日本の文化財建築物修理では、木工技術による継木、特に緊結金具を用いないものを優先的に使用し、その他には合成樹脂を接着剤として使用する継木、人工木材による補修を、特別にその文化的意義が重要とされる古材の補修のために例外的に使用する。

・ヨーロッパでは、多数の継木・矧木を行うことによって、建物の外観が損なわれる恐れがあると判断された場合に、技術的に古材の補修が可能な場合でも完全に古材が取り替えられる事例がみられる。一方、日本には原則的に木工技術によって古材の補修が可能である場合、繕いを施したうえで古材を再用する。

・木工技術による継木について、ヨーロッパと日本はともに最大限の材料を保持できるように、伝統的な継木の形態に工夫を加えている。さらに、ヨーロッパには建物への介入を最小限に抑えるため、緊結金具を使用して、部材を取り外さずに施工可能の簡略化した継木を用いる。一方、日本には部材を取り外したうえで補修することが前提になっており、複雑な継木の形態が使用される。さらに、日本には補修後の部材の外観が重視され、継木が目立たないように工夫を加える。

6 保存原則の観点から見た木造建築遺産の修理技法の比較検討

・ヨーロッパでは、合成樹脂を接着剤として用い、部材を取り外さずに施工可能な構造強度の高い簡略な継木が使用される事例が確認される。日本では、合成樹脂を接着剤とし使用した継木は痕跡などがあり文化的意義が重要の高い部材の補修に使用される。一方、合成樹脂を接着剤として使用して古材の表層部を残して腐朽した芯部を取り替える修理技法が、解体修理が行われる修理現場で、ヨーロッパと日本で独立して開発された。

・ヨーロッパでは、合成樹脂を充填材として用いた修理技法が、部材を取り外さずに修理するために使用されている。一方、日本では、それと類似する人工木材を用いた修理技法が、特別に文化的意義が重要の古材を取り外したうえで補修するために使用される。

・ヨーロッパでは、上記の「取り替えによる修理技法」の他、腐朽した部材をそのまま残して添え材・持ち送り・支柱などを挿入する「付加による修理技法」も広く使用されている。一方、日本の文化財建築修理では、「付加による修理技法」は例外的かつ一時的な修理技法として位置付けられている。

4　保存原則の観点から見た構造木部材の修理技法の比較検討

　以上、先端が腐朽した構造木部材の修理技法について、体系化を行い、それぞれの技法の特徴について検討した。本節では、まず、構造木部材の修理に関係する保存原則を整理して明確にし、次に、本研究で行われた修理技法の分類に沿って、保存原則の観点からそれぞれの技法を評価し、比較検討する。

4.1　構造木部材の修理に関わる保存原則

　現在、広く国際的に合意されており、数多くの建築遺産保存憲章等に反映されている建築遺産の中心的な保存原則として、「最小限の介入」(minimum intervention)、「材料の最大限保持」(maximum retention of material)、「可逆性」

第Ⅱ部　木造建築遺産保存の方法における日本とヨーロッパの比較検討

(reversibility)、「新旧の調和と区別」、「伝統的技術の活用」、「記録の作成と公表」が挙げられる。[69]

　「最小限の介入」は、建物に手を加えることを抑えるべきであると主張する原則である。構造木部材の修理にあたって、部材を取り外したり、または周りの部材を解体したりすると、建物に対する介入の度合が高くなり、この原則に逆らうことになる。

　「材料の最大限保持」は、現存する材料の文化的意義を守るべきであると主張する原則である。現存する材料は、前提として腐朽・破損した材料も含み、これを切り取る行為もこの原則に背く。

　「可逆性」は、元の状態に戻すことが可能である修理技法を選択するべきであると主張する原則である。また、可逆的な技法を採ることが困難な場合、少なくとも後の再修理を妨げない（retreatability）技法が好ましいとされる。

　「新旧の区別」は、既存の建物と修理の際に新しく付け加えた部材を明確に区別することを主張する原則である。これは、イギリスの古建築保護協会（SPAB）が発行したマニュアル等にみられる「正直な修理」（honest repair）に相当する原則である。構造木部材の修理にあたって、修理技法によって新旧の区別の明確さに程度の差こそはあれ、新しい部分に刻印を押せば、いずれの技法でもこの原則が守られる。そのため、本研究ではこの原則を比較検討の基準から外すことにする。

　「新旧の調和」は、修理の際に新しく付け加える部材を既存の建物と調和させて、建物の外観・内観への悪影響を抑えるべきであると主張する原則である。構造木部材の修理にあたって、修理する部材そのものの外観とともに、その部材の位置によって建物全体へ与えられる影響を考慮に入れる必要がある。

　「伝統的な技術の活用」は、特に木造建築遺産の修理の場合に強調される原則である。伝統的な技術を優先する理由としては、次の三点があげられる。

1) 伝統的技術や材料は歴史的に使用されてきたため、近代的な技術や材料と比較して、その耐久性および建物との相性が保証されている。建築遺産は今後も永い寿命を持つと予想されるため、修理には耐久性の確証された材料や技術を使うことが求められる

2) 伝統的技術そのものには無形文化遺産としての文化的意義があり、修

6 保存原則の観点から見た木造建築遺産の修理技法の比較検討

理に伝統的技術を適用することによってその保存継承が可能になる。

3) 特に日本の木造建築遺産保存においては、部材が取り替えられた場合でも、伝統的技術や材料で修理と取り替え材の加工が行われる場合、文化的意義がある程度担保されるという考えが存在する。⁽⁷⁰⁾

「記録の作成と公表」はいずれの修理技法でも守られる原則であるため、本研究の比較検討基準から外すことにする。

さらに、上記の一般的な建築遺産保存原則の他、構造木部材の修理に長く関わる原則として、「構造的機能の復活」も比較検討の基準として考慮に入れる。「構造的機能の復活」は、古材の強度を回復させ、構造部材として、本来果たしていた機能を再び果たせるように修理するべきであると主張する原則である。この原則は、構造の観点からの特にはっきりした役割があり、構造体を構成するそれぞれの木部材の修理技法を選択するうえで重要であり、多くの木造建築遺産修理マニュアルにも取り上げられている。⁽⁷¹⁾

すなわち、本研究では、構造木部材の修理に深く関わるものとして、「最小限の介入」、「材料の最大限保持」、「可逆性」、「新旧の調和」、「伝統的な技術の活用」、「構造的機能の復活」という六つの保存原則を比較検討の基準とする。

4.2　比較検討

次に、第3節で検討したそれぞれの「先端が腐朽した構造木部材の修理技法」について、上記の六つの保存原則の観点から考察する。

完全取り替え（A.0）は、建物から古材を取り除くため、介入の度合が大きく、材料の最大限の損失を伴い、可逆性のない修理技法である。一方、古材の代わりに完全・健全な新材を挿入するため、建物の外観・内観への悪影響が少なく、部材の構造的機能が完全に復活する。また、新材の加工には木工技術が適用され、この修理技法は歴史的に適用されてきた伝統的なものであると言える。

木工技術による継木（A.1）は、古材の腐朽した部分を切り取るとともに、継木を形成するために古材の健全な部分も一部切り取る必要があるため、失

第Ⅱ部　木造建築遺産保存の方法における日本とヨーロッパの比較検討

われる材料の量が他の修理技法と比較して大きい。切り取った部分は失われるので可逆性がないが、後に継木部分を再び取り替えることが可能であり、再修理が可能である。緊結金具を使用しない場合（A.1.1）は、多くの場合で複雑な木の組み込みを形成するために部材を取り外す必要があり、建物への介入が大きくなり、復活できる強度は元の部材の1/3程度である。その反面、新旧の調和がとれる。また、この場合は伝統的な木工技術を最大限に活かせる。一方、緊結金具を使用する場合（A.1.2）、多くの場合で部材を取り外さずに施工可能となる簡略な継木を使用することができ、建物に対する介入の度合が抑えられ、復活できる強度は元の部材の70％から80％まで及ぶ。しかし、金具は新旧の調和への影響を与え、継木を簡略することで高度な木工技術は活用されなくなる。

　合成樹脂の接着力による継木（A.2）の場合、復活できる強度は元の部材の100％であり、外観への影響が少なく新旧の調和が取れる。しかし、接着剤を使用することによって、後に古材を傷めずに再修理を行うことが困難になる。合成樹脂で接着した簡略な継木（A.2.1）の場合、緊結金具を使用する継木と同様に、失われる材料の量が大きいが、部材を取り外さずに施工可能の場合が多く、建物に対する介入の度合が抑えられる。また、伝統的な木工技術がある程度活用される。一方、古材に合わせて加工した継木（A.2.2）と古材の表層部を残して深部を取り替える継木（A.2.3）の場合は、古材の健全な部分を最大限に保持され、極めて高度な木工技術が活用される。しかし、これらの修理技法を適用するためには通常部材を取り外す必要があり、建物に対する介入の度合が大きい。

　木以外の材料による補修（A.3）について、木以外の材料を使用することによって外観への影響が生じる可能性があり、新旧の調和が困難になる。さらに、材料・技術は非伝統的なものになる。鋼板による補修（A.3.1）の場合は、可逆性はないが、再修理が可能である。また、部材を取り外さずで容易に施工が可能であり、建物に対する介入の度合いが低い。しかし、基本的に古材を切断する必要があり、復活できる構造強度は古材と鋼板の接合によって限定される。一方、合成樹脂を充填材と使用して鋼板・鋼丸棒・FRP丸棒を埋める修理技法（A.3.2、A.3.3、A.3.4）の場合は、復活できる構造強度が大きくなるが、再修理が困難になる。ただし、合成樹脂モルタルの充填による修理技法（A.3.4）の場合には、腐朽した部分を切り取る必要がなく、建物に対す

6 保存原則の観点から見た木造建築遺産の修理技法の比較検討

表6-2 保存原則の観点から見た構造木部材の修理技法 比較表
四角が大きいほど該当の修理技法が保存原則の内容に合っている。

	A.0	A.1.1	A.1.2	A.2.1	A.2.2	A.2.3	A.3.1	A.3.2	A.3.3	A.3.4	B.1.1	B.1.2	B.2	B.3
可逆性	×	□	□	□		□		□		□	□	□	□	□
最小限の介入	□	□	□	□			□	□	□	□	□	□	□	□
材料の最大限保持	×	□	□		□		□		□	□	□	□	□	□
新旧の調和	□	□	□	□	□	□	□	□	□	□	□	□	□	□
構造的機能の復活	□	□	□	□	□	□	□	□	□	□	□	□	□	□
伝統的な技術の使用	□	□	□	□	□	□	□	□	□	□	□	□	□	□

る介入をさらに抑えることができる。一方、日本で行われている人口木材の充填による構造木部材の補修の場合は、部材を取り外したうえで補修が行われ、介入の度合いが比較的高くなる。

部材の付加による修理技法（B）は、付加する部材を取り付ける際に古材に多少損傷が生じるものの、基本的に可逆的である。また、建造部に対する介入を最小限に抑え、腐朽した材料も含めて保存でき、材料の最大限保持を実現する。一方、新しい部材・修理装置を付加することによって外観への影響が生じ、古材との調和が困難である。さらに、構造的な機能は基本的に付加される部材が担うことになり、古材の構造材としての意義が失われる。また、添え木（B.1.1）、木・石の持ち送りなどは伝統的に使用されてきた修理技法であるといえるが、基本的に付加による修理技法を適用する場合には伝統的な技術が活かせない。

表6-2は、上記の比較検討を纏めたものである。

4.3 イコモス木の委員会の憲章と構造木部材の修理技法

イコモス国際学術委員会（ICOMOS International Scientific Committees）の一つであるイコモス木の国際学術委員会（ICOMOS International Wood Committee、以下、

209

第Ⅱ部　木造建築遺産保存の方法における日本とヨーロッパの比較検討

木の委員会）は、1999年に採択された憲章『歴史的木造構造物の保存のための原則』（Principles for the Preservation of Historic Timber Structures）を作成し、さらに2013年から同憲章の更新に取り掛かり、2016年に題名を『木造建築遺産の保存のための原則』（Principles for the Conservation of Wooden Built Heritage）に改めた最終草案を作成した。この最終草案が、2017年のイコモス総会に公式的に採択された。

　これらの憲章には、修理技法の選択に直接関わる原則が挙げられている。1999年版、2017年版ともに、「最小限の介入」、「材料の最大限保持」、「可逆性」、「伝統的な技術の活用」という原則が提唱されている。しかし、進んで使用するべき修理技法について、1999年版と2017年版の間に態度の違いが確認できる。

　1999年の憲章には、「部材の一部を取り替える時、もし適切で、構造的要求と両立するのであれば、新材と現存部分を接合するためには、伝統的な木工継手仕口を用いるべきである[72]」とある。すなわち、伝統的な修理技法を明確に優先しており、具体的には「伝統的な木工継手仕口」（A.1.1）が推奨されている。この項目の背景に、本憲章作成当時の木の委員会委員長ニルス・マルステイン[73]と事務局長クヌート・アイナール・ラルセン[74]の保存理念が反映されている。両氏は日本の木造建築遺産の保存方法を調査し、日本で行われている高度な木工技術による部材の繕いを高く評価し[75]、また彼らが著者した資料⑪にもこの修理技法が優先されている。

　一方、2017年の憲章には、上記の指針が削除されており、修理技法について下記の記述がみられる。

　　修理措置は次のものを含む。
　　　a）伝統的な木工技術、または親和性の高い近代的な留め金具を用いた単純な修理。
　　　b）伝統的または親和性の高い材料と技術を用いた構造体の強化。
　　　c）現存の構造体の荷重を代わりに担う追加の構造補強。
　　建造物の文化的意義を最もよく保存する修理措置を選択するべきである[76]。

　すなわち、1999年の憲章にあった伝統的な材料・技術への強いこだわり

が2016年の改訂版では薄くなっており、「親和性」がある限り、近代的な材料・技術を伝統的なものと並べて使用することが認められている。具体的な修理技法については、伝統的な木工技術による継木（A.1.1）と緊結金具を用いた継木（A.1.2）の他、近代的な材料・技術を用いる修理技法（A.2・A.3）、現存部材の荷重を代わりに担う付加部材を用いる修理技法（B）のいずれもが使用可能と認めることになり、より柔軟な姿勢が取られている。そして、最適な修理技法の選択は前提となる原則に沿って行うのではなく、各建物の文化的意義の正確な評価に基づくべきであるとする。

小　結

　上記の比較検討から、保存原則が根本的に相反しているため、保存原則を全て同時に守る「理想的な修理技法」が存在しないことが明らかである。ある修理技法を適用することによって、文化的意義の一側面を優先的に保護し、別の側面を犠牲にすることが余儀なくされている。

　保存原則の観点から見て、修理技法は大きく下記の二つの種類に分けられる（表6-2）。

1　添え材、持ち送り、支柱などの部材の付加による修理技法（B）および古材を取り外さずに充填材で補修する修理技法（A.3.4）。これらの修理技法が適用される場合には、建物に対する介入の度合が抑えられ、現存する材料を最大限に保持でき、可逆性のある措置をとることが可能である。その反面、外観・内観への影響が生じ、構造体内の本来の荷重の伝わり方が変更される。これらの技法は、当初建物を建設する際に用いた建築技法と違う性質をもった、修理特有のものであり、基本的に近代的なものである。このような修理技法が適用される背景に、建築遺産は「過ぎ去った技術によって作り上げられているため、現代の技術では壊さずに介入できない、過去の記念物として扱うべきである」[77]という考えが潜在する。すなわち、修理の際に建物と距離をとり、修理措置は建物と異質のものとしてみなされている。

2　木工技術による継木（A.1）、合成樹脂を接着剤として用いた修理技法

第Ⅱ部　木造建築遺産保存の方法における日本とヨーロッパの比較検討

（A.2）。これらの修理技法が適用される場合には、建物の外観・内観が保護され、構造体の本来の挙動を回復できる。その反面、建物に対する介入の度合が比較的大きくなり、失われる材料の量が増え、修理は可逆的ではない。これらの技法は、当初建物を建設する際に用いた建築技法と同様な性質をもち、基本的に伝統的なものである。このような修理技法が適用される背景に、修理によって建築遺産の文化的意義を復活させることが可能であるという考え方が潜在する。修理の際には、修理措置が建物に組み込まれ、建物の一部に成る。

なお、鋼材・合成樹脂によって部材の補修を図る修理技法（A.3.1・A.3.2・A.3.3）および日本で行われている人工木材による構造部材の補修は、上記の二つの傾向の中間にある。

5　おわりに

本章では、木造建築遺産の修理技法について、以下のことを明らかにした。

ヨーロッパでは、木造建築遺産の修理技法に関する情報が修理マニュアルによって公表され、技術者の間に共有されている。これらの修理マニュアルの内容には多様性がみられ、同国・同時期において同様な構造の建築を対象とする資料の場合でも、対照的な修理技法が推奨されている例もみられる。ただし、継木による腐朽した部材の補修を基本的な方法として位置付けている点では、例外はあれども広く合意が見られる。

先端が腐朽した構造部材の修理技法に注目すると、「取り替えによる修理技法」と「付加による修理技法」に区別できる。さらに、「取り替えによる修理技法」のうち、「完全取り替え」、「木工技術による継木」、「合成樹脂の接着力による継木」、「木以外の材料による補修」がある。ヨーロッパでは、上記の全ての修理技法が修理マニュアルで紹介されており、実際にその適用事例も多く確認できる。一方、日本の文化財建築修理では、木工技術による継木、特に緊結金具を用いないものを優先的に使用する。

同様の修理技法が適用された場合でも、ヨーロッパでは部材を取り外さずに補修するために工夫を加えることに対して、日本では多くの場合に部材を

取り外したうえで補修する。その反面、日本では補修後の部材の外観へのより高い配慮が確認できる。

保存原則の観点から見て、修理技法は大きく二つの種類に分けられる。一つは、「最小限の介入」、「材料の最大限保持」、「可逆性」の保存原則を優先する。その背景に、建築遺産を過ぎ去った過去の産物と認識し、介入（修理）は原則的にその文化的意義の一部の損失を伴う行為と理解し、建築技術と修理技術を明確に分ける考え方がある。「付加による修理技法」および充填材を使用した修理技法はこの種類に属する。もう一つは、「新旧の調和」、「伝統的技術の活用」、「構造的機能の復活」の保存原則を優先する。その背景に、介入（修理）は建築遺産の文化的意義を復活させることのできる行為と理解し、当初使用された建築技術に類似するものを修理技術として適用する。「取り替えによる修理技法」はこの種類に属する。

ヨーロッパでは、上記の二つの種類の修理技法が広く適用されている。一方、日本では基本的に後者によって修理が行われてきた。このことは、日本では木造建築遺産の様々な価値のうち、建物の外観・内観に表される建築意匠の価値、構造体の技術的価値という価値が強調されてきたことを伝える。その反面、腐朽・破損した材料を含めて古材が持つ学術的価値および感覚的な価値、時間の経過を感じさせる変形した建物の形態の価値など、建築遺産が持つ他の多くの価値を犠牲にしてきた。

日本の文化財建築修理では、高度な木工技術をもとに、極めて水準の高い修理技法を確立してきた。しかし、国宝・重要文化財建築以外にも「木造建築遺産」として認識されるようになった建物の数と種類が増えるとともに、それらが持つ多様な価値に対応した様々な修理技法を検討する必要がある。その際に、ヨーロッパで適用されてきた多様な修理技法が参考になれるだろう。

第Ⅱ部　木造建築遺産保存の方法における日本とヨーロッパの比較検討

註

1　この原則は、「歴史的木造構造物保存のための原則」（Principles for the Preservation of Historic Timber Structures, ICOMOS, 1999採択）に提唱されている他、木造建築遺産の保存修理に関連する後述の木造建築の修理マニュアルの多くで主張されている（巻末資料─1参照）。

2　Morris, William（1877）*The Manifesto of the Society for the Protection of Ancient Buildings.* 建築遺産保存原則の成立過程におけるSPABの位置付けについて、第1章参照。

3　A. R. Powys（1881-1936）。25年にかけてSPABの事務局長を務め、1931年のアテネ会議の参加者でもあった。

4　1999年のイコモス『歴史的木造構造物保存のための原則』（Principles for the Preservation of Historic Timber Structures）の作成経緯については、第2章参照。

5　Feilden, Bernard M.（2003）*Conservation of Historic Buildings*, Architectural Press.

6　Brereton, Christopher（1991）*The Repair of Historic Buildings*, English Heritage.

7　Fitch, James Marston（1982）*Historic Preservation,* McGraw-Hill.

8　この基準は資料②、資料⑧、資料⑭、資料⑱に見られる。

9　例えば、Wheeler, A. S. and Hutchinson, A. R.（1998）"Resin Repairs To Timber Structures"（*International Journal of Adhesion and Adhesives.* No.18 p. 1-13）には、修理技法を木工技術による「伝統的な修理技法」（traditional or vernacular repairs）、ボルトなどを用いる「工学的な技法」（mechanical methods）、「合成樹脂を用いた技法」（resin methods）の3種類に分類する。

10　例えば資料⑱においては、「伝統的」という単語が曖昧であるとして、代わりに「木を用いた修理技法」（timber-to-timber repairs）という単語を使用するべきであるとする。ただし、本研究においては、「木を用いた修理技法」のうち、「木工技術による技法」と「合成樹脂の接着力による技法」を区別する。

11　Larsen, Knut Einar（1994）"A Note On The Authenticity Of Historic Timber Buildings With Particular Reference To Japan", *IIWC 8th International Symposium - Proceedings*, Tapir, p. 155-182.

12　敷桁の取り替えについて資料①、土台の取り替えについては資料⑱に記載があり、さらに各マニュアルに完全な取り替えに関する記載がみられる（図6.1参照）。

13　「変容の教会」の修理の経緯と基本方針について第4章に論じられている。本章には、本工事における木部材の修理技法について纏める。

14　本調査団は、世界遺産委員会の要求を受けてロシア政府が招聘し、カナダ・イコモスのAndrew Powter、ノルウェー・イコモスのSjur Helseth、Arnt Magne Haugen、Jørgen Holten Jørgensenによって構成されていた。調査報告書は2012年に世界遺産委員会に提出されている（ICOMOS（2012）*Report On The Reactive Monitoring Mission To Kizhi Pogost*）。

214

6　保存原則の観点から見た木造建築遺産の修理技法の比較検討

15 "the non-traditional appearance of a "patchwork" of repairs"（前掲ICOMOS, 2012）

16 "As a principle, after conservation the majority of logs in the building should be one piece of wood with no repairs, that is, they should be either original unrepaired or new logs"。一方、補修を行う場合に、一本のログについて一カ所の補修を基本とし、例外的に二カ所まで認め、三カ所以上に補修が必要なログについて完全な取り替えるべきであると主張した前掲（ICOMOS, 2012）。

17 Kovalchuk, Andrei（2016）*Metodicheskoye posobiye po restavratsii elementov istoricheskikh derevyannykh pamyatnikov*, Muzeya-zapovednika «Kizhi».

18 調査した18点の資料のうち、合成樹脂による修理技法に特化した資料④、材料の最大限保持を強調して取り替えによる修理技法を否定する資料⑩の他、16点のマニュアルは木工技術による継木を基本的な修理技法とする。

19 この指示が資料①、資料⑨に明確にされている。

20 資料⑬・資料⑱に、イギリスでは伝統的に様々の継木の形態が使用されてきたが、それらの多くは複雑すぎて修理には適用できない、と指摘されている。同様に資料⑭・資料⑱に、柱根継にはいすか継が構造的に有利とするが、部材を取り外さずに継手を造り、新材を矧ぎ併せることが困難であると指摘されている。さらに資料⑰には金輪継といすか継が紹介されているが、いずれも複雑で施工が困難とする。

21 Schaaf, U.（2003）"Handwerkliche Sanierung einer Fachwerkkonstruktion - die Restaurierung der Friedenskirche in Schweidnitz（Swidnica）, Polen" *Reparaturen und Statische Sicherungen an Historischen Holzkonstruktionen*, Theiss.

22 緊結金具を用いた継木は、特に梁など曲げに対する強度が必要である水平材の補修のために使用されている。

23 例えば、奈良県南部の山岳地帯に所在する大峰山寺本堂については、元禄4（1691）年に建立し、柱の根継が文化年間（1804年～1818年）、明治30（1897）年、昭和61（1986）年に行われている（奈良県文化財保存事務所（1986）『重要文化財 大峰山寺本堂修理工事報告書』奈良教育委員会）。

24 註23の大峰山寺本堂の1986年の修理には、「各柱根はすべて旧来の根継仕口を再用して新たに根継を施した」と修理工事報告書に記されている。また、平成25（2013）年に竣工した日光東照宮の修理工事において、「柱根継高は切目長押等横架材直下付近での金輪継を原則としたが、腐朽部位が低い場合は十字目違継とし、在来の根継があってそのままの高さで継ぎ足せる場合は旧形に倣うこととした」（日光社寺文化財保存会（2013）『国宝・重要文化財 東照宮 本殿・石の間・拝殿・正面唐門・東西透塀・神輿舎・表門附簓子塀 修理工事報告書』日光東照宮）。

25 文化財建造物保存技術協会（2002）『重要文化財 本門寺五重塔 保存修理工事報告書』池上本門寺。

26 隠十字目違継の古い事例として、当初（文化年間）から根継されていた上中田念仏

215

第II部　木造建築遺産保存の方法における日本とヨーロッパの比較検討

道場（富山県）の柱が挙げられる（文化財建造物保存技術協会（1996）『重要文化財上中田念仏道場解体移築修理工事報告書』上平村）。

27　本修理工事について、日本語・英語で報告書が刊行されている（日本工業大学（1998）『ネパールの仏教僧院――イ・バハ・バヒ修復報告書』中央公論美術出版）。

28　例えば、KVPT（Kathmandu Valley Preservation Trust）が保存修理設計を担当しているカトマンズ市のイトゥム・バハ仏教僧院の修理工事にはこのような伝統的な十字目違継が用いられている。

29　本建物の修理にネパールの伝統的な根継と異なる根継の形態がもちいられたことが、図6.24のシアシリン・マンダップの再建に携わったドイツの専門家ニールズ・グッチョウによって指摘されている（Gutschow, Niels（2003）Techniques in the Architectural Preservation of Nepal, *The Sulima Pagoda, East Meet West in the Restoration of a Nepalese Temple*, Orchid Press）。

30　「見え掛かりの埋め木・根継材などは可能な限り古材と木目を会わせた」という表現は、若林家住宅の工事実施仕様（文化財建造物保存技術協会（1989）『重要文化財若林家住宅 修理工事報告書』村上市）、岡原観音堂の工事実施仕様（文化財建造物保存技術協会（1996）『熊本県重要文化財 岡原観音堂（宮原観音堂）修理工事』岡原村教育委員会）などに見られる。

31　Keimel, Fred. A（2003）"Historical Development of Adhesives and Adhesive Bonding", *Handbook of Adhesive Technology*, Taylor & Francis.

32　調査したマニュアルのうち、1965年に出版された資料②において継木に接着剤を使用することが勧められ、資料⑧にはこの勧告が受け継がれている。また、資料⑥の1984年初版にも推奨されるが、後に接着剤を使うための必要条件が現場には確保できないため、その使用を避けるべきであると主張する。

33　金輪継の場合（資料⑬による）。

34　継目を縦に切ったボルト締めの殺継で、継手の長さは部材の成の5〜6倍にした場合（資料⑬による）。

35　継目を縦に切った殺継で、継手の長さは部材の幅の6倍にした場合（Landa, Mikel（1999）"Nuevas Técnicas de Reparación de Estrucuras de Madera - Elementos Flexionados II", *Revista de Edificación,* Vol. 29, p. 30-36.）

36　Landa Mikel, Ochandiano, Alazne（2010）"Recuperación de Entramados de Madera - La Rehabilitación de la casa del Condesable en Pamplona", *DETAIL*, p. 81-83.

37　Armstrong, J. R.（1973）"The Open Air Museum - Idea and Reality", *Ancient Monument's Society's Transactions*, Series 20, p. 93-102.

38　Zeuner, Diana（2003）"Daft idea", *Weald & Downland Open Air Museum Magazine*, Spring 2003, p. 34-37.

39　樋口清治（1999）「科学的な修復技術・保存工学」『新建築学体系50』彰国社、p. 311-

6 保存原則の観点から見た木造建築遺産の修理技法の比較検討

371.

40 文化財建造物保存技術協会（1974）『重要文化財 熊野神社長床修理工事報告書』要文化財 熊野神社長床修理委員会。

41 茨城県古川市教育委員会（1978）『茨城県指定有形文化財 旧中山家住宅保存修理工事報告書』古川市。

42 文化財建造物保存技術協会（1977）『重要文化財 平山家住宅修理工事報告書』重要文化財 平山家住宅修理委員会。

43 文化財建造物保存技術協会（1981）『重要文化財 後藤家住宅修理工事報告書』重要文化財 後藤家住宅修理委員会。

44 文化財建造物保存技術協会（1981）『重要文化財 我妻家住宅（主屋・板蔵）修理工事報告書』重要文化財 我妻家住宅修理委員会。

45 文化財建造物保存技術協会（1987）『重要文化財 燈明寺本堂修理工事報告書』三渓園保勝会。

46 文化財建造物保存技術協会（1993）『重要文化財 波宇志別神社神楽殿保存修理工事報告書』波宇志別神社神楽殿修理委員会。

47 この修理技法は、イギリスの修理マニュアルである資料①、資料②、資料⑥、資料⑧、資料⑨、資料⑬、資料⑱お他、資料⑦、資料⑫にも紹介されている（図6.1参照）。

48 WERは、wood（木）epoxy（エポキシ樹脂）reinforcement（補強材）の略語である。

49 "Its main advantage is that the members may be repaired in-situ, with little or no interference to the outside appearance"（資料④より）。

50 資料⑫、資料⑬、資料⑭、資料⑱に上記のような修理技法が紹介されている（図6.1参照）。

51 Paquet, Pierre（1932）"Le ciment armé dans la restauration des monuments anciens", *Mouseion,* Vol. 19, No 3, p.11-19.

52 資料⑱には、セメントによる補修が木材の腐朽を促した事例が紹介されている。

53 Klapwijk, Dick（1975）*Method of Restoring a Wooden Beam*, United States Patent US3900541.

54 Taupin, Jean-Louis（1979）"Technique de Consolidation des Bois", *Symposia on the Conservation of Wood - Stokholm 1977 Troyes 1980*, ICOMOS International Wood Committe および Taupin, Jean-Louis（2009）"*Structures en bois dans le patrimoine bâti - Actes des journées techniques internationales Bois 2008*, Les Cahiers D'ICOMOS France, p. 67-73.

55 Grimminger, Ulrich（2003）"Instandsetzung der Primärkonstruktion an der evangelischen Kirche in Mücke-Sellnrod, Vogelsbergkreis", Reparaturen und Statische Sicherungen an Historischen Holzkonstruktionen, Theiss.

56 この問題が資料⑨、資料⑪にも指摘されている。

第Ⅱ部　木造建築遺産保存の方法における日本とヨーロッパの比較検討

57　資料⑱に30年前に行われた健全の補修の事例が挙げられている。

58　この指摘が、資料⑥、資料⑨、資料⑩、資料⑪、資料⑰に見られる。

59　前掲　樋口、1999。

60　樋口清治（2003）「回顧：日本における文化財修理への合成樹脂利用のはじまり」『合成素材と博物館資料』国立民族学博物館調査報告36、p. 53-91。

61　文化財建造物保存技術協会（1979）『重要文化財 箱木家住宅（千年家）保存修理工事報告書』重要文化財 箱木家住宅修理委員会および樋口清治、中里寿克、西浦忠輝（1980）「重要文化財箱木家住宅の柱の修復処置」『保存科学』No. 19, p. 49-67。

62　表6-1参照。

63　この問題が、資料⑩、資料⑪、資料⑰に指摘されており、添え材に鋼材を使用することを避けるべきであるとする。

64　Tampone, Gennaro（2002）"Copertura e controsoffitto lignei tardo ottocenteschi del salone delle feste di Villa Demidoff a Firenze", *Strutture di Legno - Cultura, Conservazione, Restauro*, De Lettera Editore p.144-157. この工事の修理設計を担当したジェンナロ・タンポーネ（Gennaro Tampone）は資料⑩の著者である。

65　"Nella progettazione sono state privilegiate tipologie di intervento che consistono in riparazioni da attuare in sito, con minimo sacrificio dei materiali e con recupero delle resistenze residue; realizzate inoltre con dispositivi esterni, visibili e regolabili"（前掲 Tampone, 2002）

66　和歌山県文化財センター（2002）『重要文化財 粉河寺大門修理工事（本文）』粉河寺。

67　文化財建造物保存技術協会（2014）『重要文化財 旧下関英国領事館ほか2棟保存修理工事報告書』下関市。

68　文化財建造物保存技術協会（1986）『重要文化財 豊平館保存修理工事報告書』札幌市。

69　第1章参照。

70　この考え方は、例えば村上訒一（2010）『日本の美術No525 文化財建造物の保存と修理の歩み』ぎょうせいに明示されている。

71　特に資料②、資料⑥、資料⑧にこの原則が明確に提唱されている。

72　"If a part of a member is replaced, traditional woodwork joints should, if appropriate and compatible with structural requirements, be used to splice the new and the existing part"（伊藤延男訳）

73　Nils Marstein, 1950-

74　Knut Einar Larsen, 1946-

75　Larsen, Knut Einar（1994b）*Architectural Preservation in Japan*, Tapir.

76　"Interventions may take the form of: a）simple repairs using either traditional carpentry techniques or compatible modern fasteners; b）the strengthening of the structure using traditional or compatible materials and techniques; c）the introduction of a supplementary structure that will relieve the present structure of load. The choice of which intervention to use should be determined by selecting that which best preserves the structure's cultural significance."

77 "(...) to treat our ancient buildings as monuments of a bygone art, created by bygone manners, that modern art cannot meddle with without destroying." (前掲 Morris, 1877)

結　章

　本研究では、建築遺産保存の理念の形成過程を追跡し、木造建築遺産の特性について考察を行った。さらに、事例の分析を通して、木造建築遺産の保存修理への様々なアプローチと技法について検討し、理念的な観点から見てその分析・整理を行った。また、日本で優先的に適用されている木造建築遺産保存へのアプローチと技法を確認し、そこから生み出される日本の特性とその原因について考察を行った。

　結章では、各章での考察の結果を踏まえ、本研究の全体像を提示するとともに、今後の展望・課題について考察を行いたい。

1　建築遺産保存の行為が抱えている根本的な矛盾

1.1　相克する文化的意義の側面

　一般の建物が持つ利用価値に加えて、特殊な「文化的意義」を持つ建物は、19世紀から「建築遺産」として認識されるようになった。

　文化的意義は多様な種類の価値から構成される複雑なものである。建物の意匠に芸術的な価値があり、建物を芸術作品として理解することができる。加えて、建物の構造・構法に技術的な価値が認められる。一方、建築遺産は歴史の証人でもあり、建物を歴史を知るための資料としての価値を持つ。建物の材料そのものに、建築技術や道具などに関する情報が刻まれている。また、建築史の観点から見て、歴史的建築は特定の時代・地域などの特徴を示し、その事例としての学術的な価値を持つ。さらに、建築遺産は、見るものの背景を問わず、歴史の流れと時間の経過を直感的に感じさせる効果を持つ。この効果による感情的な価値は「経年価値」、「古さの価値」などと呼ばれてきた。

　特に1960年代以降、宗教建築、宮殿建築などの個々のモニュメント以外

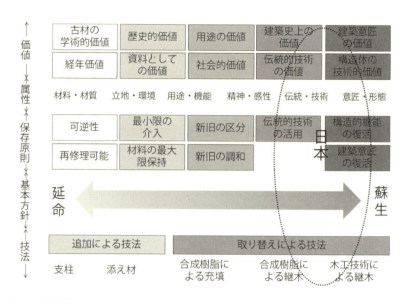

図1 木造建築遺産の価値、真正性の属性、保存原則、修理方針、修理技法、およびそのうち日本で優先されているもの

にも、民家建築や町並も建築遺産の一部として認識されるようになった。また、建築遺産の修理にコンクリートや鋼鉄など近代的な材料と技術がふんだんに使われていた時期に対する反発も確認されるようになった。このような建築遺産保存における考え方の変動につれて、建築遺産の景観的な価値、民俗学的な価値、伝統的技術の価値なども重視されるようになった。

　さらに近年、建築遺産と地域社会の関係、および持続可能な開発における建築遺産の役割が議題となっている。この結果、建築遺産の象徴的な価値、社会的な価値、本来の用途の価値などが強調されるようになった。

　しかし、上記の価値には、相反し合っている側面がある。建物の芸術的な価値、技術的な価値および時代的・地域的な特徴はその当初の姿に最もよく表され、経年による劣化や変形および後世の増改築によってその価値が分かりにくくなる。一方、劣化や変形は建物の経年価値を伝える要素であり、増改築は建物の歴史的資料としての価値、民俗学的な価値や用途の価値の重要な要素である。また、修理の際に伝統的技術を活用することによって、失われる材料の比率が高くなる場合がある。

1.2 建築遺産保存の原則と実態

　建築遺産保存の使命は、その文化的意義を確実に保存継承すること、すなわち、真正の文化的意義を完全な状態に保持し後世に伝えることである。

　建築遺産保存の最初から、修理の際に極力文化的意義を保持するために守るべきルール（「保存原則」）が考案され、「指針」・「憲章」などの文書にまとめられてき。19世紀にヨーロッパ各国の文化遺産保護行政機構などがこのような文書を作成し、20世紀以降、専門家団体によって国際的な憲章を作成するための努力が重ねられてきた。

　保存原則の形成過程を辿ると、その数が増えていく傾向が確認される。最初の憲章では特に「最小限の介入」および「材料の最大限保持」の両原則が強調されていた。一方、修理の際に付け加える新材について、初めて矛盾し合う原則が確認される。フランスの指針では、新材を残存する古材と同様の仕様とし、建物の様式に合わせることが要求されている。これに対して、保存運動の影響を受けたイギリスの指針では、新材と古材を明確に区分することが求められている。19世紀末にイタリアで作成された憲章では、妥協点を取って、「新材と古材を明確に区別しながら、全体の外観を損なわないように調和させる」ことを原則とする。

　20世紀に、上記のものに「修理の際に伝統的技術を極力活用する」および「可逆性のある修理技法を使用する」とする両原則が加わり、多くの国際憲章等に反映されるようになる。

　しかし、この原則には矛盾している要素が確認される。「新旧の調和」と「新旧の区別」の相克の他、上記の通り伝統的技術は多くの場合により高い古材の取替率をもたらし、可逆性に欠けている。

　保存原則の矛盾は、それぞれの原則が異なる文化的意義の側面を守ろうとしていることに起因する。「最小限の介入」、「材料の最大限保持」、「新旧の区別」、「可逆性」の原則は、建物の「歴史的資料としての価値」、「経年価値」、建物の「古材の学術的価値」を守ることを目的とする原則である。一方、「新旧の調和」、「伝統的技術の活用」の原則は、建物の意匠の芸術的価値、時代・地域の特徴の学術的価値、伝統的技術の価値を守ることを目的とする。つまり、文化的意義に潜在している矛盾は、保存原則に反映されているのである。

そのため、修理を実施する際には、全ての保存原則を同時に厳密に守り、あらゆる文化的意義の側面を同程度に保持することが不可能である。全ての観点を考慮にいれたうえで、建物の文化的意義を正確に認識し、そのそれぞれの側面の重要度を判断する必要がある。これを基に、保存原則の優先順位を定め、修理の基本方針と具体的な技法を検討する必要がある。文化的背景、地域によって、文化的意義の評価基準および保存原則の優先順位に共通点が認められると思えるが、文化的意義の認識から技法の選択にまでつながる上記の手順を、最終的に個々の建物について追う必要がある。すなわち、文化的意義や保存原則に潜在している矛盾を克服し、一般的な理念を個々の建物の事情に当てはまり、適切な修理方法を考案ることは、建築遺産保存を担当する専門家の最も重要な役割である。

　文化的意義の評価基準は一様なものではなく、時間・地域などとともに変化する。このばらつきによって、修理方法が大きく異なる可能性がある。そのため、修理の際に、修理方針の策定と修理技法の選択の背景にある文化的意義の評価基準および保存原則の優先順位を詳細的に記録する必要がある。さらに、修理方法が理解され、その批評が可能であるように、広く公開することが望ましい。

2　木造建築遺産およびその保存の特性

　さて、木造建築遺産の場合、上記のような矛盾はどのように反映されるのだろうか。

　まず木造建築遺産の文化的意義の特性について考える必要がある。

　建物の構造体を木で造った場合、各部材は比較的明確な構造的機能を持つ。構造体のデザインは技術的な価値をもち、その真正性を保つために、それぞれの部材が本来の構造的機能を果たしていること、および構造体全体が設計された通りに挙動することが望ましい。さらに、その完全性を保つために、構造体を構成する全ての部材がそろっていることが望ましい。

　また、木造建築遺産は比較的短い周期で修理されてきたため、伝統的な修理技術は一部残存する。伝統的な技術や材料の耐久性および建物との相性は比較的保証されている。さらに、伝統的な技術そのものも無形文化遺産とし

ての価値を持つ。

　一方、経年によって木が変色・風食し、構造体が木で造られた建物が大きく傾斜・変形する傾向がある。これらの現象は、建物の「経年価値」を伝える要素である。

　さらに、古い木材から、建築道具・技術に関する知見および木材の伐採年代に関する情報が得られるため、その学術的価値が高い。

　上記のような木造建築遺産固有の複数の価値は、他の材料で造られた建築遺産の場合よりも、総合に矛盾している傾向がある。そのため、木造建築遺産の場合には、それぞれの価値を守ろうとする保存原則は、より顕著に対立する。

　例えば、「古材の学術的価値」・「経年価値」を守ろうとする「材料の最大限保持」の原則は、「伝統的技術の活用」の原則と衝突する。また、経年価値を重視し、建物を変形したまま修理することを推奨する「最小限の介入」の原則は、構造体の技術的価値を重視し、場合によって建物の解体修理など大掛かりな介入を必要とする「構造的機能の復活」の原則と衝突する。

　その結果、前述の建築遺産保存のための手順（「文化的意義の認識→その側面の重要度の判断→保存原則の優先順位→修理方針の策定→修理技法の選択」）を適用することは、木造建築遺産の場合には、より複雑な仕事である。また、国際的に広く合意を得た保存憲章を作成することも、より困難となる。

　このような木造建築遺産保存の特性のため、文化的意義の評価基準と保存原則の優先順位における微小な違いは、極端に異なる修理方法へと導く可能性がある。そのため、木造建築遺産の場合には、他の材料で造られた建築遺産の場合よりも、修理の際に文化的意義の評価基準と保存原則の優先順位を明確にすることが重要である。

3　木造建築遺産の保存修理への多様なアプローチ

　木造建築遺産には大きく異なる性質の価値が潜在しているため、どの価値を優先するかによって、修理へのアプローチも変わってくる。修理の事例を分析すると、根本的に異なる二つのアプローチが認められる。

　一つは、建物の経年価値、歴史的資料としての価値や古材の学術的価値

を重視するアプローチである。これらの価値を守るために、「最小限の介入」、「材料の最大限保持」、「新旧の区別」や「可逆性」の保存原則が優先される。この場合、修理の基本方針として、時間の経過による建物の劣化を減速すること、すなわち、建物を現状のままに固定することを目的とする。本研究ではこの方針を「延命」と名付けた。修理の際には、基本的に変形・傾斜を直さず、劣化した部材も構造的な影響がない限り原位置に保存する。基本的な修理技法としては、添え材、持ち送り、支柱などの補強材の付加が行われる。このような技法を使用することによって、建物に対する介入の度合が抑えられ、現存する材料を最大限に保持し、可逆性のある修理を実現することができる。その反面、建築意匠の芸術的な価値、構造体の技術的な価値に悪影響が生じる可能性がある。このアプローチでは、修理する建物を過ぎ去った時代の生産物とみなして距離を取り、修理の技法は建物を建てるために使用された技法と異なる性質を持つ。

　もう一つのアプローチは、建物の意匠の芸術的価値、構造体の技術的価値、建築史の観点から見た学術的価値、および伝統的技術の価値を重視するアプローチである。これらの価値を守るために、「新旧の調和」、「伝統的技術の活用」、「構造的機能の復活」の保存原則が優先される。この場合、修理の基本方針として、時間の経過による建築の変化を逆戻りすること、すなわち、建築を健全な状態に戻すことを目的とする。本研究ではこの方針を「蘇生」と名付けた。修理の際には、変形・傾斜を直すことを前提とし、そのため建物の一部または全体を一旦解体する必要が生じる場合がある。基本的な修理技法としては、劣化した部材の取り替えが行われ、特に木工技術による継木を活かして部分的な取り替えを行うことが最適の技法とされる。このような技法を使用することによって、建物の意匠の芸術的価値を保持し、各部材および構造体全体の本来の挙動を回復できる。さらに、伝統的な技術を活かし、その保存継承にも貢献できる。その反面、失われる材料の比率が高くなり、建物の変形・傾斜によって伝えられる経年価値も失われる。このアプローチでは、修理によって建物の健全な状態と当初の価値を取り戻すことが可能であるという考え方が潜在し、修理の技法は建物を建てるために使用された技法に近い性質を持つ。

　上記の二つのアプローチは多様な修理方法のうちの両極端であり、事実上、同じ修理事業の中でも両方の要素が混ざっている場合が多い。また、同じ建

結　章

物についても、修理へのアプローチが180度転換した事例も確認される。

　一方、この両極の手法は、文化的意義の評価基準と保存原則の優先順位の違いが具体的な修理方法にもたらす大きな影響を示している。すなわち、木造建築遺産の修理方法は一律ではなく、重視される価値によって、多様な修理の方針と技法が適用できるのである。

4　日本の木造建築遺産保存の特性

4.1　日本の木造建築遺産保存の位置付け

　さて、この多様な修理へのアプローチのなかで、日本の木造建築遺産保存はどのような位置を占めているのだろうか。

　日本の国宝・重要文化財木造建築の修理事例を分析すると、比較的統一した修理方針のもとで、一様の修理技法を使用して修理が実施されていることが分かる。すなわち、修理の際にすべての変形・傾斜を修正し、伝統的な木工技術を活用して傷んだ部材の繕いと部分取り替えを行う。

　変形の修正は、建物の構造的安定性と機能性に直接関わるものに限らず、徹底的に行われる。すなわち、主要軸部材の傾斜・沈下とともに、軒の曲線の乱れ、天井や高欄の部材の変形も矯正される。

　木工技術による部材の繕いと部分取り替えについて、部材を取り外したうえで補修することを前提とし、複雑な継木が使用されることが多い。

　上記の二つの特徴のため、日本では木造建築遺産の修理を行う際に、建物の全体または一部を一旦解体し、変形の修正と部材の補修を行ったうえで組み直す場合が比較的多い。

　さらに、多くの場合に、修理の際に建物を過去のある時点の姿に戻す「復原」が行われる。

　このような修理へのアプローチの背景には、どのような文化的意義の評価基準と保存原則の優先順位が潜在しているのだろうか。修理の事例の検討から、日本では、古い木材が持っている学術的価値、またその変色・風食した状態が伝える経年価値、および建物の歴史的資料としての価値が充分認識さ

227

れており、修理の際にはこれらの価値を守ろうとされていることが明らかである。しかし、修理の方針と技法を決定することに当たって、建物の意匠の芸術的価値、構造体の技術的価値、建築史の観点からみた学術的価値および伝統的技術の価値が強調されている。その結果、「最小限の介入」、「材料の最大限保持」、「新旧の区別」や「可逆性」の保存原則を可能な範囲で尊重しながらも、「構造的機能の復活」、「新旧の調和」、「伝統的技術の活用」の原則が優先されている。修理の目的は、ヨーロッパの事例で見られる「蘇生」の場合と同様に、建築を健全な状態に戻すことである。また、修理技法として建物を建てるために使用された技法に極力近いものが使用され、修理後、補修した部材が建物に組み込まれ、建築遺産の一部になることが想定されている。

　日本の文化的意義の評価基準は、様々な要素に起因すると思える。地震多発国である日本では、古材の古色・風食具合が伝える経年価値が認識されていても、大きく変形したままに建物を保持することが困難である。また、気候のために木材の腐朽の進行が速く、建物を極力健全な状態で維持する必要がある。さらに、木造建築遺産の保存修理は最初から建築史の研究と密接な関係にあり、建築史の観点が建築遺産の評価基準に大きな影響を与えた。

4.2　日本の木造建築遺産保存の課題と展望

　上記の日本の木造建築遺産の修理へのアプローチについては、日本の専門家の間では広い合意が得られている。そのため、このアプローチは、木造建築遺産の「常識的な修理方法」としてみなされることが多く、このような方針・技法が選択された理由を説明する必要がないとされてきた。日本では、「保存修理工事報告書」の形で修理の際に行われた調査の結果および修理技法の仕様に関する情報が記録されてきた。しかし、近年の保存修理工事報告書では修理方針の策定に関する説明がより詳細になったとは言え、ほとんどの場合には文化的意義の評価基準、保存原則の優先順位、修理の方針と技法が選択された理由についての説明が欠けている。

　しかし、本研究で検討した通り、木造建築遺産の修理のためには多種多様なアプローチが存在し、日本と大きく異なる方針・技法によって修理を行う

結 章

ことも充分可能である。修理の際に採用された方針・技法についての理解を
広げるためには、その背景にある理念を明確に説明し、公開することが望ま
しい。

　また、本研究で検討した国指定文化財の修理方法は、高度な技術を持つ
職人および現場に常駐する専門性の高い技術者の存在を前提とする。さらに、
綿密な調査、長い工期と高い工費を必要とする。しかし、登録文化財、都道
府県指定文化財、および指定を受けていない歴史的建造物のストックを含め
た木造建築遺産の全体像を考えると、全ての建物について上記条件を満たし、
同様な修理方法を適用することが不可能であろう。そのため、新たな修理へ
のアプローチを模索する必要がある。

　本研究で検討したアプローチは現在日本で国指定文化財の修理に適用され
ているものであるが、文化財保存が始まる以前、日本では多様なアプローチ
で建物の保存継承が行われてきた。垂下した軒先や建物内の梁の下に支柱を
建て、歪んだ軸部に筋交を入れ、撓んだ部材に添え木を取り付けて変形した
状態をある程度受け入れたまま修理が行われた事例が歴史的に多く見られる。
このような操作は、本研究でヨーロッパの一つのアプローチとして確認され
た「延命」に近い。また、その極端な事例である覆屋保存も、日本で歴史的
に行われていた。さらに、解体せずに腐朽した部材の補修・取り替えを行う
ための工夫や、屋起こしなど解体せずに変形を修正するための工夫も歴史的
に確認される。一方、建物の材料を保存の対象とせず、その形態と意匠の継
承を目的とした神社建築の式年造替や茶室の写しなどのアプローチも共存し
ていた。

　日本において、文化財木造建築の修理方法の確立によって、高い水準の修
理を保証することができたが、その反面、以前の木造建築修理へのアプロー
チの多様性が失われたとも言える。今後、様々な種類の建築遺産に対応する
ために新たな修理へのアプローチを検討するにあたって、海外で行われてい
る修理方法だけでなく、過去に日本で適用されていた修理方法も重要な参考
例となるだろう。

229

5 国際的な観点から見た木造建築遺産の保存

5.1 木造建築遺産保存の国際原則の課題と展望

本研究では、木造建築遺産が幾つかの相対する価値を潜在させているため、優先する価値によって保存原則の優先順位と具体的な修理方法が大きく異なってくることを確認した。

国際保存憲章では、文化的意義を構成する価値、それらを守るための保存原則を列挙することができるが、具体的な文化的意義の評価および保存原則の優先順位に関する判断は、個々の建物について行うべきであり、これについて国際保存憲章で規定することが不可能であろう。

しかし、国際保存憲章は、議論を可能にするための基本的な理念的枠組みを作るという重要な役割を果たせると思える。保存原則の優先順位および修理の方針・技法を統一することは不適切であるが、種々のアプローチを持っている国・専門家の間の相互理解と情報交換から、客観的な視座を共有できるからである。

今後、木造建築遺産保存に関して、伝統的技術の位置付けが重要であろう。伝統的技術の無形文化遺産としての価値の学術的な解明、その保存継承および記録の方法、既に失われた伝統的技術の復原の可能性は、肝心な研究課題になるだろう。

さらに、建物のみならず、建築、生産技術、森林資源のシステム全体を考慮にいれ、その持続可能な保存継承の方法は今後の課題になるだろう。

また、各地域の木造建築遺産の特徴およびそれに応じた修理方法も重要な研究課題である。特に東アジアでは、日本、中国、韓国の木造建築遺産とその保存に関する比較研究が急務である。

5.2 木造建築遺産保存における国際協力の課題と展望

本研究では、日本の木造建築遺産の修理方法は国内の専門家の間では広い

結 章

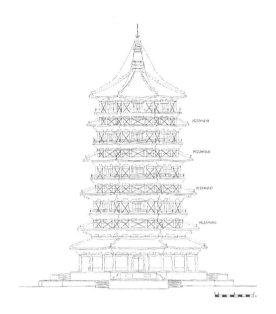

図2 応県木塔 タンポーネ、メッセリによる修理案 Messeri, Beatrice, Tampone, Gennaro (2005) "La Straordinaria Torre del Budda Illuminato (Sakyamuni) di Yingxian nella provincia dello Shanxi", *Conservation of Wooden Structures*, p. 176-192 より転載。

合意を得て、木造建築遺産の「常識的な修理方法」とされていることを指摘した。しかし、国際的には、木造建築遺産の修理には多様なアプローチが確認され、日本と大きく異なる方法もとられている。

そのため、同じ建物の修理をめぐり、異なる文化的意義の評価基準を持った専門家が、極端に異なる修理方法を提案する事例が見られる。中国・山西省に建つ高さ67mの応県木塔（1056年建立）については、創建以来大規模な修理がなく、各層の傾き、部材の潰れが大きく、1970年代以降修理方法が検討されてきている。日本の木造建築遺産保存の専門家は、「私たちから見れば、今すぐにでも解体修理が必要なことは明らか」であるという意見を表現している。[1] 一方、同じく木造建築遺産保存を専門としているイタリアの技術者は、建物を解体せずに鋼鉄の筋交を挿入することによって現状のまま補強する提案を出している（図2）。

特に建築遺産保存における国際協力を行う際には、国内で「常識」とされ

231

ている判断基準と修理方法が、必ずしも国際的に共通するものではないことを認識することが重要である。そのため、現地の基準と修理の伝統を優先しながら、保存の理念と技法に関する相互理解を得るための努力が必要となる。

註

1　稲葉敦（2013）「応県木塔に想う」『文建協通信』No. 112, p. 27-29。

参考文献

日本語

1. 青柳憲昌（2008）『法隆寺昭和大修理を中心とする国宝保存法時代の建造物修理に示された保存の概念』東京工業大学博士論文

2. 浅野清（1969）『古寺解体』学生社

3. 伊原恵司（1990）「古建築の修理周期」『普請研究』32号

4. 上野勝久［編］（2012）『木造建造物の保存修復における伝統技法の類型と革新的技術の考案に関する研究』（東京藝術大学大学院美術研究所）

5. 大岡実（聞き書き）（1988）「国宝保存法の時代」『普請研究』24号

6. 太田邦夫（1992）『ヨーロッパの木造住宅』駸々堂

7. 太田邦夫（2015）『木のヨーロッパ──建築とまち歩きの事典』彰国社

8. 太田博太郎（1974）「修理と復原」『重要文化財12建造物I』付録、毎日新聞社

9. 新建築学大系編集委員会編（1999）『新建築学大系50歴史的建造物の保存』彰国社

10. 清水重敦（2013）『建築保存概念の生成史』中央公論美術出版

11. 鈴木嘉吉（1993）「文化財修理の方法と理念」『日中文化財建造物保存技術国際シンポジウム』配布資料

12. 鈴木嘉吉（1995）「日本の木造建築の保存と修理」『シルクロード・奈良国際シンポジウム記録集No. 2』シルクロード学研究センター

13. 鈴木博之編（2006）「復元思想の社会史』建築思潮研究所

14. 関野貞（1929）『日本における古建造物保存事業』国際工学会議提出報告原稿（「協会通信」三十七号、1988）

15. 趙賢貞（2011）『木造文化財建造物における部材の保存技術と修復技法に関する研究』（東京芸術大学博士論文）

16. 辻善之助（1901）「古社寺保存の方法についての世評を論ず」『歴史地理』第三巻第二号、p. 22-26

17. 東京文化財研究所（2017）『世界遺産用語集（改訂版）』東京文化財研究所

18. 奈良文化財研究所（2002）『A0の記憶』奈良文化財研究所

19. 奈良文化財研究所（2003）『木造建造物の保存修復のあり方と手法』奈良文化財研究所

20. 奈良文化財研究所（2006）『木造建築の保存修理のあり方と手法（提言）』奈良文化財

研究所

21. 日本イコモス国内委員会憲章小委員会編（1999）『文化遺産保護憲章——研究・検討報告書』

22. 日本工業大学（1998）『ネパールの仏教僧院——イ・バハ・バヒ修復報告書』中央公論美術出版

23. 羽生修二（1992）『ヴィオレ・ル・デュク——歴史再生のラショナリスト（SD選書）』鹿島出版会

24. 林屋辰三郎（1969）「建築史と歴史学」『建築と社会』vol. 50・5, p. 66-67

25. 樋口清治（1999）「科学的修復技術・保存工学」『新建築学体系50』彰国社、p. 311-371

26. 樋口清治（2003）「回顧：日本における文化財修理への合成樹脂利用のはじまり」『合成素材と博物館資料』国立民族学博物館調査報告36、p. 53-91

27. 樋口清治、中里寿克、西浦忠輝（1980）「重要文化財箱木家住宅の柱の修復処置」『保存科学』No. 19, p. 49-67

28. 藤井恵介（2008）「伊勢神宮vs法隆寺」『建築大百科事典』朝倉書店

29. 文化財建造物保存技術協会（2013）『文化財建造物の保存修理を考える第1回シンポジウム－保存修理の理念とあり方』文化財建造物保存技術協会

30. 文化財建造物保存技術協会（2017）『文化財建造物の保存修理を考える第3回シンポジウム－木造建造物保存修理技術の特色』文化財建造物保存技術協会

31. 益田兼房（1995）「世界遺産条約と世界文化遺産奈良コンファランス」『建築史学』24号、p. 44-60

32. 村上訒一（2010）『日本の美術No525　文化財建造物の保存と修理の歩み』ぎょうせい

33. 村田健一（2003）「国宝重要文化財建造物の保存修理と復原の現状」『全文連会報』47号、p. 42-44

34. 山岸常人（1994）「文化財『復原』無用論」『建築史学』23号、p. 92-107

35. 横手義洋（2002）「C・ボイトの修復理論に関する史的考察」『日本建築学会計画系論文集』第552号、p. 327-333

保存修理工事報告書（年代順）

36. 東大寺南大門修理工事事務所（1930）『東大寺南大門史及昭和修理要録』東大寺南大門修理工事々務所

37. 重要文化財円教寺食堂・護法堂修理委員会（1963）『重要文化財　円教寺食堂護法堂修理工事報告書』重要文化財円教寺食堂・護法堂修理委員会

38. 文化財建造物保存技術協会（1974）『重要文化財　熊野神社長床修理工事報告書』要

参考文献

文化財　熊野神社長床修理委員会

39. 文化財建造物保存技術協会（1977）『重要文化財　平山家住宅修理工事報告書』重要
文化財　平山家住宅修理委員会

40. 茨城県古川市教育委員会（1978）『茨城県指定有形文化財　旧中山家住宅保存修理工
事報告書』古川市

41. 京都府教育庁指導部文化財保護課（1978）『国宝　東福寺三門修理工事報告書』京都
府教育委員会

42. 文化財建造物保存技術協会（1979）『重要文化財　箱木家住宅（千年家）保存修理工事
報告書』重要文化財　箱木家住宅修理委員会

43. 文化財建造物保存技術協会編（1980）『重要文化財　定光寺観音堂修理工事報告書』
重要文化財　定光寺観音堂修理委員会

44. 文化財建造物保存技術協会（1981）『重要文化財　我妻家住宅（主屋・板蔵）修理工事
報告書』重要文化財　我妻家住宅修理委員会

45. 文化財建造物保存技術協会（1981）『重要文化財　後藤家住宅修理工事報告書』重要
文化財　後藤家住宅修理委員会

46. 奈良県文化財保存事務所（1986）『重要文化財　大峰山寺本堂修理工事報告書』奈良
教育委員会

47. 文化財建造物保存技術協会（1986）『重要文化財　豊平館保存修理工事報告書』札幌
市

48. 宮内庁（1987）『桂離宮御殿整備記録』宮内庁

49. 文化財建造物保存技術協会（1987）『重要文化財　燈明寺本堂修理工事報告書』三溪
園保勝会

50. 文化財建造物保存技術協会（1989）『重要文化財　竹林寺本堂修理工事報告書』重要
文化財竹林寺本堂修理委員会

51. 文化財建造物保存技術協会（1990）『重要文化財　寶林寺仏殿・方丈修理工事報告書』
重要文化財寶林寺仏殿・方丈修理委員会

52. 文化財建造物保存技術協会（1989）『重要文化財　若林家住宅　修理工事報告書』村
上市

53. 京都府教育庁指導部文化財保護課（1992）『重要文化財　知恩院三門修理工事報告書』
京都府教育委員会

54. 宮内庁（1992）『桂離宮茶室等整備記録』宮内庁

55. 文化財建造物保存技術協会（1992）『重要文化財　清水寺本堂保存修理工事報告書』
重要文化財清水寺本堂保存修理委員会

56. 文化財建造物保存技術協会（1993）『重要文化財　奥田家住宅　主屋・表門・乾蔵・
旧綿蔵・納屋・米蔵　修理工事報告書』財団法人奥田邸保存会

57. 文化財建造物保存技術協会（1993）『重要文化財　旧平田家住宅修理工事報告書』小

淵沢町

58. 文化財建造物保存技術協会（1993）『重要文化財　波宇志別神社神楽殿保存修理工事報告書』波宇志別神社神楽殿修理委員会

59. 日光社寺文化財保存会（1993）『重要文化財　輪王寺大猷院霊廟慈眼堂・夜叉門・同左右廻廊・阿弥陀堂修理工事報告書』日光社寺文化財保存会

60. 文化財建造物保存技術協会（1996）『熊本県重要文化財　岡原観音堂（宮原観音堂）修理工事』岡原村教育委員会

61. 文化財建造物保存技術協会（1996）『重要文化財　上中田念仏道場解体移築修理工事報告書』上平村

62. 文化財建造物保存技術協会（1996）『重要文化財　寛永寺清水堂保存修理工事報告書』寛永寺

63. 奈良県教育委員会事務局文化財保存事務所（1998）『重要文化財　藤岡家住宅修理工事報告書』奈良県教育委員会

64. 文化財建造物保存技術協会（1998）『重要文化財　飯盛寺本堂修理工事報告書』飯盛寺

65. 文化財建造物保存技術協会（1998）『重要文化財　法華経寺祖師堂保存修理工事報告書』大本山中山法華経寺

66. 文化財建造物保存技術協会（1998）『重要文化財　吉田家住宅修理工事報告書』重要文化財吉田家住宅修理委員会

67. 和歌山県文化財センター（1998）『重要文化財　雨錫寺阿弥陀堂修理工事報告書』雨錫寺

68. 文化財建造物保存技術協会（2001）『重要文化財　川打家住宅移築修理工事報告書』多久市

69. 文化財建造物保存技術協会（2002）『重要文化財　本門寺五重塔　保存修理工事報告書』池上本門寺

70. 和歌山県文化財センター（2002）『重要文化財　粉河寺大門修理工事（本文）』粉河寺

71. 文化財建造物保存技術協会（2003）『重要文化財　飯高寺講堂・総門保存修理工事報告書』飯高寺

72. 文化財建造物保存技術協会（2003）『重要文化財　平井家住宅　保存修理工事報告書』平井正己

73. 文化財建造物保存技術協会（2005）『重要文化財　関家住宅主屋・書院および表門保存修理工事報告書』関恒三郎

74. 文化財建造物保存技術協会（2005）『重要文化財　時国家住宅保存修理工事報告書』時國信弘

75. 文化財建造物保存技術協会（2006）『重要文化財　本芳我家住宅主屋ほか三棟保存修理工事報告書』芳我大輔

76. 文化財建造物保存技術協会（2008）『重要文化財　旧高橋家住宅保存修理工事報告書』朝霞市教育委員会

77. 文化財建造物保存技術協会（2008）『重要文化財　泉福寺仏殿保存修理工事報告書』泉福寺

78. 文化財建造物保存技術協会（2012）『重要文化財　大村家住宅保存修理工事報告書』大村勉

79. 文化財建造物保存技術協会（2012）『重要文化財　須波阿須疑神社本殿　保存修理工事報告書』須波阿須疑神社本殿

80. 文化財建造物保存技術協会（2012）『重要文化財　龍福寺本堂　保存修理工事報告書』龍福寺

81. 日光社寺文化財保存会（2013）『国宝・重要文化財　東照宮　本殿・石の間・拝殿・正面唐門・東西透塀・神輿舎・表門附簓子塀　修理工事報告書』日光東照宮

82. 文化財建造物保存技術協会（2014）『重要文化財　旧下関英国領事館ほか2棟保存修理工事報告書』下関市

英語

83. Anker, Leif（2005）*The Norwegian Stave Churches*, Arfo.

84. Armstrong, J. R.（1973）"The Open Air Museum - Idea and Reality", *Ancient Monument's Society's Transactions*, Series 20, p. 93-102.

85. Ashurst, Jon, Ashurst, Nicola（1988）*Practical Building Conservation Vol. 5 Wood, Glass & Resins*, Gower.

86. Boutwood, James（1991）*The Repair of Timber Frames and Roofs*, SPAB.

87. Brereton, Christopher（1991）*The Repair of Historic Buildings*, English Heritage.

88. Cameron, Christina, & Rössler, Mechtild（2013）*Many Voices, One Vision - The Early Years of the World Heritage Convention*, Ashgate.

89. Charles, FWB（1984）*Conservation of Timber Buildings*, Donhead.

90. Christie, Hakon（1983）"Preservation of original Structures of Urnes Stave Church. Why, and how?", *ICOMOS Internationa Wood Committee, Proceedings of the International V Symposium*.

91. Earl, John（2003）*Building Conservation Philosophy*, Donhead.

92. Enders, Siegfried RCT, Gutschow, Niels（1998）*Hozon - Architectural and Urban Conservation in Japan*, Axel Menges.

93. Feilden, Bernard M.（1979）*Introduction to Conservation*, UNESCO.

94. Feilden, Bernard（1979b）"A Possible Ethic for the Conservation of Timber Structures"

Symposia on the Conservation of Wood : Stockholm, 11-14 Mai-May 1977, Troyes, 16-19 Mai-May, 1979, ICOMOS International Wood Committee.

95. Feilden, Bernard M. (1982, 2003) *Conservation of Historic Buildings*, Architectural Press.

96. Fitch, James Marston (1982) *Historic Preservation*, McGraw-Hill.

97. Gutschow, Niels (2003) "Conservation in Nepal – A Review of Practice", *The Sulima Pagoda*, Orchid Press.

98. Henrichsen, Christoph (2003) *Historic Wooden Architecture in Japan: Structural Reinforcement and Repair*, Theiss.

99. International Museums Office (1933) "Conclusions of the Conference", *The Conservation of Artistic & Historical Monuments*, Société des Nations, Institut International de Coopération Intellectuelle.

100. ICOMOS (1990) *Kizhi Pogost - World Heritage List Nomination - Advisory Body Evaluation.*

101. ICOMOS (2003) *Principles for the Analysis, Conservation and Structural Restoration of Architectural Heritage.*

102. ICOMOS (2012) *Report On The Reactive Monitoring Mission To Kizhi Pogost.*

103. ICOMOS Australia (1979) *The Australia ICOMOS Guidelines for the Conservation of Places of Cultural Significance ("Burra Charter")* .

104. ICOMOS Canada (1982) *Charter For The Preservation Of Quebec's Heritage - Deschambault Declaration.*

105. ICOMOS Canada (1983) *Appleton Charter for the Protection and Enhancement of the Built Environment.*

106. ICOMOS China (2000) *Principles for the Conservation of Heritage Sites in China.*

107. ICOMOS International Wood Committee (1988) *Kizhi Resolution of the ICOMOS Wood Committee.*

108. ICOMOS International Wood Committee (1994) "ICOMOS International Wood Committee Recommendation", *ICOMOS International Wood Committee (IIWC) 8th International Symposium*, p. 195-199, Tapir.

109. ICOMOS International Wood Committee, (1995) "Committee Meeting in Himeji City, Japan, 12 March 1994 - Resolutions", *Japan Icomos Information*, Period 2 Vol. 10.

110. ICOMOS International Wood Committee (1999) *Principles for the Preservation of Historic Timber Structures.*

111. ICOMOS International Wood Committee (2017) *Principles for the Preservation of Wooden Built Heritage.*

112. ICOMOS New Zealand (1992) *ICOMOS New Zealand Charter for the Conservation of Places of Cultural Heritage Value.*

113. Jokilehto, Jukka (1999) *History of Architectural Conservation*, Butterworth-Heinemann.

参考文献

114. Kaila, Panu（1981）"The education of craftsmen for restoration in Finland", *Nessun futuro senza passato. 6th ICOMOS General Assembly and International Symposium. Atti,* ICOMOS, p. 633-642.

115. Keimel, Fred. A（2003）"Historical Development of Adhesives and Adhesive Bonding", *Handbook of Adhesive Technology,* Taylor & Francis.

116. Klapwijk, Dick（1975）*Method of Restoring a Wooden Beam,* United States Patent US3900541.

117. Kozlov, V. A., Krutov, M., V., Kisternaya, M. V., Vahrameeva, T. I.（2000）"Wood Condition in the Church of the Transfiguration at the Kizhi Museum", *Wood Structures - A Global Forum on the Treatment, Conservation, and Repair of Cultural Heritage,* ASTM, p. 41-60.

118. Larsen, Knut Einar（1994）"A Note On The Authenticity Of Historic Timber Buildings With Particular Reference To Japan", *IIWC 8th International Symposium - Proceedings,* Tapir, p. 155-182.

119. Larsen, Knut Einar（1994b）*Architectural Preservation in Japan,* Tapir.

120. Larsen, Knut Einar, and Marstein, Nils,（1994）"Introduction From The Management Group of IIWC", *ICOMOS International Wood Committee（IIWC）8th International Symposium,* p. 7-10, Tapir.

121. Larsen, Knut Einar, & Marstein, Nils ed.（1995）*Nara Conference on Authenticity - Proceedings,* Tapir.

122. Larsen, Knut Einar, & Marstein, Nils（2000）*Conservation of Historic Timber Structures - An Ecological Approach,* Butterworth Heinemann .

123. Lowenthal, David（1998）*The Heritage Crusade and the Spoils of History,* Cambridge University Press.

124. Marstein, Nils（1983）"Mediaeval Wooden Churches in Norway – Maintenance and Conservation", *International Symposium on the Conservation and Restoration of Cultural Property – The Conservation of Wooden Cultural Property. Proceedings,* Tokyo National Research Institute for Cultural Properties.

125. Martin, Ernest（1983）"Opening Speech in Bergen 13.VI.1983", *Proceedings of the V International Symposium,* ICOMOS International Wood Committee.

126. Masuda, Kanefusa（2014）"The Nara Document on Authenticity and the World Heritage Site of Kathmandu Valley", *Revisiting Kathmandu Symposium - Proceedings,* UNESCO, p. 57-64.

127. McCaig, Ian & Ridout, Brian（2012）*English Heritage Practical Building Conservation - Timber,* Ashgate.

128. Mennim, Michael（1988）"Guidelines for the Conservation of Timber Structures" *Transactions of the Association for Studies in the Conservation of Historic Buildings,* Vol. 13.

129. Mettem, C.J., Page, A.V., and Robinson, G.C.（1993）*Repair of Structural Timbers. Part 1: Test on Experimental Beam Repairs,* TRADA.

130. Michelmore, David (1994) "Notes on the Icomos International Wood Committee Symposium in Patan, Nepal, November 1992", *ICOMOS International Wood Committee (IIWC) 8th International Symposium*, p. 183-194, Tapir.

131. Miltchick, Mikhail (2000) "The Kizhi Pogost Architectural Complex in Old Photographs", *Wood Structures - A Global Forum on the Treatment, Conservation, and Repair of Cultural Heritage*, ASTM, p. 25-40.

132. Ministry of Public Building and Works (1965) *Notes on the repair and preservation of historic buildings: timberwork*, Her Majesty's Stationery Office.

133. Morris, William (1877) *The Manifesto of the Society for the Protection of Ancient Buildings.*

134. Parent, Michel (1979) "Comparative Study of Nominations and Criteria for World Cultural Heritage, Principles and Criteria for Inclusion of Properties on the World Heritage List", *Third Session of the World Heritage Committee*, UNESCO.

135. Piskunov, Yurij V. (2000) "Concepts of Repair, Restoration and Reinforcement of the Church of the Transfiguration", *Wood Structures: A Global Forum on the Treatment, Conservation, and Repair of Cultural Heritage*, ASTM. p. 66-75.

136. Popov, Alexandr (2007) "Construction of Russian Wooden Buildings of the 17th – 18th Centuries", *From Material to Structure - Mechanical Behaviour and Failures of the Timber Structures - ICOMOS IWC XVI International Symposium*, ICOMOS.

137. Powter, Andrew (1998) "Kizhi Pogost World Heritage Site, Karelia, Russia – An Interdisciplinary and International Approach to Conservation Planning and Monitoring", *ICOMOS Canada Bulletin*, Vol. 7.

138. Powys, A. R. (1929) *Repair of Ancient Buildings*, SPAB.

139. Pressouyre, Léon (1993) *The World Heritage Convention Twenty Years Later*, UNESCO World Heritage Centre.

140. Ridout, Brian (2000) *Timber Decay - The Conservation Approach to Treatment*, Spon Press.

141. Ruskin, John (1849) *The Seven Lamps of Architecture*, Smith, Elder, and Co.

142. Sekino, Masaru (1978) "Principles of Conservation and Restoration Regarding Wooden Buildings in Japan" *International Symposium on the Conservation and Restoration of Cultural Property – Conservation of Wood*, p.127-142, Tokyo National Research Institute for Cultural Properties.

143. Scott, George Gilbert (1862) "On the conservation of Ancient Architectural Monuments and Remains", *Papers Read at The Royal Institute of British Architects*, Session 1861-62, p. 65-84.

144. Tampone, Gennaro (2014) "Updating the Principles for the Preservation of Historic Timber Structures" *ICOMOS International Wood Committee Who Is Who*, ICOMOS International Wood Committee.

145. The Committee of Ministers of the Council of Europe (1975) *European Charter of the*

Architectural Heritage.

146. The Kizhi Federal Museum of Architecture and Cultural History（2009）*The Detailed Report on Preservation of Kizhi Pogost Monuments in 2009*, The Kizhi Federal Museum of Architecture and Cultural History.

147. The Kizhi Federal Museum of Architecture and Cultural History（2010）*The Detailed Report on Preservation of Kizhi Pogost Monuments in 2010*, The Kizhi Federal Museum of Architecture and Cultural History.

148. The Kizhi Federal Museum of Architecture and Cultural History（2011）*The Detailed Report on Preservation of Kizhi Pogost Monuments in 2011*, The Kizhi Federal Museum of Architecture and Cultural History.

149. The Kizhi Federal Museum of Architecture and Cultural History（2013）*The Detailed Report on Preservation of Kizhi Pogost Monuments in 2013*, The Kizhi Federal Museum of Architecture and Cultural History.

150. Ugo, Mizuko（2001）A Historical Study on the Japanese "Law for the Protection of Cultural Properties" Comparative Analysis with the French and Italian Protection Administrations at Their Early Stages, Doctoral Dissertation, The University of Tokyo

151. UNESCO（1972）*Convention Concerning the Protection of the World Cultural and Natural Heritage.*

152. UNESCO World Heritage Committee（1977）*Operational Guidelines for the Implementation of the World Heritage Convention.*

153. Vachremeeva, T. Rachmanov, V. and Rahmes, J.（2003）"Official Russian Plan for the Restoration of the Church of the Transfiguration on Kizhi Island in Lake Onega, Karelian Autonomous Republic, Russian Federation", *Reparaturen und Statische Sicherungen an Historischen Holzkonstrktionen*, Theiss.

154. Wheeler, A. S. and Hutchinson, A. R.（1998）"Resin Repairs To Timber Structures", *International Journal of Adhesion and Adhesives,* No.18, p. 1-13.

155. Yeomans, David（2003）*The Repair of Historic Timber Structures*, Thomas Telford.

156. Zeuner, Diana（2003）"Daft idea", *Weald & Downland Open Air Museum Magazine*, Spring 2003, p. 34-37.

スペイン語

157. Apezteguia, Maite（2005）"Torre Jaureguia en Navarra", *Tectonica*, No. 18, p. 32-47.

158. Arriaga, Francisco（2002）*Intervencion en Estructuras de Madera*, AITIM.

159. Landa, Mikel（1993）"La Casa Torre de Donamaria", *Boletin de Informacion Tecnica*, AITIM.

160. Landa, Mikel（1999）"Nuevas Técnicas de Reparación de Estrucuras de Madera - Elementos

Flexionados II", *RE Revista de Edificación*, Vol. 29, p. 30-36.

161. Landa, Mikel, Ochandiano, Alazne (2010) "Recuperación de Entramados de Madera - La Rehabilitación de la casa del Condesable en Pamplona", *DETAIL*, p. 81-83.

フランス語

162. Bottineau, Christophe, Gallimard, Philippe, Maurin, Emmanuel (2004) "Laboratoire - Recherches - Le Bois - Diagnostic et Technique de Conservation", *Monumental,* 2004-2, p. 94-113.

163. Comité Historique des Arts et Monuments (1843) "Histoire et composition du comité", *Bulletin Archéologique*, Premier Volume.

164. Debarnot, Alain (2012) "500 Ans du Petit Louvre", *Bulletin Municipal de La Pacaudière* 2012.

165. Gasparin, Adrien, Didron, Adolphe Napoléon (1843) "Rapport a M. Cousin, ministre de l'instruction publique, sur les travaux du comité pendant la Session de 1839", *Bulletin Archéologique*, Premier Volume.

166. Giovanonni, Gustavo (1932) "La Restauration des Monuments en Italie", *Mouseion*, No. 17-18, p. 39-45.

167. Léon, Paul (1932) "La Restauration des Monuments en France", *Mouseion*, No. 17-18, p. 5-13.

168. Pane, Roberto (1971) "Conférence Introductive", *The monument for the man - Records of the II International Congress of Restoration (Venezia, 25-31 maggio 1964)*, Marsilio.

169. Paquet, Pierre (1932) "Le Ciment Armé dans la Restauration des Monuments Anciens", *Mouseion*, No. 19, p. 11-18.

170. Taupin, Jean-Louis (1979) "Technique de Consolidation des Bois", *Symposia on the Conservation of Wood - Stokholm 1977 Troyes 1980*, ICOMOS International Wood Committee.

171. Taupin, Jean-Louis (2009) "Déformations dans les charpentes historiques", *Structures en bois dans le patrimoine bâti - Actes des journées techniques internationales Bois 2008*, Les Cahiers D'ICOMOS France, p. 67-73.

172. Torres Balbás, Leopoldo (1932) "La Restauration des Monuments dans l'Espagne d'Aujourd'Hui", *Mouseion*, No. 17-18, p. 23-25.

173. Valentin, Jean-Louis (2007) *Le Colombage, Mode d'Emploi*. Eyrolles.

174. Valentin, Jean-Louis (2008) *La Charpente, Mode d'Emploi*. Eyrolles.

175. Viollet-Le-Duc, Eugène Emmanuel, (1866) *Dictionnaire raisonné de l'architecture française du XIe au XVIe siècle*, Tome huitième, p. 14, A. Morel, Éditeur.

参考文献

イタリア語

176. Brandi, Cesare (1963) *Teoria del Restauro*, Edizioni di Storia e Letteratura.
177. Consiglio Superiore Per Le Antichità e Belle Arti, (1932) *Norme per il restauro dei monumenti.*
178. Crespi, Luigi (1971) "Monumenti Vivi o Morti", *The monument for the man - Records of the II International Congress of Restoration (Venezia, 25-31 maggio 1964)*, Marsilio.
179. Gazzola, Piero and Pane, Roberto (1971) "Proposte per una Carta Internazionale del Restauro", *The monument for the man - Records of the II International Congress of Restoration (Venezia, 25-31 maggio 1964)*, Marsilio.
180. Laner, Franco (2011) *Il Restauro delle Strutture di Legno*, Grafill.
181. Tampone, Gennaro (1996) *Il Restauro delle Strutture di Legno*, Hoepli.
182. Tampone, Gennaro (2002) "Copertura e controsoffitto lignei tardo ottocenteschi del salone delle feste di Villa Demidoff a Firenze", *Strutture di Legno - Cultura, Conservazione, Restauro*, De Lettera Editore, p.144-157.

ドイツ語

183. Dvorak, Mark (1916) *Katechismus der Denkmalpflege*, Julius Bard.
184. Gerner, Manfred (1979) *Fachwerk - Entwicklung, Gefuge, Instandsetzung*, Deutsche Verlags - Anstalt.
185. Grimminger, Ulrich (2003) "Instandsetzung der Primärkonstruktion an der evangelischen Kirche in Mücke-Sellnrod, Vogelsbergkreis", *Reparaturen und Statische Sicherungen an Historischen Holzkonstruktionen*, Theiss.
186. Hähnel, Ekkehart (2003) *Fachwerkinstandsetzung,* Fraunhofer IRB Verlag.
187. Monck, Willi, Erler, Klaus (1987, 2004) *Schaden an Holzkonstruktionen,* Huss-Medien.
188. Riegl, A. (1903) *Der Moderne Denkmalkultus - Sein Wesen und Seine Entstehung,* Braumuller.
189. Schaaf, Ulrich (2003) "Handwerkliche Sanierung einer Fachwerkkonstruktion - die Restaurierung der Friedenskirche in Schweidnitz (Swidnica), Polen" *Reparaturen und Statische Sicherungen an Historischen Holzkonstruktionen*, Theiss.

ノルウェー語

190. Christie, Haakon (2009) *Urnes Stavkirke – Den Naavaerende Kirken paa Urnes,* Pax Forlag.
191. Drange, Tore, Aansen, Hans Olaf, & Braenne, Jon (2011) *Gamle Trehus,* Gylendal.

243

192. Liden, Hans-Emil (2012) *Forfall og Gjenreisning - Bryggens Bevaringshistorie,* Bodoni Forlag.

193. Riksantikvaren (2009) *Riksantiksvarens Middelalderprosjekt 1991-1999 Rapport,* Riksantikvaren.

ロシア語

194. Kovalchuk, Andrei (2016) *Metodicheskoye posobiye po restavratsii elementov istoricheskikh derevyannykh pamyatnikov,* Muzeya-zapovednika «Kizhi».

巻末資料

巻末資料－1

木造建築遺産保存憲章等

① *A Possible Ethic for the Conservation of Timber Structures*（1979）
（木造構造物保存のための倫理規定の提案）

② *Guidelines for the Conservation of Timber Structures*（1988）
（木造構造物保存のためのガイドライン）

③ *Code of Ethics for the Preservation of Historic Timber Buildings*
- Draft Document（1994）
（歴史的木造建築保存のための倫理規定　第1草案）

④ *Principles for the Preservation of Historic Timber Structures*（1999）
（歴史的木造構造物保存のための原則）

⑤ *Principles for the Conservation of Wooden Built Heritage*（2017）
（木造建築遺産保存のための原則）

巻末資料

① *A Possible Ethic for the Conservation of Timber Structures* (1979)

(木造構造物保存のための倫理規定の提案)

The Venice Charter of 1964 is the accepted basis for conservation of architecture, whilst the lesser known Murray Pease report of 1966 deals with conservation of works of art. Conservation is such a rapidly developing field that in some respects neither of these documents goes far enough; nevertheless they must be respected and followed as an invaluable basis for all conservation work.

Wood presents some special problems because it is an organic material, unlike stone, brick, concrete or metals - the other major structural materials. It is food for fungi and insects. It is actively affected by relative humidity, which causes it to expand and contract; moreover, excessive moisture robs it of its compressive strength. It is therefore extremely vulnerable to decay if it is not kept in a proper environment. The resistance to decay in different types of wood varies widely, but under good conditions wood with a medium rating will last well over a thousand years. Under bad conditions, especially where ventilation is inadequate or a poorly maintained building has a leaking roof or other defects allowing water to penetrate, the working life of wood can be short indeed.

Where timber is very plentiful, wood as a building material can form massive log walls, as in the magnificent examples from Kiji in the USSR, or can be used in framed construction, which has produced breathtaking examples of the carpenter's skill, such as Japanese temples and pagodas, the trussed roofs of Gothic churches or cathedrals, the arched ribs of the Sala della Regione in Padova and Vicenza, as well as many bridges and the hammer-beam arched trusses of Westminster Hall and Eltham Abbey in Britain, to mention but a few examples. However, it is in the vast numbers of timber-framed houses, barns and other domestic buildings that some of the most difficult conservation problems are likely to be met.

As a structural material, wood is strong in both compression and tension.

1 木造建築遺産保存憲章等

Framed buildings are more nearly statically determinate than masonry structures. They depend crucially upon the strength of their joints, many of which have to transmit tension. Unfortunately, the joints are most vulnerable to dampness and to fungus attack followed by beetle attack.

Defects in wooden structural members, whether at the joints or elsewhere, are more critical to a structure's loadbearing capacity than in the case of the other primary building materials.

The universal methodology of conservation requires that objects of any kind should be fully inspected and documented before any intervention is made. The initial inspection should define the object, which in the case of a building includes its setting, and should deal with it as a whole. Such a superficial inspection can indicate what further investigation is necessary. The first requirement of a building is 'firmness', that is, it must stand up and resist all types of loadings. However, we must not forget 'commodity' and 'delight' as well. With a timber-frame building, the more sophisticated the design the more vulnerable it is to decay. As the joints are so vital, after the initial inspection it may well be decided that it is necessary to strip the external plaster and remove internal finishes in order to be assured that the structural condition is sound enough to merit conservation. Whether this detailed inspection is sufficient excuse for total removal of the external plaster in order to reveal the timber framework, is a question outside this particular discussion, as many other values besides the purely architectural ones of structural integrity must be considered. The point is, however, that no valid practical proposals can be submitted for approval until 'firmness' and structural integrity have been assured.

The detailed inspection must not ignore historical or archaeological evidence. It is essential that adequate funds be provided for this first stage of any conservation work, as experience shows that full investigation saves greater costs at later stages.

To make valid proposals for approval by a competent authority, the objective of the conservation work must be defined and the method of presentation of the object made explicit.

During all conservation treatments, the following standards of ethics must be rigorously followed:

249

巻末資料

1. The condition of the object, and all methods and materials used during treatment, must be clearly documented;

2. Historic evidence should be fully recorded and must not be destroyed, falsified, or removed;

3. Any intervention must be the minimum necessary;

4. Any intervention must be governed by unswerving respect for the aesthetic, historical and physical integrity of cultural property.

Interventions should:

5. Be reversible, if technically possible; or

6. At least not prejudice a future intervention whenever this may become necessary;

7. Not hinder the possibility of later access to all evidence incorporated in the object;

8. Allow the maximum amount of existing material to be retained;

9. Be harmonious in colour, tone, texture, form and scale, if additions are necessary, but be less noticeable than original material, while at the same time being identifiable;

10. Not be undertaken by conservator/restorers who are insufficiently trained or experienced, unless they obtain competent advice. However, it must be recognized that some problems are unique and have to be solved from first principles on a trial and error basis.

The presentation of the object at least must not detract from the 'messages' contained within the object, and at best should clarify and make more comprehensible these 'messages' without any distortion or manipulation. The archaeological and structural evidence must be assessed, alternative proposals for conservation must be discussed, and above all no one must form premature conclusions. All aspects must be considered by a multidisciplinary team subject to the structural imperative of 'firmness'.

Without full inspection and documentation this essential process of evaluation cannot be effective. In the evaluation the following values should be considered:

Cultural values

250

Documentary

Historic

Archaeological and age

Aesthetic

Architectural

Townscape

Landscape and ecological

Use values

Functional

Economic

Social

Political

Emotional values

Wonder

Identity

Continuity

In architectural conservation, problems often arise because the utilization of the historic building, which is economically and functionally necessary, must also respect cultural values.

The cost of conservation may have to be allocated partially to each of the above separate values in order to justify the total to the community. There may be conflicts between some of the values. In certain cases, archaeological values will predominate. In other cases, artistic or historical considerations will prevail, while in yet others practical and economic considerations may modify the scope of conservation. Sound judgement based upon wide cultural preparation and mature sensitivity give the ability to make correct value assessments, and resolve contradictions in a creative way.

A programme for conservation has to be realistic and must also be guided by sound theory, otherwise it will not achieve its objectives. The theory exists to check whether the possible and practical proposals are valid, or whether they should be revised.

In conserving historic buildings we have the great responsibility of either

巻末資料

preserving or destroying cultural property, but we must remember that nothing can last forever; there is no 'final solution', and sometimes a timber structure must be deemed to be beyond repair. If it is beyond repair, the design can be reproduced using traditional techniques.

We have seven descending degrees of conservation:

prevention, preservation, consolidation, restoration, reproduction, reconstruction, re-evaluation (or adaptive use), which are described as follows.

Prevention of deterioration (or indirect conservation)

Prevention entails protecting cultural property by controlling its environment, thus preventing agents of decay and damage from becoming active. Neglect must also be prevented, as timber buildings are extremely vulnerable.

Therefore, prevention includes control of relative humidity, temperature and light, as well as measures to prevent fire, arson, theft and vandalism. In the industrial and urban environment, it also includes measures to reduce atmospheric pollution, traffic vibrations and ground subsidence due to many causes, particularly the abstraction of water.

Preservation

Maintenance, cleaning schedules and good management aid preservation. Repairs must be carried out when necessary to prevent further decay and to keep cultural property in the same state. Regular inspection of cultural property is the basis of preservation, being the first step in preventive maintenance and repair.

Preservation deals directly with cultural property. Damage and destruction caused by humidity, chemical agents, and all types of pests and micro-organisms must be stopped in order to preserve the object or structure.

Consolidation (or direct conservation)

Consolidation is the physical addition or application of adhesive or supportive materials into the actual fabric of cultural property, in order to ensure its continued durability or structural integrity.

With buildings, when the strength of structur.al elements has been so reduced that it is no longer sufficient to meet future hazards, the consolidation of the existing material is necessary and new material may have to be added. However, the integrity of the structural system must be respected and its form preserved. No

252

historical evidence should be destroyed. Only by first understanding how a historic building as a whole acts as a 'spatial environmental system' is it possible to make adjustments in favour of a new use, introduce new techniques satisfactorily, or provide a suitable environment for objects of art.

The utilization of traditional skills and materials is of essential importance, as these were employed to create the object or building. However, where traditional methods are inadequate, the conservation of cultural property may be achieved by the use of modern techniques which should be reversible, proven by experience, and applicable to the scale of the project and its climatic environment. In buildings made of perishable materials such as wood; mud, brick or rammed earth, traditional materials and skills should be used for the repair or restoration of worn or decayed parts.

Finally, in many cases it is wise to buy time with temporary measures in the• hope that some better technique will evolve, especially if consolidation may prejudice future works of conservation.

Restoration

The object of restoration is to revive the original concept or legibility of the object. Restoration and reintegration of details and features occur frequently and are based upon respect for original material, archaeological evidence, original design and authentic documents. Replacement of missing or decayed parts must integrate harmoniously with the 'whole', but must be distinguishable on close inspection from the original so that the restoration does not falsify artistic or historic evidence.

Contributions from all periods must be respected. All later additions that can be considered as a 'historical document', rather than merely a previous restoration, must be preserved. When a building includes superimposed work of different periods, the revealing of the underlying state can only be justified in exceptional circumstances: when the part removed is widely agreed to be of little interest and when it is certain that the material brought to light will be of great historical or archaeological value, and when it is clear that its state of preservation is good enough to justify the action. Restoration also entails superficial cleaning, but with full respect for the patina of age.

Reproduction

巻末資料

Reproduction entails copying an extant artefact, often in order to replace some missing or decayed, generally decorative, parts to thus maintain its aesthetic harmony. If valuable cultural property is being damaged irretrievably or is threatened by its environment, it may have to be moved to a more suitable environment. A reproduction is thus often substituted in the former location in order to maintain the unity of a site or building.

Reconstruction

The use of new materials for reconstruction of historic buildings and historic town centres may be necessitated by disasters such as fire, earthquake or wars, but reconstruction must be based upon accurate documentation and evidence, never upon conjecture.

The re-erection of fallen stones to create an accurate and comprehensible version of the original structure is a special type of reconstruction called anastylosis.

Moving entire buildings to new sites is another form of reconstruction which is justified only by overriding national interest. However, it entails some loss of essential cultural values and the generation of new environmental risks. In some countries wooden buildings are designed to be demountable and movable.

Re-evaluation

The best way of preserving buildings is to keep them in use, a practice which may involve what the French call *mise en valeur*, or modernization and adaptive alteration.

Adaptive reuse of buildings, such as utilizing a medieval convent in Venice to house a school and laboratory for stone conservation, or turning a fine timber barn into a domestic dwelling, is often the only way that historic and aesthetic values can be made economically viable. It is also often the only way that historic buildings can be brought up to contemporary standards by providing modern amenities. Adaptive reuse of timber-framed buildings in historic town centres occurs frequently with the objective of preserving townscape and emotional values.

In practice, interventions may involve some loss of a 'value' in cultural property, but are justified in order to preserve the objects for the future. Conservation involves making interventions at the various scales given above with levels of intensity which are determined by the physical condition, the causes of deterioration, and the probable future environment of the building under treatment. Each case must

254

be considered individually and also as a whole, taking all values into account.

As has been outlined above, the theory of conservation postulates that any intervention be the minimum necessary, be reversible if possible or at least not prejudice future interventions, and retains the maximum of original material. Traditional methods should be used wherever possible and new techniques should only be used where proved.

The respective roles of architectural conservators and craftsmen need clarification. Craftsmen by their training provide invaluable skills, but the possession of these skills may tend to blind them to the objectives of conservation, one of which is to preserve the maximum amount of existing material. It has been found that craftsmen prefer to use their skill in renewing rather than repairing and this is dangerous. Sadly, because of faulty education, many craftsmen hate history, but it has also been found that if they realize the 'continuity' that exists in their trade and appreciate the skill of past performers, they begin to appreciate historic values.

Their skills need directing into the right channels, and here the architectural conservator has a real role.

To sum up, for successful conservation of wooden buildings it is suggested there must first be inspection and documentation, then structural analysis and preparation of alternative proposals. These proposals should define the objective of the work, so that everyone's efforts are directed towards the same goal, they should also outline how the building is to be presented. Due to the nature of the material in the conservation of timber structures, the ethic imposed by considerations of structural integrity, stability and durability generally takes precedence over other values.

When they realize that the Egyptian carpenter of 1800 BC in Fayum had the same types of tools, with the one exception of the brace and bit, then they will take more interest in history and conservation. This interest would be heightened by the marvellous display of the tools used in the construction of timber buildings as exhibited in the Muse d'Outil in Troyes.

巻末資料

② *Guidelines for the Conservation of Timber Structures* (1988)

(木造構造物保存のためのガイドライン)

1.0 PREAMBLE

1.1 The Venice Charter of 1964 sets out the guiding principles for the preservation and restoration of ancient buildings and remains the pre-eminent authority for determining the values to be observed in general.

1.2 In particular, however, buildings partly or wholly of timber construction have special problems owing to rapid decay due to moisture, fungi, insects or fire; scarcity of original buildings due to vulnerability and consequential loss of technical knowledge concerning design and construction.

1.3 Consequently some different and additional guidelines for the conservation of timber structures are appropriate.

2.0 INSPECTION AND RECORDING

2.1 The first stage of conservation should always be a detailed visual inspection by a competent person to record all the visible faults, indicate priorities and recommend which faults need further analysis.

2.2 Full recording is vital but with surveying may·be a continuous process throughout the conservation contract as it cannot generally be completed before work starts.

2.3 The object should be to understand the form and techniques of erection of the original structure and all subsequent development; but opening up and therefore destroying parts of the building should only be a last resort.

3.0 ANALYSIS

3.1 The principle of minimum intervention: maximum retention should be adopted. This means that all the existing original structure and all later additions of significance should be kept.

256

1　木造建築遺産保存憲章等

3.2 The causes of faults often lie outside the timber structure itself so should be located and analysed before any repair work is specified even if this takes a long time due to monitoring or research.

3.3 The importance of the building should be carefully assessed, evaluated and appreciated during the analysis.

3.4 The seriousness of any decay should be carefully analysed so only the minimum necessary treatment is specified.

3.5 Urgent research into practical and insurable ways of avoiding destructive surgery for the treatment of rot should be encouraged.

3.6 The analysis of finishes, patina, and the process of ageing as well as archaeological and historical research should be a continuous process throughout the conservation contract.

4.0 REPAIRS

4.1 The original structure and any later additions, alterations or technical achievements of quality should normally be disturbed as little as possible and consequently:

1. Frames should not normally be disturbed.

2. Buildings should not be moved unless that is the local tradition.

3. Present day environmental standards may not be compatible with the original construction and therefore not possible

4. "Restoration" or "improvements" on questionable evidence is unacceptable.

4.2 As much or the original timber and technology should be retained as possible and consequently:

1. Traditional methods of repair should always be considered first.

2. Alien materials (steel, epoxy resin etc.) should only be used as a last resort.

3. Any new work should be reversible and inscribed with the date.

4. Decayed joints or lengths of timber should be replaced with the minimum loss of the original material.

5. Decayed joints should be repaired with matching joints.

6. Decayed lengths of timber should be repaired with similar timber scarfed

257

巻末資料

or built up in laminations.

7. Replacement timber should be of the same species as the original and converted from the log and seasoned in the original way.

5.0. FINISHES

5.1 Finishes such as infil panels, weatherboarding, plaster and decorations should be given equal value to the structure itself during conservation.

5.2 Where the whole of an exterior wall has been rendered over or painted the timber-frame should not generally be exposed on completion but the elevation conserved as found.

5.3 Internal plaster if reasonably sound should not be stripped away simply to expose the timber-frame behind it for inspection unless a fault is apparent.

5.4 Structural oak should not normally be darkened unless that is the ancient tradition in the area.

5.5 New finishes should not ape the old but may be distressed to be sympathetic.

6.0 MAINTENANCE

6.1 On completion of the conservation the building should look as though it has been well maintained steadily for the whole of its life.

6.2 To ensure this in the future a system of preventive care based on regular inspections should be implemented. These inspections may well be quinquennial and should be purely visual and record the faults which exist indicating those which should be analysed in detail and showing the order of priorities for attention. A 25-year programme should be prepared initially and reviewed quinquennially. In this way a comprehensive vision of a practical and economical way of caring for the building can be expressed and the most urgent repairs carried out within the funds available.

③ *Code of Ethics for the Preservation of Historic Timber Buildings*

- Draft Document（1994）

（歴史的木造建築保存のための倫理規定　第1草案）

ICOMOS International Wood Committee meeting in Himeji, Japan, on 12 March 1994 at its 7th international symposium;

Considering the great variety of timber structures in the world;

Considering the various species of wood used to build these structures and the differing rates of decay of wood due to varying climatic conditions;

Considering the great variety of actions and treatments required for the preservation of these heritage resources;

Recognizing that buildings partly or wholly of timber construction have special problems owing to rapid decay due to humidity, fungi, insects, or fire;

Recognizing the scarcity of original buildings due to vulnerability and the loss of historic technical knowledge concerning design and construction;

Noting the Venice Charter and related ICOMOS doctrine, and the need to provide a code of practice for the institutions and professionals involved in the preservation of timber buildings;

Adopts the following Code of Ethics for the Preservation of Historic Timber Buildings, and

Recommends that it be diffused for the information of appropriate authorities, institutions, organizations, and professionals.

1. The condition of the building before any intervention and all materials used during treatment must be fully documented.

2. Any intervention must be governed by unswerving respect for the aesthetic, historical and physical integrity of cultural property.

3. Any proposed intervention should:

　a）be reversible, if technically possible; or

　b）at least not prejudice a future intervention whenever this may become necessary.

4　In principle, as much as possible of existing material should be retained. However, restoration - the process of making changes to a historic building so that it will closely approximate its state at a specific time in history - should be accepted under certain circumstances and conditions according to the principles outlined in the Venice Charter Article 11. Members that are removed from the building should be put in permanent storage.

5. New, well-seasoned timber shall be used when members or parts of members must be replaced due to decay.

6. New members or parts of members should be made of similar species of wood with the same grading and where possible, also the same natural defects, such as knots, as in the members being replaced. The new members should be dressed with the same tools and similar techniques of craftsmanship as were used originally. If a part of a member is replaced, traditional woodwork joints should be used to splice the new and the existing part.

7. It must be accepted that new members or parts of members will be distinguishable from the existing ones. To copy the natural decay and deformation of the existing members is not desirable. Traditional methods may be used to match the coloring of the old and the new.

8. New members or parts of members should be marked with the date they are put into the structure, for instance by carving or by marks burnt into the wood.

9. During preservation, in-fill panels and weather-boarding, and surface finishes such as plaster, paint, and coating should be regarded as being as important as the structure itself.

10. All countries should be encouraged to establish "Historic Forest Reserves" where appropriate timber could be obtained, on a selective basis, for the preservation of historic timber buildings. Institutions responsible for preservation work should establish or encourage the establishment of stores of timber appropriate for preservation work.

11. Contemporary materials, like epoxy resins, and techniques like structural steel reinforcement, should be used critically and as a last resort, and only in cases where the durability and structural behavior of the materials have been

1 木造建築遺産保存憲章等

satisfactorily proven.

12. Standards should be established to limit the use of chemical preservatives (fungicides and insecticides) to those circumstances where the need can be scientifically demonstrated.

13. Depending on local or regional traditions, or on particular structural conditions, preservation work on a timber building may be carried out in situ, or by dismantling, followed by repair or replacement of the individual members and subsequent reassembly.

14. On completion of the preservation work the building should look as though it has been continuously well maintained throughout its life.

15. However, it must be recognized that some problems are unique and have to be solved from first principles on trial-and-error basis.

16. Comprehensive training programs for architects, conservators, and craftsmen should be established. Historical research on the use of ancient tools and techniques should be promoted.

261

巻末資料

④ *Principles for the Preservation of Historic Timber Structures* (1999)

(歴史的木造構造物保存のための原則)

The aim of this document is to define basic and universally applicable principles and practices for the protection and preservation of historic timber structures with due respect to their cultural significance. Historic timber structures refer here to all types of buildings or constructions wholly or partially in timber that have cultural significance or that are parts of a historic area.

For the purpose of the preservation of such structures, the Principles:

• recognise the importance of timber structures from all periods as part of the cultural heritage of the world;

• take into account the great diversity of historic timber structures;

• take into account the various species and qualities of wood used to build them;

• recognise the vulnerability of structures wholly or partially in timber due to material decay and degradation in varying environmental and climatic conditions, caused by humidity fluctuations, light, fungal and insect attacks, wear and tear, fire and other disasters;

• recognise the increasing scarcity of historic timber structures due to vulnerability, misuse and the loss of skills and knowledge of traditional design and construction technology;

• take into account the great variety of actions and treatments required for the preservation and conservation of these heritage resources;

• note the Venice Charter, the Burra Charter and related UNESCO and ICOMOS doctrine, and seek to apply these general principles to the protection and preservation of historic timber structures;

And make the following recommendations:

INSPECTION, RECORDING AND DOCUMENTATION

1. The condition of the structure and its components should be carefully recorded before any intervention, as well as all materials used in treatments, in accordance with Article 16 of the Venice Charter and the ICOMOS Principles for the Recording of Monuments, Groups of Buildings and Sites. All pertinent documentation, including characteristic samples of redundant materials or members removed from the structure, and information about relevant traditional skills and technologies, should be collected, catalogued, securely stored and made accessible as appropriate. The documentation should also include the specific reasons given for choice of materials and methods in the preservation work.

2. A thorough and accurate diagnosis of the condition and the causes of decay and structural failure of the timber structure should precede any intervention. The diagnosis should be based on documentary evidence, physical inspection and analysis, and, if necessary, measurements of physical conditions and non-destructive testing methods. This should not prevent necessary minor interventions and emergency measures.

MONITORING AND MAINTENANCE

3. A coherent strategy of regular monitoring and maintenance is crucial for the protection of historic timber structures and their cultural significance.

INTERVENTIONS

4. The primary aim of preservation and conservation is to maintain the historical authenticity and integrity of the cultural heritage. Each intervention should therefore be based on proper studies and assessments. Problems should be solved according to relevant conditions and needs with due respect for the aesthetic and historical values, and the physical integrity of the historic structure or site.

5. Any proposed intervention should for preference:

   a) follow traditional means;

   b) be reversible, if technically possible; or

   c) at least not prejudice or impede future preservation work whenever this may become necessary; and

巻末資料

d) not hinder the possibility of later access to evidence incorporated in the structure.

6. The minimum intervention in the fabric of a historic timber structure is an ideal. In certain circumstances, minimum intervention can mean that their preservation and conservation may require the complete or partial dismantling and subsequent reassembly in order to allow for the repair of timber structures.

7. In the case of interventions, the historic structure should be considered as a whole; all material, including structural members, in-fill panels, weather-boarding, roofs, floors, doors and windows, etc., should be given equal attention. In principle, as much as possible of the existing material should be retained. The protection should also include surface finishes such as plaster, paint, coating, wall-paper, etc. If it is necessary to renew or replace surface finishes, the original materials, techniques and textures should be duplicated as far as possible.

8. The aim of restoration is to conserve the historic structure and its loadbearing function and to reveal its cultural values by improving the legibility of its historical integrity, its earlier state and design within the limits of existing historic material evidence, as indicated in articles 9 - 13 of the Venice Charter. Removed members and other components of the historic structure should be catalogued, and characteristic samples kept in permanent storage as part of the documentation.

REPAIR AND REPLACEMENT

9. In the repair of a historic structure, replacement timber can be used with due respect to relevant historical and aesthetical values, and where it is an appropriate response to the need to replace decayed or damaged members or their parts, or to the requirements of restoration.

New members or parts of members should be made of the same species of wood with the same, or, if appropriate, with better, grading as in the members being replaced. Where possible, this should also include similar natural characteristics. The moisture content and other physical characteristics of the replacement timber should be compatible with the existing structure.

Craftsmanship and construction technology, including the use of dressing tools or machinery, should, where possible, correspond with those used originally. Nails and other secondary materials should, where appropriate, duplicate the originals.

If a part of a member is replaced, traditional woodwork joints should, if appropriate and compatible with structural requirements, be used to splice the new and the existing part.

10. It should be accepted that new members or parts of members will be distinguishable from the existing ones. To copy the natural decay or deformation of the replaced members or parts is not desirable. Appropriate traditional or well-tested modern methods may be used to match the colouring of the old and the new with due regard that this will not harm or degrade the surface of the wooden member.

11. New members or parts of members should be discretely marked, by carving, by marks burnt into the wood or by other methods, so that they can be identified later.

HISTORIC FOREST RESERVES

12. The establishment and protection of forest or woodland reserves where appropriate timber can be obtained for the preservation and repair of historic timber structures should be encouraged.

Institutions responsible for the preservation and conservation of historic structures and sites should establish or encourage the establishment of stores of timber appropriate for such work.

CONTEMPORARY MATERIALS AND TECHNOLOGIES

13. Contemporary materials, such as epoxy resins, and techniques, such as structural steel reinforcement, should be chosen and used with the greatest caution, and only in cases where the durability and structural behaviour of the materials and construction techniques have been satisfactorily proven over a sufficiently long period of time. Utilities, such as heating, and fire detection and prevention systems, should be installed with due recognition of the historic and aesthetic significance of the structure or site.

14. The use of chemical preservatives should be carefully controlled and monitored, and should be used only where there is an assured benefit, where public and

巻末資料

environmental safety will not be affected and where the likelihood of success over the long term is significant.

EDUCATION AND TRAINING

15. Regeneration of values related to the cultural significance of historic timber structures through educational programmes is an essential requisite of a sustainable preservation and development policy. The establishment and further development of training programmes on the protection, preservation and conservation of historic timber structures are encouraged. Such training should be based on a comprehensive strategy integrated within the needs of sustainable production and consumption, and include programmes at the local, national, regional and international levels. The programmes should address all relevant professions and trades involved in such work, and, in particular, architects, conservators, engineers, craftspersons and site managers.

⑤　*Principles for the Conservation of Wooden Built Heritage*（2017）

（木造建築遺産保存のための原則）

PREAMBLE

These Principles have been written with the objective of updating the "Principles for the Preservation of Historic Timber Structures" adopted by ICOMOS at the 12th General Assembly in Mexico, October 1999. The updating process began in Guadalajara, Mexico（2012）, Himeji, Japan（2013）and continued in Falun, Sweden（2016）.

This document seeks to apply the general principles of the Venice Charter （1964）, the Declaration of Amsterdam（1975）, the Burra Charter（1979）, the Nara Document on Authenticity（1994）and related UNESCO and ICOMOS doctrines concerning the protection and conservation of the wooden built heritage.

The purpose of this document is to define the basic principles and practices applicable in the widest variety of cases internationally for the protection and conservation of the wooden built heritage with respect to its cultural significance.

The words "wooden built heritage" refer here to all types of wooden buildings and other wooden structures that have cultural significance or are parts of historic places, and includes temporary, movable and evolving structures.

The word "values" in this document refers to aesthetic, anthropological, archaeological, cultural, historical, scientific and technological heritage values. These Principles apply to wooden architecture and structures with historic value. Not all buildings are made entirely of wood and due regard should be paid to the interaction of wood with other materials in the construction.

The Principles:

　· recognize and respect the importance of the wooden built heritage, its structural systems and details from all periods as part of the cultural heritage of the world;

　· take into account and respect the great diversity of the wooden built

巻末資料

heritage, and any associated intangible heritage;

· recognize that wooden heritage provides evidence of the skills of craftworkers and builders and their traditional, cultural and ancestral knowledge;

· understand the continuous evolution of cultural values over time and the need to periodically review how they are identified and how authenticity is determined in order to accommodate changing perceptions and attitudes;

· respect different local traditions, building practices and conservation approaches, taking into account the great variety of methodologies and techniques that could be used in conservation;

· take into account and respect the various historically used species and qualities of wood;

· recognize that wood constructions provide a valuable record of chronological data concerning the whole building or structure;

· take into account the excellent behaviour of wood structures in withstanding seismic forces;

· recognize the vulnerability of structures made wholly or partially of wood in varying environmental and climatic conditions, caused by (among other things) temperature and humidity fluctuations, light, fungal and insect attacks, wear and tear, fire, earthquakes or other natural disasters, and destructive actions by humans;

· recognize the increasing loss of historic wooden structures due to vulnerability, misuse, loss of skills and knowledge of traditional design and construction technology, and the lack of understanding of the spiritual and historic needs of living communities;

· recognize the relevance of community participation in protection of the wooden heritage, its relation with social and environmental transformations, and its role in sustainable development.

INSPECTION, SURVEY AND RESEARCH

1. The condition of the structure and its components, including previous works,

should be carefully recorded before considering any action.

2. A thorough and accurate diagnosis should precede any intervention. This should be accompanied by an understanding and analysis of the construction and structural system, of its condition and the causes of any decay, damage or structural failure as well as mistakes in conception, sizing or assembly. The diagnosis must be based on documentary evidence, physical inspection and analysis and, if necessary, measurements of physical conditions using non-destructive testing (NDT), and if necessary on laboratory testing. This does not preclude carrying out minor interventions and emergency measures where these are necessary.

3. This inspection may not be sufficient to assess the condition of the structure adequately where it is concealed by other elements of the fabric. Where the significance of the covering allows, consideration may be given to its local temporary removal to facilitate the investigation, but only after full recording has been carried out.

4. "Invisible" (hidden) marks on old wooden parts must also be recorded. "Invisible" marks refers to features such as scribe marks, level and other marks used by carpenters in setting out the work (or in subsequent works or repairs) and which were not intended to be visible features of the structure.

ANALYSIS AND EVALUATION

5. The primary aim of conservation is to maintain the authenticity of the historic fabric. This includes its configuration, materials, assembly, integrity, architectural and cultural heritage values, respecting changes through history. To do so one should retain as far as possible all its character-defining features.

Character-defining features may comprise one or more of the following:

a) the overall structural system;

b) non-structural elements such as facades, partitions, stairs;

c) surface features;

d) decorative treatment of the carpentry;

e) traditions and techniques;

f) the materials of construction, including their quality (or grade) and particular characteristics.

巻末資料

6. The value of these character-defining features must be determined in order to formulate any intervention plan.

INTERVENTIONS

7. The first stage in the process of intervention should be to devise a general strategy for the conservation of the building. This needs to be discussed and agreed by all parties involved.

8. The intervention strategy must take into account the prevailing cultural values.

9. The original function of a structure should be maintained or restored except in cases when the intervention would be too extensive and prejudicial to the authenticity of the structure.

10. Interventions may take the form of:

　a) simple repairs using either traditional carpentry techniques or compatible modern fasteners;

　b) the strengthening of the structure using traditional or compatible materials and techniques;

　c) the introduction of a supplementary structure that will relieve the present structure of load.

　The choice of which intervention to use should be determined by selecting that which best protects the structure's cultural significance.

11. Interventions should preferably:

　a) be the minimum necessary to ensure the physical and structural stability and the long-term survival of the structure or site as well as its cultural significance;

　b) follow traditional practices;

　c) be reversible, if technically possible;

　d) not prejudice or impede future conservation work should this become necessary;

　e) not hinder the possibility of later access to evidence exposed and incorporated in the construction;

　f) take environmental conditions into account.

12. Interventions should follow the criteria of the minimal intervention capable

of ensuring the survival of the construction, saving as much as possible of its authenticity and integrity, and allowing it to continue to perform its function safely. However, that does not preclude the possible partial or even total dismantling of the structure if:

a) repairs carried out in situ and on original elements would require an unacceptable degree of intervention;

b) the distortion of the structure is such that it is not possible to restore its proper structural behaviour;

c) inappropriate additional work would be required to maintain it in its deformed state.

Decisions regarding the appropriateness of any dismantling should be considered within each cultural context, and should be aimed at best protecting the authenticity of the building.

In addition, decisions should always consider and evaluate the potential for irreversible damage to the wood, as well as to wood joints and connections (such as nails) during the dismantling intervention.

13. As much as possible of the existing members should be retained. Where replacement of a member or part of a member is necessary it should respect the character and significance of the structure. In cultures where the tradition exists, aged building parts from other structures might be used in the intervention.

14. Any replacement timber should preferably:

a) be of the same species as the original;

b) match the original in moisture content;

c) have similar characteristics of grain where it will be visible;

d) be worked using similar craft methods and tools as the original.

15. No attempt should be made to artificially age replacement timber. The new components should not aesthetically undermine the whole. Colouring the replaced members to match the current colour of the original may be permitted in specific cases when not doing so would unacceptably impair the aesthetic understanding and cultural significance of the structure.

16. New members or parts of members may be discreetly marked, so that they can be identified at a later date.

巻末資料

17. Consideration of specific values may be required to evaluate the cultural signifi-
cance of some wooden built heritage, such as temporary and evolving buildings.

18. In the case of interventions, the historic structure should be considered as a
whole. All materials, including structural members, in-fill panels, weather-
boarding, roofs, floors, doors and windows, etc, should be given equal attention.
In principle, as much as possible of the existing material, as well as earlier repair
works, should be retained if they do not prejudice the stability of the structure.
Conservation should also include surface finishes such as plaster, paint, coating,
wall-paper, etc. The original materials, techniques and textures should be
respected. If it is considered strictly necessary to renew or replace deteriorated
surface finishes, the use of compatible materials and techniques is desirable.

19. When considering structural members it should be noted that:

a) if a structure has a satisfactory performance, and if the use, the actual
conditions and loading regime are unchanged, the structure can be
made adequately strong by simply repairing/stabilizing recent strength-
reducing damage and failure;

b) if recent alterations have been made, or any proposed change of use
would impose a more onerous loading, the potential load-bearing
strength should be estimated by structural analysis before considering
the introduction of any further reinforcement.

20. On no account should interventions be carried out simply to enable the structure
to meet the requirements of modern building codes.

21. All interventions must be justified based upon sound structural principles and
usage.

22. No attempt should be made to "correct" deflections that have occurred over time,
and which have no structural significance, and present no difficulties of use,
simply to address present-day aesthetic preferences.

PRESENT-DAY MATERIALS AND TECHNOLOGIES

23. Present-day materials and technologies should be chosen and used with the
greatest caution and only in cases where the durability and structural behaviour
of the materials and construction techniques have been satisfactorily proven over

1 木造建築遺産保存憲章等

a sufficiently long period of time.

24. Utilities should be installed with respect for the tangible and intangible significance of the structure or site.

25. Installations should be designed so as not to cause changes to significant environmental conditions, such as temperature and humidity.

26. The use of chemical preservatives should be carefully controlled and monitored and should be used only where there is an assured benefit, where public and environmental safety will not be affected and where there is the expectation of significant long-term improvement .

RECORDING AND DOCUMENTATION

27. A record should be made of all materials used in interventions and treatments, in accordance with Article 16 of the Venice Charter and the ICOMOS Principles for the Recording of Monuments, Groups of Buildings and Sites. All relevant documentation, including characteristic samples of redundant materials or members removed from the structure, and information about relevant traditional skills and technologies, should be collected, catalogued, securely stored and made accessible as appropriate. The documentation should also include the specific reasons given for the choice of materials and methodologies in the conservation work.

28. All the above documentation must be retained both for future maintenance of the building and as an historical record.

MONITORING AND MAINTENANCE

29. A coherent strategy of regular monitoring and day-to-day maintenance must be established in order to delay the need for larger interventions and ensure the continuing protection of wooden built heritage and its cultural significance.

30. Monitoring should be carried out both during and after any intervention to ascertain the effectiveness of the methods used and to ensure the long-term performance of the timber and any other materials used.

31. Records of any maintenance and monitoring should be kept as part of the documented history of the structure.

巻末資料

HISTORIC FOREST RESERVES

32. Because wooden structures may be in a vulnerable state, but still part of a living heritage and contributing to society, the availability of suitable timbers is essential for their conservation. Therefore the crucial role that forest reserves play in the self-sustaining cycles of maintenance and repair of these wooden structures should be recognized.

33. Institutions responsible for the conservation of monuments and sites should encourage the protection of original woodland reserves and establish stores of seasoned timber appropriate for the conservation and repair of the wooden built heritage. This policy should foresee the need for large properly seasoned wooden elements in future repairs. However, such policies should not encourage the extensive substitution of authentic elements of historic structures, but rather constitute a reserve for repairs and minor replacements.

EDUCATION AND TRAINING

34. It is essential to record, preserve and recover the traditional knowledge and skills used in constructing historic wooden architecture.

35. Educational programmes are an essential part of raising awareness of wooden heritage by encouraging recognition and understanding of values and cultural significance. These programmes are the foundation of a sustainable conservation and development policy. A comprehensive and sustainable strategy must involve local, regional, national and international levels and should include all relevant officials, professions, trades, the community and other interested parties.

36. Research programmes (particularly at regional level) to identify the distinctive characteristics, and social and anthropological aspects of the wooden built heritage, buildings and sites, are to be encouraged.

GLOSSARY OF TERMS

Construction (noun) : the manner in which materials are ordered, assembled, and united into a whole; the act of constructing; the thing built. (See also "Structure" below) .

Cultural significance: the aesthetic, historical, archaeological,

274

anthropological, scientific, technological, social, spiritual or other intangible heritage values of a structure or site for past, present or future generations.

Evolving buildings: those that retain an active social role in present-day society closely associated with a traditional way of life, and in which the evolutionary process is still in progress. At the same time such structures exhibit significant material evidence of their evolution over time.

Fabric: all the physical material of the structure or site including components, fixtures, contents and objects.

Intangible heritage: the traditional processes associated with the creation and use of the wooden built heritage.

Reinforcement: actions carried out to increase the structural efficiency of an element, an ensemble of elements, or a structure.

Repair: every action aimed at recovering the structural efficiency, aesthetic integrity and/or completion of them, of a part or the whole of a wooden built heritage. This involves a painstaking intervention in the historic fabric, aiming at replacing only decayed parts and otherwise leaving the structure and the materials intact.

Structure (noun) : a stable assembly of elements designed and constructed to function as a whole in supporting and transmitting applied loads safely to the ground.

Temporary structures: those which are built, used and disassembled periodically as part of a culture's or nation's ceremonies or other activities and embody traditions, craftsmanship and traditional knowledge.

巻末資料－2

『歴史的木造構造物の保存のための原則』（1999）

『木造建築遺産保存のための原則』（2017）

比較表

巻末資料

deleted	**added**	modified	*(moved)*

PRINCIPLES FOR THE PRESERVATION OF HISTORIC TIMBER STRUCTURES (1999)	PRINCIPLES FOR THE CONSERVATION OF WOODEN BUILT HERITAGE (2017)
	PREAMBLE
	These Principles were made with the objective of updating the "PRINCIPLES FOR THE PRESERVATION OF HISTORIC TIMBER STRUCTURES" adopted by ICOMOS at the 12th General Assembly in Mexico, October 1999. The updating process began in Guadalajara, Mexico (2012), Himeji, Japan (2013) and continued in Falun, Sweden (2016).
• note the Venice Charter, the Burra Charter and related UNESCO and ICOMOS doctrine, and seek to apply these general principles to the protection and preservation of historic timber structures; *(moved)*	This document seeks to apply the general principles of the Venice Charter **(1964)**, **the Declaration of Amsterdam (1975)**, the Burra Charter **(1979)**, **the Nara Document on Authenticity (1994)** and related UNESCO and ICOMOS doctrines concerning the protection and conservation of the wooden built heritage.
The aim of this document is to define basic and universally applicable principles and practices for the protection and preservation of historic timber structures with due respect to their cultural significance. *(moved)*	The purpose of this document is to define **the** basic principles and practices applicable in the widest variety of cases internationally for the protection and conservation of the wooden built heritage with respect to its cultural significance.
Historic timber structures refer here to all types of buildings or constructions wholly or partially in timber that have cultural significance or that are parts of a historic area.	The words "wooden built heritage" refer here to all types of wooden buildings and other wooden structures that have cultural significance or are parts of historic areas, **and includes temporary, movable and evolving structures.**
	The word "values" in this document refers to aesthetic, anthropological, archaeological, cultural, historical, scientific and technological heritage values. These Principles apply to wooden architecture and structures with historic value. Not all buildings are made entirely of wood and due regard should be paid to the interaction of wood with other materials in the construction.
For the purpose of the preservation of such structures, the Principles:	The Principles:
• recognise the importance of timber structures from all periods as part of the cultural heritage of the world;	• recognize **and respect** the importance of the wooden built heritage, **its structural systems and their details** from all periods as part of the cultural heritage of the world;
• take into account the great diversity of historic timber structures;	• take into account **and respect** the great diversity of the wooden built heritage, **and any associated intangible heritage;**
	• **recognize that wooden heritage provides evidence of the skills of craftworkers and builders and their traditional, cultural and ancestral knowledge;**
	• **understand the continuous evolution of cultural values over time and the need to periodically review how they are identified and how authenticity is determined in order to accommodate changing perceptions and attitudes;**
	• **respect different local traditions, building practices and conservation methodologies,** taking into account the great variety of approaches and techniques that could be used in conservation;
• take into account the great variety of actions and treatments required for the preservation and conservation of these heritage resources; *(moved)*	
• take into account the various species and qualities of wood used to build them; *(moved)*	• take into account and respect the various historically used species and qualities of wood;

278

2 『歴史的木造構造物の保存のための原則』(1999)、『木造建築遺産保存のための原則』(2016) 比較表

	• recognize that wood constructions provide a valuable record of chronological data concerning the whole building or structure;
	• take into account the excellent behaviour of wood structures in withstanding seismic forces;
• recognise the vulnerability of structures wholly or partially in timber due to material decay and degradation in varying environmental and climatic conditions, caused by humidity fluctuations, light, fungal and insect attacks, wear and tear, fire and other disasters;	• recognize the vulnerability of structures made wholly or partially of wood in varying environmental and climatic conditions, caused by (among other things) temperature and humidity fluctuations, light, fungal and insect attacks, wear and tear, fire, earthquakes or other natural disasters, and destructive actions by humans;
• recognise the increasing scarcity of historic timber structures due to vulnerability, misuse and the loss of skills and knowledge of traditional design and construction technology;	• recognize the increasing loss of historic wood structures due to vulnerability, misuse, loss of skills and knowledge of traditional design and construction technology, and the lack of understanding of the spiritual and historic needs of living communities;
	• recognize the relevance of community participation in protection of the wooden heritage, its relation with social and environmental transformations, and its role in sustainable development.
And make the following recommendations:	
INSPECTION	INSPECTION, SURVEY AND RESEARCH
1. The condition of the structure and its components should be carefully recorded before any intervention,	1. The condition of the structure and its components, including previous strengthening works, should be carefully recorded before considering any intervention.
2. A thorough and accurate diagnosis of the condition and the causes of decay and structural failure of the timber structure should precede any intervention. The diagnosis should be based on documentary evidence, physical inspection and analysis, and, if necessary, measurements of physical conditions and non-destructive testing methods. This should not prevent necessary minor interventions and emergency measures.	2. A thorough and accurate diagnosis should precede any intervention. This should be accompanied by an understanding and analysis of the construction and structural system, of its condition and the causes of any decay, damage or structural failure as well as mistakes in conception, sizing or assembly. The diagnosis must be based on documentary evidence, physical inspection and analysis and, if necessary, measurements of physical conditions using non-destructive testing (NDT), and if necessary on laboratory testing. This does not preclude carrying out minor interventions and emergency measures where these are necessary.
	3. This inspection may not be sufficient to assess the condition of the structure adequately where it is concealed by other elements of the fabric. Where the significance of the covering allows, consideration may be given to its local removal to facilitate the investigation.
	4. 'Invisible' (hidden) marks on old wooden parts must also be recorded. 'Invisible' marks refers to features such as scribe marks, level and other marks used by carpenters in setting out the work (or in subsequent works or repairs) and which are not intended to be visible features of the structure.
	ANALYSIS AND EVALUATION
4. The primary aim of preservation and conservation is to maintain the historical authenticity and integrity of the cultural heritage. Each intervention should therefore be based on proper studies and assessments. Problems	5. The primary aim of conservation and preservation is to maintain the authenticity of the historic fabric. This includes its configuration, materials, assembly, integrity architectural and cultural heritage values, respecting

279

巻末資料

should be solved according to relevant conditions and needs with due respect for the aesthetic and historical values, and the physical integrity of the historic structure or site.	changes through history. To do so one should preserve as far as possible all its character-defining features. Character-defining features may comprise one or more of the following: a) the overall structural system; b) non-structural elements such as facades, partitions, stairs; c) surface features; d) decorative treatment of the carpentry e) traditions and techniques; f) the materials of construction, including their quality (or grade) and particular characteristics. 6. The value of these character-defining features must be determined in order to formulate any intervention plan.
INTERVENTIONS *(moved)*	INTERVENTIONS 7. The first stage in the process of intervention should be to devise a general strategy for the conservation of the building. This needs to be discussed and agreed by all parties involved. 8. The intervention strategy must take into account the prevailing cultural values. 9. The original function of a structure should be maintained or restored except in cases when the intervention would be too extensive and prejudicial to the authenticity of the structure. 10. Interventions may take the form of: a) simple repairs using either traditional carpentry techniques or compatible modern fasteners; b) the strengthening of the structure using traditional or compatible materials and techniques; c) the introduction of a supplementary structure that will relieve the present structure of load. The choice of which intervention to use should be determined by selecting that which best preserves the structure's cultural significance.
5. Any proposed intervention should for preference:	11. Interventions should preferably:
	a) be the minimum necessary to ensure the physical and structural stability and the long-term survival of the structure or site as well as its cultural significance;
a) follow traditional means;	b) follow traditional practices;
b) be reversible, if technically possible; or	c) be reversible, if technically possible;
c) at least not prejudice or impede future preservation work whenever this may become necessary; and	d) not prejudice or impede future conservation work should this become necessary;
d) not hinder the possibility of later access to evidence incorporated in the structure.	e) not hinder the possibility of later access to evidence exposed and incorporated in the construction;
	f) take environmental conditions into account.
6. The minimum intervention in the fabric of a historic timber structure is an ideal. In certain circumstances, minimum intervention can mean that their preservation and conservation may require the complete or partial dismantling and subsequent reassembly in order to allow for the repair of timber structures.	12. Interventions should follow the criteria of the minimum intervention capable of ensuring the survival of the construction, saving as much as possible of its authenticity and integrity, and allowing it to continue to perform its function in a condition of safety. However, that does not preclude the possible partial or even total dismantling of the structure if:
	a) repairs carried out in situ and on original pieces

280

2　『歴史的木造構造物の保存のための原則』(1999)、『木造建築遺産保存のための原則』(2016) 比較表

	would require an unacceptable degree of intervention;
	b) the distortion of the structure is such that it is not possible to restore its proper structural behaviour;
	c) unacceptable additional work would be required to maintain it in its deformed state.
	Decisions regarding the appropriateness of any dismantling should be considered within each cultural context, aimed at best preserving the authenticity of the building.
	In addition, decisions should always consider and evaluate the potential for irreversible damage to the wood, as well as to wood joints and connections (such as nails) during the dismantling intervention.
REPAIR AND REPLACEMENT	
9. In the repair of a historic structure, replacement timber can be used with due respect to relevant historical and aesthetical values, and where it is an appropriate response to the need to replace decayed or damaged members or their parts, or to the requirements of restoration.	13. As much as possible of the existing wooden members should be retained. Where replacement of a member or part of a member is necessary it should respect the character and significance of the structure. In cultures where the tradition exists, aged building parts from other structures might be used in the intervention.
New members or parts of members should be made of the same species of wood with the same, or, if appropriate, with better, grading as in the members being replaced. Where possible, this should also include similar natural characteristics. The moisture content and other physical characteristics of the replacement timber should be compatible with the existing structure.	14. Any replacement timber should preferably: a) be of the same species as the original; b) match the original in moisture content; c) have similar characteristics of grain where it will be visible; d) be worked using similar craft methods and tools as the original.
Craftsmanship and construction technology, including the use of dressing tools or machinery, should, where possible, correspond with those used originally. Nails and other secondary materials should, where appropriate, duplicate the originals. If a part of a member is replaced, traditional woodwork joints should, if appropriate and compatible with structural requirements, be used to splice the new and the existing part.	
10. It should be accepted that new members or parts of members will be distinguishable from the existing ones. To copy the natural decay or deformation of the replaced members or parts is not desirable. Appropriate traditional or well-tested modern methods may be used to match the colouring of the old and the new with due regard that this will not harm or degrade the surface of the wooden member.	15. No attempt should be made to artificially age replacement timber. The new components should not aesthetically undermine the whole. Colouring the replaced members to match the current colour of the original may be permitted in specific cases when not doing so would unacceptably impair the aesthetic understanding and cultural significance of the structure.
11. New members or parts of members should be discretely marked, by carving, by marks burnt into the wood or by other methods, so that they can be identified later.	16. New members or parts of members may be discretely marked, so that they can be identified at a later date.
	17. Consideration of specific values may be required to evaluate the cultural significance of some wooden heritage, such as temporary and evolving buildings.
7. In the case of interventions, the historic structure should be considered as a whole; all material, including structural members, in-fill panels, weather-boarding, roofs, floors, doors and windows, etc., should be given equal attention. In principle, as much as possible of the existing material should be retained. The protection should also include surface finishes such as plaster, paint, coating, wall-paper, etc. If it is necessary to renew or replace surface finishes, the original materials, techniques and textures should be duplicated as far as possible. *(moved)*	18. In the case of interventions, the historic structure should be considered as a whole. All materials, including structural members, in-fill panels, weather-boarding, roofs, floors, doors and windows, etc, should be given equal attention. In principle, as much as possible of the existing material, as well as earlier repair works, should be retained if they do not prejudice the stability of the structure. Conservation and preservation should also include surface finishes such as plaster, paint, coating, wall-paper, etc. The original materials, techniques and textures should be respected. If it is considered strictly necessary to renew or replace deteriorated surface finishes, the use of compatible materials and techniques is desirable.
8. The aim of restoration is to conserve the historic	19. When considering structural members it should be

281

巻末資料

structure and its loadbearing function and to reveal its cultural values by improving the legibility of its historical integrity, its earlier state and design within the limits of existing historic material evidence, as indicated in articles 9 - 13 of the Venice Charter. Removed members and other components of the historic structure should be catalogued, and characteristic samples kept in permanent storage as part of the documentation.

noted that:

a) if a structure has a satisfactory performance, and if the use, the actual conditions and loading regime are unchanged, the structure can be made adequately strong by simply repairing recent strength-reducing damage and failure;

b) if recent alterations have been made, or any proposed change of use would impose a more onerous loading, the potential load-bearing strength should be estimated by structural analysis before considering the introduction of any further reinforcement.

20. On no account should interventions be carried out simply to enable the structure to meet the requirements of modern building codes. All interventions must be justified based upon sound structural principles.

21. No attempt should be made to "correct" deflections that have occurred over time, and which have no structural significance, and present no difficulties of use, simply to address present-day aesthetic preferences.

CONTEMPORARY MATERIALS AND TECHNOLOGIES *(moved)*

PRESENT-DAY MATERIALS AND TECHNOLOGIES

13. Contemporary materials, such as epoxy resins, and techniques, such as structural steel reinforcement, should be chosen and used with the greatest caution, and only in cases where the durability and structural behaviour of the materials and construction techniques have been satisfactorily proven over a sufficiently long period of time. *(moved)*

22. Present-day materials and technologies should be chosen and used with the greatest caution and only in cases where the durability and structural behaviour of the materials and construction techniques have been satisfactorily proven over a sufficiently long period of time.

Utilities, such as heating, and fire detection and prevention systems, should be installed with due recognition of the historic and aesthetic significance of the structure or site. *(moved)*

23. Utilities, such as heating, fire detection and prevention systems, should be installed with respect for the tangible and intangible significance of the structure or site. Installations should be designed so as not to cause changes to significant environmental conditions, such as temperature and humidity.

14. The use of chemical preservatives should be carefully controlled and monitored, and should be used only where there is an assured benefit, where public and environmental safety will not be affected and where the likelihood of success over the long term is significant. *(moved)*

24. The use of chemical preservatives should be carefully controlled and monitored and should be used only where there is an assured benefit, where public and environmental safety will not be affected and where there is significant long-term improvement .

RECORDING AND DOCUMENTATION*(moved)*

RECORDING AND DOCUMENTATION

(...) all materials used in treatments, in accordance with Article 16 of the Venice Charter and the ICOMOS Principles for the Recording of Monuments, Groups of Buildings and Sites. All pertinent documentation, including characteristic samples of redundant materials or members removed from the structure, and information about relevant traditional skills and technologies, should be collected, catalogued, securely stored and made accessible as appropriate. The documentation should also include the specific reasons given for choice of materials and methods in the preservation work. *(moved)*

25. A record should be made of all materials used in interventions and treatments, in accordance with Article 16 of the Venice Charter and the ICOMOS Principles for the Recording of Monuments, Groups of Buildings and Sites. All relevant documentation, including characteristic samples of redundant materials or members removed from the structure, and information about relevant traditional skills and technologies, should be collected, catalogued, securely stored and made accessible as appropriate. The documentation should also include the specific reasons given for the choice of materials and methodologies in the conservation work.

26. All the above documentation must be retained both for future maintenance of the building and as an historical record.

MONITORING AND MAINTENANCE*(moved)*

MONITORING AND MAINTENANCE

2 『歴史的木造構造物の保存のための原則』(1999)、『木造建築遺産保存のための原則』(2016) 比較表

3. A coherent strategy of regular monitoring and maintenance is crucial for the protection of historic timber structures and their cultural significance. *(moved)*	27. A coherent strategy of regular monitoring and **day-to-day** maintenance <u>must be established in order to delay the need for larger interventions and ensure the continuing protection of wooden built heritage</u> and its cultural significance.
	28. Monitoring should be carried out both during and after any intervention to ascertain the effectiveness of the methods used and to ensure the long-term performance of the timber and any other material used.
	29. Records of any maintenance and monitoring should be kept as part of the documented history of the structure.
HISTORIC FOREST RESERVES	HISTORIC FOREST RESERVES
	30. Because wooden structures may be in a vulnerable state, but still part of a living heritage and contributing to society, the availability of suitable timbers is essential for their repair and preservation. Therefore the crucial role that forest reserves play in the self-sustaining cycles of maintenance and repair of these wooden structures should be recognized.
12. The establishment and protection of forest or woodland reserves where appropriate timber can be obtained for the preservation and repair of historic timber structures should be encouraged. Institutions responsible for the preservation and conservation of historic structures and sites should establish or encourage the establishment of stores of timber appropriate for such work. *(moved)*	31. Institutions responsible for the <u>conservation and preservation</u> of <u>monuments</u> and sites should <u>encourage the protection of original woodland reserves</u> and establish stores of **seasoned** timber appropriate for <u>the conservation and repair of the wooden built heritage.</u> **This policy should foresee the need for large properly seasoned wooden elements in future repairs. However, such policies should not encourage the extensive substitution of authentic elements of historic structures, but rather constitute a reserve for repairs and minor replacements.**
EDUCATION AND TRAINING	EDUCATION AND TRAINING
	32. It is essential to record, preserve and recover the traditional knowledge and skills used in constructing historic wooden architecture.
15. Regeneration of values related to the cultural significance of historic timber structures through educational programmes is an essential requisite of a sustainable preservation and development policy. The establishment and further development of training programmes on the protection, preservation and conservation of historic timber structures are encouraged. Such training should be based on a comprehensive strategy integrated within the needs of sustainable production and consumption, and include programmes at the local, national, regional and international levels. The programmes should address all relevant professions and trades involved in such work, and, in particular, architects, conservators, engineers, craftspersons and site managers.	33. <u>Educational Programmes are an essential part of raising awareness of wooden heritage by encouraging recognition and understanding of values and cultural significance. These programmes are the foundation of a sustainable conservation and development policy. A comprehensive and sustainable strategy must involve local, regional, national and international levels and should include all relevant officials, professions, trades, the community and other interested parties.</u> **34. Research programmes (particularly at regional level) to identify the distinctive characteristics, and social and anthropological aspects of conservation of the wooden built heritage, buildings and sites in particular areas, should be encouraged.**
	GLOSSARY OF TERMS:
	Construction (noun): the manner in which materials are ordered, assembled, and united into a whole; the act of constructing; the thing built. (See also "Structure" below).
	Cultural significance: the aesthetic, historical,

283

巻末資料

archaeological, anthropological, scientific, technological, social, spiritual or other intangible heritage values of a structure or site for past, present or future generations.

Evolving buildings: those that retain an active social role in present-day society closely associated with a traditional way of life, and in which the evolutionary process is still in progress. At the same time such structures exhibit significant material evidence of their evolution over time.

Fabric: all the physical material of the structure or site including components, fixtures, contents and objects.

Intangible heritage: the traditional processes associated with the creation and use of the wooden built heritage.

Reinforcement: actions carried out to increase the structural efficiency of an element, an ensemble of elements, or a structure. Also termed strengthening.

Repair: every action aimed at recovering the structural efficiency, aesthetical integrity and/or completion of them, of a part or the whole of a wooden built heritage. This involves a painstaking intervention in the historic fabric, aiming at replacing only decayed parts and otherwise leaving the structure and the materials intact.

Strengthening: Recovering the residual strength of a structure by making repairs and through application of additional devices.

Structure (noun): a stable assembly of elements designed and constructed to function as a whole in supporting and transmitting applied loads safely to the ground.

Temporary structures: those which are built, used and disassembled periodically as part of a culture's or nation's ceremonies or other activities and embody traditions, craftsmanship and traditional knowledge.

巻末資料－3

日本における文化財民家建築の修理事例の検討

巻末資料

M01　吉田家住宅

所在地　　埼玉県比企郡小川町
建立年代　1721
修理年度　1998
修理内容　半解体修理
修理方針　当初復原

　当家は1986年より新居で生活しており、主屋を取り壊す予定があったが、調査によってその文化的意義が認識され重要文化財に指定された。今回の修理に当たって後補の改造を撤去し、当初の広間型三間取の形式を現すことができた。ただし、便所、流し等の復原に当たっては痕跡が乏しく推測が含まれている。

表3.1　吉田家住宅　変更要旨

外回り

	修理前	修理後	根　拠
1	土壁+戸袋(江戸末期)	風呂場	工法+敷鴨居・板壁・柱框・土壁の痕跡+発掘/類例
2	∅	渡縁	框・根太の柄穴
3	トコ(昭和初期)	板戸+障子	丸釘使用/長押・敷鴨痕跡/建具は北の間に類似
4	押入(昭和初期)	板戸+障子	三本溝の敷鴨居残存
5	ガラス戸	板戸+障子	三本溝の敷鴨居残存
6	ガラス窓	板戸+障子	三本溝の敷鴨居残存
7	∅	落縁+庇	根太掛痕穴+風食具合/庇板痕残存
8	∅	便所	発掘/推定
9	縁側+障子	棚+葺き降ろしの庇	丸釘使用+工法/根太掛・天井・土壁痕跡
10	縁側+障子+管柱	縁側+葺き降ろしの庇+板戸+障子	工法+痕跡
11	土壁	縁側+葺き降ろしの庇+板戸	工法+敷鴨居残存+縁の痕跡
12	壁	物入	貫穴+間渡し穴+無目敷居仕口
13	板壁	トコ	工法+丸釘使用/無目敷居+床框痕跡
14	柱+土壁	側柱5本+半間の突出部	工法+繋梁痕跡+梁が切り縮めている+発掘+柱転用されて残存/出を推測

1階

	修理前	修理後	根　拠
15	障子(昭和初期)	∅	工法+丸釘使用
16	鴨居+物入+神棚+仏壇(江戸末期)	∅	工法+煤け具合
17	床	囲炉裏	工法+発掘
18	天井		
19	床+ガラス戸+障子戸+こたつ(戦後)		丸釘使用+聞き取り
20	∅	竈	
21	流し	流し	丸釘使用+工法/発掘+類例
22	風呂+便所(昭和150年代)	∅	材が新しい+聞き取り

図3.1-図3.4：保存修理工事報告書の図面を基に作成

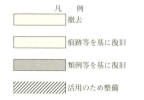

3 日本における文化財民家建築の修理事例の検討

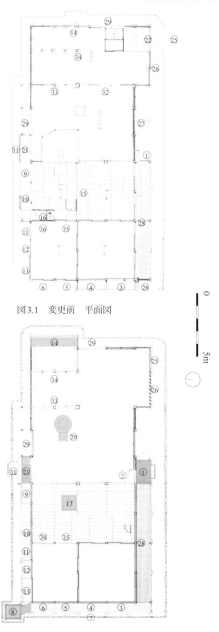

図3.1 変更前 平面図

図3.2 変更後 平面図

287

巻末資料

2階

	修理前	修理後	根拠
23	柱+障子窓+雨戸+戸袋(江戸末期)	柱	工法+材が新しい／柱が切断されて残存
24	庇(鉄板葺き)	柱+軒桁+出桁+束+腕木+屋根葺き降ろし	腕木の痕跡+柱が切断されている

柱間装置

	修理前	修理後	根拠
25	土壁	土壁+腰板壁	押縁痕跡
26	格子窓+土壁	土壁+腰板壁	押縁痕跡／格子窓は整備
27	ガラス戸	∅	
28	障子+雨戸	板戸+障子	三本溝敷残存／建具整備
29	袖壁+板戸	大戸片引き	大戸鴨居残存
30	板壁		転用材使用／胴縁後補
31	出窓(格子窓)	出窓(腕木付格子窓)	腕木仕口
32	板壁／障子嵌殺し	∅	納まり姑息
33	格子窓	土壁	間渡穴
34	∅	土壁+腰板壁	貫残存+間渡穴+胴縁痕跡
35	障子	板戸	敷鴨居残存／建具整備
36	板壁	板戸	敷鴨居残存／建具整備
37	袖壁+障子	袖壁+障子	建具整備
38	障子	土壁	貫切断+間渡穴残存
39	障子窓+雨戸	板戸+障子戸	三本溝敷残存

屋根

	修理前	修理後	根拠
40	寄棟造	入母屋造(妻飾煙出し)	野棟木が切断されている+工法／類例
41	箱棟	茅の棟積み	箱棟はが杈首が傾いた以降に取り付けている／推定
42	波形鉄板(1975)	∅	

図3.5-図3.8：保存修理工事報告書より転載

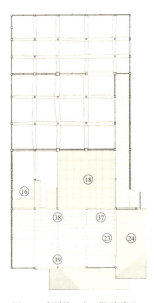

図3.3　変更前　中二階平面図

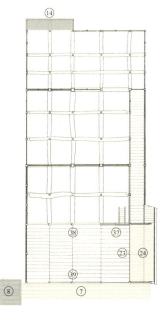

図3.4　変更後　中二階平面図

288

3 日本における文化財民家建築の修理事例の検討

図3.5 修理前 外観 南東隅より

図3.6 修理後 外観 南東隅より

図3.7 修理前内観

図3.8 修理後内観

289

巻末資料

M02　奥田家住宅

所在地　　**大阪府大阪市平野区加美鞍作町**
建立年代　**17世紀末**
修理年度　**1992**
修理内容　**半解体修理**
修理方針　**当初復原**

　1973年より当家が隣接する新居に移り、本建物は公開されている。今回の修理に当たって、裏・西側の庇を撤去し、土間に張り出して造られていた二室を解体し、建物の規模が縮小され、平面を単純化した。撤去された改造部分は140年以上の歴史を持ち、整然としており建築的な価値もあったため、当初復原よりも現状修理の方針が妥当であったと思える。

表3.2　奥田家住宅　変更要旨

外廻り

	修理前	修理後	根　拠
1	カンジョウバ(1776年頃)	∅	材が新しい
2	ネベヤ(1845年頃)	∅	材が新しい
3	∅	柱	横架材に残る柄穴＋圧痕
4	∅	格子窓＋障子	中敷居・鴨居仕口（建具・格子の形態は整備）
5	∅	大壁	スサ掛け
6	∅	大壁	整備
7	∅	庇柱	繋梁・土壁痕跡＋礎石
8	∅	庇柱	推定
9	下屋(1845年頃)	∅	材が新しい＋工法
10	ガラス戸	大戸(板戸＋障子)	柱間寸法（形態は正面大戸と類似）
11	∅	茅屋根葺降ろし	推定
12	∅	板戸片引き	使い勝手を考慮して推定
13	縁(1845年頃)		工法

居室部

	修理前	修理後	根　拠
14	竿縁天井(1845年頃)	∅(上方の根太天井を表す)	材が新しい＋上方の根太天井は煤けている
15	差鴨居＋障子	柱＋板戸	姑息的な納まり＋柱頂部・足元残存（板戸は整備）
16	∅	柱	梁上に柱頂部残存
17	∅(1845年頃)	襖	敷鴨居仕口（建具は整備）
18	∅(1845年頃)	板戸	整備
19	∅(1845年頃)	襖	敷居仕口（建具は整備）
20	畳	板敷	敷居側面は柱面と揃わない
21	畳／板敷	畳	部屋が畳間寸法で割付られている
22	畳	板敷	整備
23	押入	出格子	出格子の材が切断されている＋框・貫仕口
24	ガラス戸(内法上板戸)	板戸(内法上土壁)	2本溝差鴨居残存（建具は整備）
25	板戸／襖	袖壁＋戸袋＋板戸＋障子	2本溝差鴨居残存＋戸袋痕跡（建具は整備）
26	板床(1845年頃)	∅	材が新しい
27	雨戸＋障子／土壁	舞良戸＋障子	3本溝差鴨居仕口＋戸袋痕跡（建具は整備）
28	トコ(1845年頃)		姑息的な納まり＋煤け具合
29	仏壇(奥行き半間＋襖で間仕切る)	仏壇(奥行き40cm＋トコの構え)	当初台輪・控柱残存／敷鴨居後補＋落掛け・框残存

図3.9、図3.10：保存修理工事報告書の図面を基に作成

3　日本における文化財民家建築の修理事例の検討

図3.9　変更前 平面図

図3.10　変更後 平面図

291

巻末資料

土間部

	修理前	修理後	根　　拠
30	間仕切(1776年頃)	∅	蕪雑な工法
31	キタドコ+オチマ(1845年頃)	ヒロシキ	工法+根太掛け痕跡(ヒロシキの出は推定)
32	∅	大壁	東間に倣って整備
33	∅	ツシ二階	根太仕口
34	板戸片開	土壁	辺付止釘穴
35	簀戸立	板戸	整備
36	簀戸立	∅	間仕切の痕跡がない
37	根太天井	∅	材が新しい
38	カマド+ナガシ	カマド+ナガシ	吉村家住宅の類例を参考

座敷部

	修理前	修理後	根　　拠
39	切妻・本瓦葺の高塀(居室部東妻)	入母屋屋根	丸釘使用+姑息的な納まり+扠首穴+垂木当り(一部推定)
40	∅	座敷部上屋の柱を20cm延ばす	柱頂部が切断されている+痕跡
41	和小屋+銅板葺	扠首組+茅葺	和小屋丸釘使用／転用されている当初上屋梁に扠首穴
42	下屋	下屋(急勾配)	急勾配の垂木が取り付いた風食差・欠け込み
43	銅板／桟瓦(下屋葺き材)	銅板	当初こけら葺きと推定、銅板葺に改める
44	濡縁	∅	後設

柱間装置

	修理前	修理後	根　　拠
45	障子	土壁	整備
46	板戸片開	土壁	貫穴+間渡穴
47	障子	板戸+障子	風食具合
48	∅(建具欠失)	板戸+障子	風食具合
49	障子	土壁(外大壁+腰板張)	間渡痕跡
50	障子／ガラス戸片開	土壁(外大壁+腰板張)	スサ掛けの刻み+間渡穴
51	ガラス戸	土壁(外大壁+腰板張)	間渡穴
52	∅	格子窓+障子+土壁(外大壁+腰板張)	間渡穴(格子窓は整備)
53	∅	大壁	間渡穴
54	襖	土壁	辺付止釘穴+間渡穴
55	舞良戸	土壁+舞良戸	方立柄穴+辺付止釘穴+当初差鴨居に三本突止溝
56	襖	板戸(突止溝)	当初差鴨居に四本突止溝(建具は整備)
57	∅	土壁	整備
58	∅	戸袋	整備

図3.11、図3.13-図3.16：保存修理工事報告書より転載

3 日本における文化財民家建築の修理事例の検討

図3.11 修理前 ヒヤ東面

図3.12 修理後 ヒヤ東面

図3.13 修理前 背面

図3.14 修理後 背面

図3.15 修理前 タカジキ南面

図3.16 修理後 タカジキ南面

293

巻末資料

M03　関家住宅

所在地　　大阪府大阪市平野区加美鞍作町
建立年代　主屋：17世紀前半　書院：18世紀後半
修理年度　2005
修理内容　解体修理
修理方針　各建物をそれぞれ建築当初の姿に復原
　　　　　位置は現状通り

表3.3　関家住宅　変更要旨

主屋

	修理前	修理後	根拠
1	∅	独鈷石 2005頃以降	地下遺構の保存措置
2	東端1間＋上部小屋組(18世紀)	∅(側柱2本挿入)	当初番付＋材種＋表面加工＋工法
3	柱2本＋土台＋柱間装置	突出部	材種＋工法
4	床組＋間仕切(明治以降)	∅	材が新しい＋家相図
5	柱＋間仕切＋床組(1958)	1間張り出し床	間取／根太彫＋角釘穴残存
6	流し(1958)	流し	当初本間のみ板壁であった点から推定
7	根太天井(明治期)	∅	丸釘使用＋納まりが悪い
8	腰下見板(南面土間部)(18世紀)	ヒシャギ竹腰壁	工法／釘穴＋風食具合＋古写真
9	竈(土間北東隅)	竈(土間棟通り北側東寄り)	発掘調査
10	間柱＋土台(18世紀)	∅	材の寸法＋材種
11	差鴨居	差鴨居(高さ変更)	痕跡
12	上がり段＋切目長押	∅(根太木口を見せる)	丸釘使用
13	式台(明治中期)	∅	当初痕跡なし
14	下屋廊下	∅	当初痕跡なし
15	書斎＋廊下(1940)	∅	当初痕跡なし
16	便所(1954)	∅	当初痕跡なし
17	畳	∅	床板は台鉋仕上げ・表面が煤けている
18	炉(床下)(明治中期)	∅	丸釘使用
19	風呂場＋洗面所＋間仕切(1958)	突出部	当初側柱北面に間渡穴
20	畳	∅(板敷)	17に倣う

	修理前	修理後	根拠
21	コタツ(1958)	囲炉裏	痕跡なし／家相図(1871)をもとに推定
22	柱＋板壁＋押入(1958)	柱＋押板構＋板壁	押板仕口＋羽目板穴溝＋寄せ仕口＋板溝＋胴縁穴
23	柱＋間仕切(1940)	∅	間取り
24	物入(1940)	∅	間取り
25	トコ＋棚＋押入(1940)	∅	間取り
26	竿縁天井(1940)	∅	間取り
27	押板＋間柱	二連のトコ構え	当初トコ框・寄せ残存・無目鴨居
28	間仕切＋柱＋天井(1958)	∅	
29	土台(明治以降)	∅(礎石建ち)	工法
30	小屋組(土間)(明治中期)	小屋組	牛梁上に梁の取り付け痕跡＋桁行梁の断片残存
31	∅	竹簀子天井(上屋梁上)	工法
32	せがい(南面軒)(18世紀以降)	∅	風食具合＋工法
33	∅	小屋貫＋土壁	貫材断片残存＋間渡穴
34	寄棟造	入母屋造	古写真(昭和初期)＋工法＋当初扠首残存
35	棟瓦覆い	竹簀子巻＋破風板＋妻竪板張	類例

図3.17、図3.18：保存修理工事報告書の図面を基に作成

3　日本における文化財民家建築の修理事例の検討

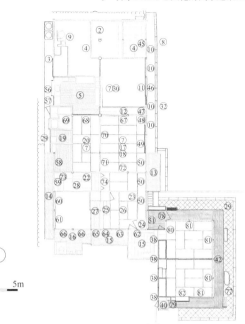

図3.17　変更前　平面図

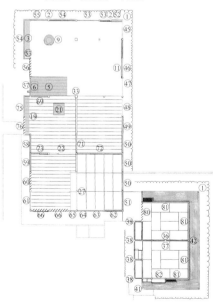

図3.18　変更後　平面図

巻末資料

書院

	修理前	修理後	根　拠
36	∅	柱	柱頂部・足元が切断されて束として残存
37	欄間(1926)	土壁小壁	墨書／飛貫の切断後＋間渡穴
38	北面下屋柱4本	柱を切り縮める	柱に継手＋継手位置に旧柄
39	天井(1926)	天井(一段下がる)	竿縁天井廻縁の欠き込み
40	床＋棚(大正末～昭和初期)	∅	書院便所と一連の仕事
41	∅	柱	柱頂部が切断されて束として残存
42	縁切目長押＋縁板	縁板(高さ変更)	丸釘使用／当初縁葛が転用されて残存
43	小屋組	小屋組(勾配・構造変更)	当初材一部残存＋痕跡
44	鉄板葺(1926)	茅葺	茅負竹の竹栓痕跡

主屋　柱間装置

	修理前	修理後	根　拠
45	鉄格子窓	土壁	間渡穴
46	ガラス戸＋板戸＋上部ガラス格子欄間	板戸片引	戸当たり＋鴨居止釘穴(建具の形態は推測)
47	ガラス窓	土壁	間渡穴
48	戸袋	土壁	間渡穴
49	格子窓＋板戸＋障子	格子＋障子	敷居痕跡(建具の形態は推測)
50	障子	板戸＋障子	3本溝敷鴨居痕跡／(建具の形態は推測)
51	石膏ボード／障子	板戸＋障子	材が新しい(建具の形態は推測)
52	∅	板戸片引	柄仕口(建具の形態は推測)
53	∅	土壁	間渡穴
54	∅	無双窓	不明
55	∅	土壁	不明
56	ガラス窓	板戸	当初土壁(建具の形態は活用を考慮して決定)
57	ガラス窓	土壁＋無双窓＋板壁	間渡穴＋板壁小穴(窓は痕跡なし)
58	ガラス戸	板戸引込＋間柱＋土壁	59に倣う
59	ガラス戸	板戸引込＋間柱＋土壁	間渡穴
60	ガラス戸	板戸引込＋間柱＋土壁	間渡穴(建具の形態は活用を考慮して決定)
61	ガラス戸	土壁	間渡穴
62	板壁＋間柱＋襖戸片開	土壁＋間柱＋格子窓＋板壁	間渡穴＋窓無目敷居痕跡＋板壁小穴(建具の形態は推測)
63	障子	土壁	間渡穴
64	障子窓＋間柱＋木摺漆喰壁	土壁	間渡穴
65	木摺漆喰壁＋板壁	土壁	間渡穴

書院

	修理前	修理後	根　拠
66	木摺漆喰壁＋石膏ボード	襖子	当初土壁(建具の形態は活用を考慮して決定)
67	板戸	∅	当初痕跡なし
68	板戸	∅	不明
69	間柱＋土壁＋板戸	板戸	敷居痕跡(建具の形態は推測)
70	障子	∅	当初痕跡なし
71	障子	板戸	建具形式推定
72	帯戸	板戸	2本溝鴨居残存(建具の形態は推測)
73	板戸両開＋引出＋間柱＋板戸片開	板壁＋間柱＋板戸引込	胴縁穴／間柱・板戸は推定
74	両折襖口	∅	当初土壁／活用のため開放
75	∅	土壁	不明
76	∅	袖土壁＋板	当初土壁と推定(建具の形態は活用を考慮して決定)

書院　柱間装置

	修理前	修理後	根　拠
77	雨戸	∅	縁葛仕口
78	障子戸片開	∅	当初痕跡なし
79	板戸片開	∅	当初痕跡なし
80	襖	襖子	当初不明(建具の形態は活用を考慮して決定)
81	ガラス戸	障子	建具形式は活用のため
82	障子＋上部板欄間	袖板壁＋障子＋上部嵌殺	中敷居痕跡＋板小穴(建具の形態は推測)

図3.19：保存修理工事報告書より転載

3　日本における文化財民家建築の修理事例の検討

図3.19　修理前　全景

図3.20　修理後　全景

巻末資料

M04　本芳我家住宅

所在地　　愛媛県喜多郡内子町

建立年代　**1889**

修理年度　**2006**

修理内容　**部分修理＋屋根葺替**

修理方針　**1995年頃の改造以前の姿に復原**
　　　　　＋居住するための設備の整備

　修理後、所有者が本建物に生活する計画があったため、中古復原と共に設備の新設が行われた。復原によって、建物が数世帯が住む貸家になった時期の改造が撤去され、一家族が生活していた頃の間取りに戻されたため、修理方針は建物の活用に適合していると評価できる。

表3.4　本芳我家住宅　変更要旨

1階

	修理前	修理後	根　　拠
1	六畳間 (1955)	∅	材が新しい＋痕跡＋土間たたき残存
2	格子戸嵌殺し (1955)	格子戸＋板戸	溝＋痕跡＋踏石残存／格子戸が上芳我家住宅主屋に倣う
3	矩折に曲がる縁 (1955)	一直線の縁	当初材が転用されて残存＋仕口＋痕跡＋布石が残存
4	箱階段＋板床 (1955)	∅ (別途保管)	
5	襖＋土壁 (1955)	∅	材が新しい
6	畳	床下収納庫	当初材が転用されて残存＋仕口＋痕跡
7	押入	棚＋引出	痕跡＋柄穴
8	間仕切	∅	材が新しい
9	畳 (1955)	土間＋縁 (板間的土間)	コンクリート土間残存＋床框残存＋痕跡／床は家具を置くため
10	窓(格子戸嵌殺し＋ガラス戸) (1955)	差鴨居＋格子戸＋ガラス戸	溝＋柄穴＋痕跡／建具が上芳我家住宅主屋に倣う
11	畳	炉	炉の基礎残存
12	間仕切＋柱	∅	工法＋材が新しい
13	鴨居	鴨居を下げる＋長押＋襖	溝＋断片残存＋痕跡／建具が調整
14	押入	違棚	痕跡
15	障子	∅	痕跡
16	障子	裏白戸＋障子	痕跡／建具が上芳我家住宅主屋に倣う

	修理前	修理後	根　　拠
17	ガラス戸	格子戸＋板戸	痕跡／建具が転用されて残存
18	障子戸嵌殺し	裏白戸	蝶番残存＋痕跡／建具が転用されて残存
19	土壁	ガラス窓付格子戸	敷鴨居残存＋溝／建具が転用されて残存
20	ガラス戸	障子	痕跡
21	∅	ガラス戸	
22	ガラス戸＋板戸嵌殺し	ガラス戸＋板戸＋戸袋	敷鴨居残存＋痕跡
23	ガラス戸嵌殺し	土壁	痕跡
24	板戸	襖	蝶番残存／建具が上芳我家住宅主屋に倣う
25	ガラス戸	障子	痕跡
26	畳＋台所	板張り＋床＋便所＋風呂＋台所	住み続けるための設備

図3.21、図3.22、図3.25、図3.26：保存修理工事報告書の図面を基に作成

298

3 日本における文化財民家建築の修理事例の検討

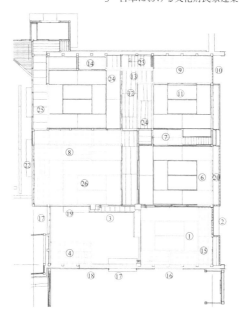

図3.21 変更前 一階平面図

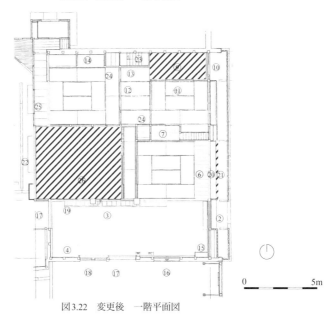

図3.22 変更後 一階平面図

巻末資料

2階

	修理前	修理後	根拠
27	間仕切 (1955)	∅	材が新しい＋工法＋ 天井・床板が一連
28	∅ (1955)	襖	鴨居、長押、吊束が残存＋ 敷居が転用されて残存＋ 痕跡／襖が転用されて残存
29	畳	箱階段の 昇降口	部材が残存＋痕跡＋ 部材が転用されて残存
30	板戸 (1955)	土壁	壁貫、壁小舞穴
31	一間幅の 箪笥	一間半幅の 箪笥	工法＋痕跡＋ 引出が別途保管
32	押入 (1955)	∅	工法
33	昇降口＋ 揚げ開き板戸	昇降口＋ 引込戸	痕跡
34	襖片引	襖引違	敷鴨居残存＋襖残存
35	土壁	襖	敷鴨居残存＋工法／ 襖が転用されて残存
36	襖	板戸	敷鴨居残存／ 板戸が転用されて残存
37	襖	板戸	敷鴨居残存／ 板戸が松の間南面に倣う
38	ガラス戸	裏白戸	痕跡＋材が新しい／ 裏白戸が東側に倣う
39	土壁	板戸	痕跡＋建具が調整
40	ガラス窓	土壁	痕跡＋工法

外壁

	修理前	修理後	根拠
41	腰板壁 (1955)	海鼠壁	痕跡＋材が一部残存＋写真

図3.23、図3.24：保存修理工事報告書より転載

図3.23　修理前　1階食事の間から西を見る

図3.24　修理後　1階食事の間から西を見る

3 日本における文化財民家建築の修理事例の検討

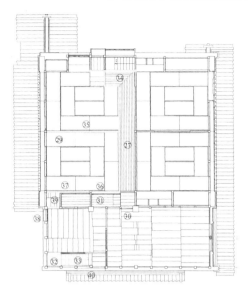

図3.25 変更前 二階平面図

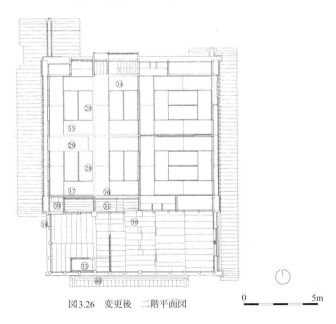

図3.26 変更後 二階平面図

巻末資料

M05　大村家住宅

所在地　　愛媛県喜多郡内子町

建立年代　主屋：寛政年間（1789~1800）

　　　　　　裏座敷：1885

修理年度　2009

修理内容　解体修理

修理方針　各建物をそれぞれ建築当初の姿に復原

　　　　　　＋居住するための設備の整備

　北側に隣接して建つ本芳我家住宅と同様に修理後も所有者が住み続けるので、設備を新設すると共に建物の復原が行われた。ただし、主屋と裏座敷をそれぞれ当初の姿に復原したため不整合性が生じており、また復原の方針は住居の機能と矛盾しており、復原よりも現状修理の方針が適切であったと思える。

表3.5　大村家住宅　変更要旨

居住環境

	修理前	修理後	根　拠
1	∅	断熱材（床下根太間）	居住のための整備
2	∅	ガラス戸	居住のための整備
3	舞良戸	障子	居住のための整備（当初開放）
4	土間＋台所（昭和初期）＋間仕切	フローリング＋台所風呂＋便所	居住のための整備（当初土間）
5	ガラス戸	壁	居住のための整備（当初土壁）
6	格子	壁	居住のための整備（当初土壁）
7	土壁	壁	居住のための整備（当初土壁）
8	ガラス戸	ガラス戸（室内側）	居住のための整備（当初部）
9	∅	ガラス戸（室内側）	居住のための整備（当初部）
10	階段（ナカノマ北東隅）	階段（南ミセノマ南東隅）	居住のための整備（当初南ミセノマ南東隅に梯子）

正面

	修理前	修理後	根　拠
11	ガラス戸	蔀（上戸外に吊り上げ／下戸落とし込み）	辺付痕跡＋吊金具痕＋横猿穴
12	∅	蔀（上戸外に吊り上げ／下戸落とし込み）	辺付痕跡＋吊金具痕＋横猿穴
13	∅	蔀（上戸外に吊り上げ／下戸潜戸付）	吊金具痕／推定
14	ガラス戸	土壁	貫穴＋間渡穴
15	ガラス戸	板戸＋障子	3本溝
16	縁＋庇柱＋雨戸（1851~1870）	持送付き腕木庇	工法＋風食具合
17	ガラス戸	持送付き腕木庇	工法＋風食具合
18	上り框＋板間	持送付き腕木庇	工法＋風食具合

図3.27、図3.28：保存修理工事報告書の図面を基に作成

302

3 日本における文化財民家建築の修理事例の検討

図3.27 変更前 1階平面図

図3.28 変更後 1階平面図

303

巻末資料

他

	修理前	修理後	根拠
19	床組＋間仕切＋造作	∅	
20	∅ (1851〜1870)	一間張り出し	
21	茶の間 (1933)	板間	
22	釜屋(梁間二間)(1905)	釜屋(梁間一間)	
23	風呂(1923)	木小屋	
24	切目縁＋押入	榑縁	
25	片開戸	∅	
26	襖	土壁	

図3.31-図3.34：保存修理工事報告書より転載

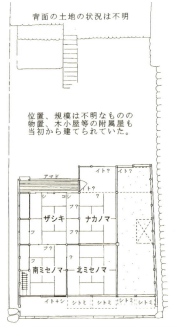

図3.29　主屋建築当初（1789〜1800）推定配置図

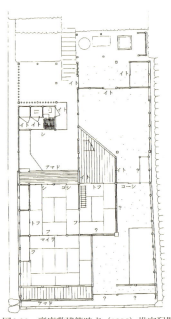

図3.30　裏座敷建築時点（1885）推定配置図

3　日本における文化財民家建築の修理事例の検討

図3.31　修理前　正面

図3.32　修理前　正面　南より

図3.33　修理後　正面　南より

図3.34　修理後　座敷1階内部　東から見る

図3.35　主屋建築当初　正面推定立面図

305

巻末資料

M06　旧平田家住宅

所在地　　山梨県北杜市小淵沢町
建立年代　**17世紀後期**
修理年度　**1992**
修理内容　**移築・解体修理**
修理方針　**当初復原**

　1969年、当家が新居を建設した以降、本建物は住居としての機能をなくし物置となっていた。今回、現地で保存するのは困難と判断したため、郷土資料館構内に移築し、当初の姿に復原した。復原によって、土間に張り出していたイドコ（1804~1818年頃増築）、アガリハナとスイジバ（1887年頃増築）を撤去し、土間北側にウマヤを再現した。改造の歴史的価値は失われたが、当初ウマヤの梁組・柱の形態と寸法が痕跡に基づいて判明し、確実性の高い復原を達成した。

表3.6　旧平田家住宅　変更要旨

外廻り

	修理前	修理後	根　　拠
1	半間張り出し（江戸末期）		工法
2	∅	柱	柱が切断されて束として残存／枘穴／礎石／掘立穴
3	ガラス戸	板戸片引	楣仕口
4	ガラス戸	土壁	貫穴
5	∅	土壁	正面側対応部分に倣う
6	∅	土壁	貫穴
7	板戸＋障子	敷鴨居仕口／建具整備
8	障子	小脇壁＋板戸片引	貫穴＋楣仕口
9	縁＋庇（明治中期）	∅	工法＋風食具合
10	障子	土壁	貫穴

土間部・土台・庇

	修理前	修理後	根　　拠
11	モノオキ＋フロ（文化・文政）	∅	
12	梁組（文化・文政）	梁組	当初材が転用されて残存＋痕跡
13		厩栓棒	厩栓棒穴
14	土台（南側面・背面南から端二間）	柱を延ばし礎石建てにする	風食具合＋工法
15	縁	土庇	垂木掛け残存＋類例

	修理前	修理後	根　　拠
16	曲がり材を用いた添え柱	土庇＋庇柱3本	風食具合＋類例

間取・造作

	修理前	修理後	根　　拠
17	イドコ・アガリハナ・スイジバ		工法＋材が新しい＋煤け具合
18		地炉・クド	発掘
19	押入	∅	材料が新しい＋丸釘使用＋当初敷鴨居残存
20	差鴨居＋管柱＋板壁＋障子		工法
21	∅	囲炉裏	囲炉裏の石組
22	トコ＋天袋	土壁	材料が新しい＋丸釘使用／貫穴
23	襖	トコ＋天袋	落掛・トコ框仕口＋天袋敷鴨居仕口＋トコ柱足元残存
24	内法長押（18世紀初頭）	∅	長押取付位置と貫との間隔にばらつきがある
25	棹縁天井（18世紀初頭）	∅	廻縁と貫との間隔にばらつきがある
26	根太天井（文化・文政）	∅	廻縁と貫との間隔にばらつきがある
27	斜め天井板（明治）	∅	
28	畳	∅	床板下に防風の目板が打たれている＋当初畳寄痕跡なし

3　日本における文化財民家建築の修理事例の検討

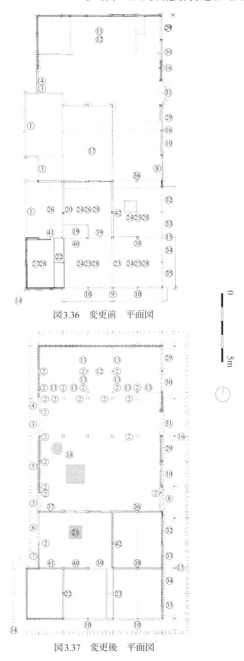

図3.36　変更前　平面図

図3.37　変更後　平面図

307

巻末資料

柱間装置

	修理前	修理後	根拠
29	ガラス窓	土壁	貫穴
30	無双窓	土壁	貫穴
31	大戸(ガラス戸)	大戸(板戸)	楣残存＋敷居仕口

	修理前	修理後	根拠
32	障子	袖壁＋板戸＋障子	胴縁穴＋敷鴨居残存／建具整備
33	障子	板戸＋障子	敷鴨居残存／建具整備
34	障子	板戸＋障子	建具整備
35	障子	中敷居＋袖壁＋板戸＋障子＋板壁	中敷居仕口＋胴縁穴＋建具整備

	修理前	修理後	根拠
36	障子	板袖壁＋板戸	胴縁仕口／建具整備
37	∅	板袖壁＋板戸	胴縁仕口／建具整備
38	帯戸	板戸	整備
39	板戸片開＋板壁	板壁	板溝
40	板壁	板戸	敷鴨居残存／建具整備
41	板壁＋板戸片引	板戸	敷居残存／建具整備
42	障子	板戸	整備

図3.36、図3.37：保存修理工事報告書の図面を基に作成
図3.38-図3.43：保存修理工事報告書より転載

図3.38　修理前　正面

図3.39　修理後　正面

3 日本における文化財民家建築の修理事例の検討

図3.40 修理前 土間よりアガリハナを見る　図3.41 修理後 土間より居室部を見る

図3.42 修理前 背面　　　　　　　　　図3.43 修理後 背面

巻末資料

M07　藤岡家住宅

所在地　奈良県奈良市元興寺町
建立年代　江戸後期
修理年度　1998
修理内容　解体修理
修理方針　当初復原

　奈良町の町屋で紙類の商売を行い、修理後も個人所有の建物である。復原によって1957年に設けた正面側のガラス窓・タイル張りの壁を撤去して別当保存されていた揚店・蔀を再び設置し、また茶室・ミセの内装を整え、建物の文化的意義を明確化したと評価できる。

表3.7　藤岡家住宅　変更要旨

正面

	修理前	修理後	根　　拠
1	腰タイル張りのガラス窓(1957)	∅	後設
2	ガラス戸(1957)	∅	後設
3	板壁+柱	物入(柱+庇柱+土壁)	柱柄穴+間渡穴

土間部

	修理前	修理後	根　　拠
4	∅	柱+土壁	柄穴+礎石+間渡穴+貫穴+壁止めのための狭間石
5	床組+板張	床組+畳	丸釘使用／根太大入穴+工法+畳の擦り傷
6	作業場(明治中期)	∅	丸釘使用
7	物入(明治末~大正期)	∅	丸釘使用+煤け具合
8	∅	半間の張り出し	痕跡(敷地の都合で当初の姿の代わりに明治中期の姿に復原する)
9	広敷	∅	材が新しい+磨減具合+地覆・延石残存
10	∅	縁(60cm延ばす)	束残存
11	∅	竈	発掘／類例
12	∅	流し	発掘(8との関係上、明治中期の姿に戻す)

居室部

	修理前	修理後	根　　拠
13	差鴨居+敷居+管柱	管柱(全長を復元する)	工法／柱の足元・頂部残存+番付
14	三畳(南北に長い)	茶室(東西に長い)	痕跡+部材残存(活用を考慮して明治中期の姿に復原する)
15	∅	畳	間取り+畳の擦れ傷
16	押入	∅	工法は雑+天井が一連に続く
17	∅	戸袋	位置が痕跡を元に推定／整備
18	柱	∅	柱真がずれている+柄が短い
19	フローリング	∅	下に当初縁板残存
20	渡り廊下	∅	工法
21	∅	葺降ろし屋根の軒先	渡り廊下を設けるために切除されていた

屋根

	修理前	修理後	根　　拠
22	煙出し	煙出し(60cm北側)	柄穴

柱間装置

	修理前	修理後	根　　拠
23	∅	下方揚店/上方部	肘金穴+戸当たり
24	∅	(板戸)	整備
25	∅	大戸突上	肘壺・肘金残存
26	∅	板戸嵌殺	溝+戸当たり+板戸別途保存
27	∅	下方揚店/上方部	揚店残存+部別途保存
28	板戸嵌殺+合板張	板戸片開	肘壺穴+横桟穴+戸当痕+釘穴

図3.44、図3.45：保存修理工事報告書の図面を基に作成

310

3　日本における文化財民家建築の修理事例の検討

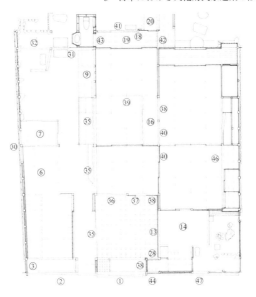

図3.44　変更前　平面図

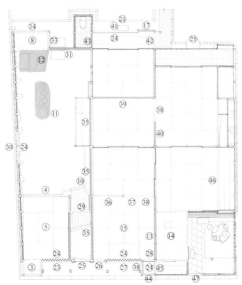

図3.45　変更後　平面図

311

巻末資料

	修理前	修理後	根拠
29	∅	小脇壁付板戸片開	方立柱当たり＋肘金残存
30	高窓（ガラス戸）	高窓（格子嵌殺）	鴨居痕跡なし＋格子痕跡
31	袖板壁＋ガラス戸	袖壁＋板戸＋障子	二本溝鴨居＋戸袋残存＋貫穴／建具整備
32	ガラス窓	∅	窓敷鴨居転用材＋他痕跡なし
33	∅	上方土壁＋下方板壁	貫穴＋間渡穴
34	∅	格子窓＋障子	中敷居・鴨居取付痕
35	ガラス戸	板戸	敷鴨居残存／建具整備
36	障子	板戸＋障子	鴨居三本溝
37	袖板壁＋板戸	土壁	貫穴＋間渡穴
38	合板張／板張	∅	下当初土壁残存

	修理前	修理後	根拠
39	襖4枚	襖3枚	差鴨居3本溝／建具整備
40	土壁	襖	敷鴨居残存
41	ガラス戸片開	雨戸	敷鴨居残存
42	小脇壁付板戸片開	板戸片開	戸当たり釘穴＋横猿穴
43	フラッシュ戸片開	板戸片開	肘金穴＋横猿穴／建具整備
44	格子窓＋下見板張＋板戸嵌殺	格子建込	下見板丸釘止め＋格子当たり
45	∅	土壁	貫穴＋間渡穴
46	襖1枚建込	襖4枚	敷鴨居2本溝
47	板戸片引	板戸片開	楣仕口＋肘金穴＋横猿穴

図3.46-図3.51：保存修理工事報告書より転載

図3.46　修理後　正面

図3.47　修理後　正面

312

3　日本における文化財民家建築の修理事例の検討

図3.48　修理前　ミセ東面　　　　図3.49　修理後　ミセ東面

図3.50　修理前　土間　西より　　図3.51　修理後　土間　西より

313

巻末資料

M08　川打家住宅

所在地　　佐賀県多久西多久町
建立年代　江戸中期
修理年度　1999
修理内容　移築・解体修理
修理方針　クド造りの形態が完成した時点の姿に復原

　佐賀県・長崎県に分布する、コの字型の平面を持つ「クド造り」の民家を代表する建物。正面を通る道路の拡張が計画されたため公有化され移築保存されている。隣にたつ同じクド造りの森家住宅は明治期の姿に復原したので、それとの比較ができるように川打家住宅を18世紀後期の姿に復原した。ただし、復原によって撤去された大正〜昭和期の庇は整然としており歴史的資料かつ建築作品としての価値があったことと、東側面など根拠が少なく復原にあたって推測を含めた部分が多いことを考えると、現状修理の可能性も充分あった。

表3.8　川打家住宅　変更要旨

外廻り

	修理前	修理後	根　　拠
1	瓦葺庇(1953)(大正期から庇あり)	杉皮葺き腕木庇	腕木・持送・方杖痕跡／葺材は間取りによる
2	瓦葺庇(1957)(19世紀初から庇あり)	葺下しの下屋	痕跡／下屋の奥行きは屋根勾配を元に推定
3	瓦葺庇(大正〜昭和期)	葺下しの下屋	当初柱残存＋庇桁転用されて残存＋礎石・根石
4	瓦葺庇(大正期)	葺下しの下屋	当初の垂木掛痕跡なし＋礎石
5	∅	柱	礎石
6	∅	柱	柄穴
7	∅	戸棚	痕跡
8	桟瓦葺庇	杉皮葺庇(75cm低い)	痕跡／葺材は間取りによる
9	一間張り出し＋間仕切り＋上り段	∅	床下に土間叩きが延びている＋框痕跡
10	∅	上がり段	板決＋繋材の断片
11	∅	柱	柄＋床下に柱足元残存
12	∅	杉皮葺腕木庇	腕木・方杖痕跡＋土壁痕跡＋礎石／葺材は間取りによる
13	∅	竈	発掘
14	∅	流し	発掘調査で玉石敷き検出
15	畳	竹床	根太に筋状の当たり
16	∅	囲炉裏	石組残存

	修理前	修理後	根　　拠
17	根太天井(1922年頃)	∅	天井板に目張りされた新聞紙
18	新建材天井	∅	

柱間装置

	修理前	修理後	根　　拠
19	ガラス戸	土壁	貫穴＋間渡穴
20	ガラス戸	格子窓＋障子	間渡穴＋2本溝中敷居＋格子貫痕跡／建具整備
21	トコ框＋落掛	框(15cm上げる)蹴入板＋内法貫	框・蹴入板・内法貫痕跡／落掛痕跡なし
22	方立＋中敷居＋襖	襖	框上＋2本溝＋切断された鴨居残存＋鴨居痕跡／建具整備
23	ガラス戸	袖壁＋板戸	貫穴＋間渡穴＋間柱痕跡／建具整備
24	∅	土壁＋上下二段舞良戸	敷居・中敷居痕跡／建具整備
25	∅	土壁	貫穴＋間渡穴
26	∅	土壁＋無双窓	貫穴＋間渡穴＋中敷居・鴨居大入穴／建具整備
27	ガラス戸	小脇壁付き大戸	楣痕跡＋小脇板・胴縁痕跡
28	ガラス戸	∅	痕跡なし
29	∅	土壁	整備
30	∅	土壁＋無双窓	整備

314

3　日本における文化財民家建築の修理事例の検討

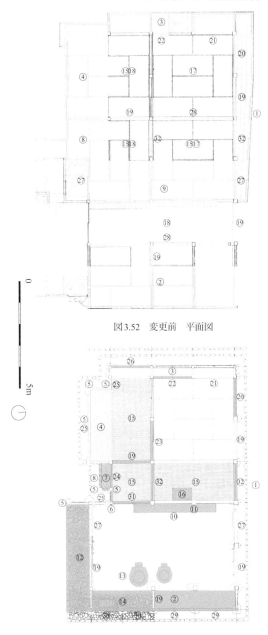

図3.52　変更前　平面図

図3.53　変更後　平面図

315

巻末資料

	修理前	修理後	根　　拠
31	∅	板戸	2本溝差鴨居／建具整備
32	ガラス戸	板戸	整備

図3.52、図3.53：保存修理工事報告書の図面を基に作成
図3.54-図3.61：保存修理工事報告書より転載

図3.54　修理前　正面（北面）

図3.55　修理後　正面（北面）

316

3 日本における文化財民家建築の修理事例の検討

図3.56 修理前 ネドコ南西隅より北東を見る 図3.57 修理後 ネドコ南西隅より北東を見る

図3.58 修理前 背面（南面） 図3.59 修理後 背面（南面）

図3.60 修理前 ザシキよりニワを見る 図3.61 修理後 ザシキよりニワを見る

317

巻末資料

M09　旧高橋家住宅

所在地　埼玉県朝霞市根岸台
建立年代　17世紀末頃
修理年度　2001
修理内容　解体修理
修理方針　当初復原

　本建物は朝霞市の所有で、周辺の敷地と共に公開されている。復原によって間仕切を撤去し、当初の間取り（広間型三間取り）を現し、押板・戸棚等の古い特徴を再現した。東側へ突出する物置が存在していたことが痕跡から判明したが、その桁行きが不明で、推測を含めて復原を行った。

表3.9　旧高橋家住宅　変更要旨
物置・造作

	修理前	修理後	根　拠
1	縁(第二次世界大戦頃)	∅	丸釘使用+聞き取り
2	∅	庇柱	繋梁仕口穴
3	庇(第二次世界大戦頃)	上屋茅葺を葺き下ろす	工法
4	∅	物置	間渡穴+継手+工法／桁行きは特定できない
5	下屋(明治期~大正期~戦後)	∅	材が新しい+丸釘使用+風食具合
6	縁+便所(明治期~大正期)	∅	材が新しい+丸釘使用+風食具合+せがい軒残存
7	土壁の外側に板張	∅	材が新しい+丸釘使用+風食具合+仮設的な納まり
8	南面東より第1~7間に土台	礎石建+各柱間に地覆	材が新しい
9	南面東より第1~4間に内法長押	∅	風食具合
10	張出部+縁(明治期~大正期)	∅	材が新しい+丸釘使用
11	∅	縁	煤け具合
12	竈(昭和末期)+煙抜(明治期~大正期)	竈	発掘調査／工法
13	差鴨居	∅(間柱を復する)	工法／柱が切断されて残存
14	不揃いの内法高さの鴨居	一致する内法高さの鴨居	圧痕
15	天井(明治期~大正期)	∅	材が新しい+丸釘使用+工法

	修理前	修理後	根　拠
16	畳(明治期~大正期)	∅	煤け具合+表面仕上げている床板
17	畳(江戸期)	竹簀	圧痕
18	畳(戦後)	竹簀	聞き取り
19	∅	押板	仕口痕跡+廻縁残存
20	∅	炉	炉框の仕口+地盤面の痕跡
21	長押	∅	工法
22	襖	戸棚	類例を参考とする
23	地袋	∅(トコ框高さを復する)	材が新しい+丸釘使用+仕口
24	屋根鉄板仮葺(1975~1985)	∅	聞き取り
25	∅	棟	古写真

図3.62、図3.65：保存修理工事報告書の図面を基に作成

3 日本における文化財民家建築の修理事例の検討

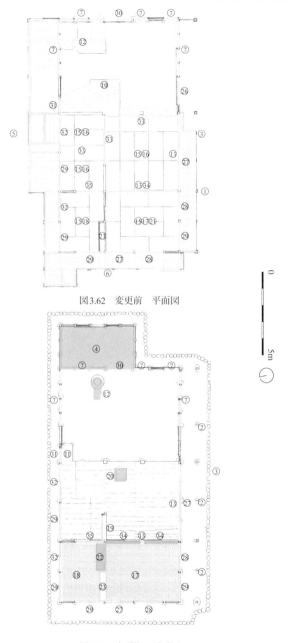

図3.62 変更前 平面図

図3.63 変更後 平面図

319

巻末資料

柱間装置　　　　　　　　　　　　　　図3.66-図3.71：保存修理工事報告書より転載

	修理前	修理後	根　拠
26	ガラス戸	∅	丸釘使用
27	障子＋雨戸＋戸袋	格子窓＋板戸＋障子＋袖壁	痕跡＋当初鴨居残存
28	障子＋雨戸／障子	板戸＋障子／板戸	痕跡
29	障子／襖／板戸	土壁＋付柱	貫穴＋間渡穴＋付柱は束として残存
30	板戸＋土壁＋柱	開放	痕跡
31	ガラス窓	土壁	貫穴＋間渡穴
32	押入(板戸／舞良戸)	板戸＋障子＋袖壁	痕跡＋当初鴨居残存
33	障子	∅	痕跡
34	差鴨居＋帯戸	中柱＋板戸	類似に倣う
35	障子	板戸＋袖壁	貫穴＋間渡穴＋仕口

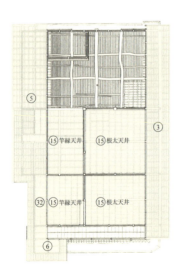

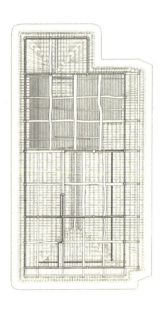

図3.64　変更前　見上図　　　　　　　　　図3.65　変更後　見上図

320

3　日本における文化財民家建築の修理事例の検討

図3.66　修理前　南東面

図3.67　修理後　南東面

図3.68　修理前ザシキ北東面を見る

図3.69　修理後ザシキ北東面を見る

図3.70　修理前デイ北東面を見る

図3.71　修理後デイ北東面を見る

321

巻末資料

M10　平井家住宅

所在地　　茨城県稲敷市紫崎
建立年代　元禄（1688~1704）
修理年度　2002
修理内容　解体修理
修理方針　形態が成立した元禄年間の姿に復原
　　　　　＋活用するための整備

　当家は隣接する新居を生活の場とし、主屋を公開し、書道教室等活用を行っているため上手の部屋に畳を敷き、板戸の内側に障子を設け、一部活用に向けて整備されている。復原を行うことによって特徴的な間取を再現することができたが、台所・便所等の改造を撤去したため近年まで住み続けていた事実が分からなくなる。

表3.10　平井家住宅　変更要旨
外廻り

	修理前	修理後	根　拠
1	∅	室内地盤面	周囲の地盤が嵩上げしている・雨水の進入を防ぐため
2	半間張り出し（明治後期〜戦前）	∅	丸釘＋材が新しい＋家相図
3	∅	柱＋板戸	柱が切断されて残存＋痕跡（建具の形態は推測）
4	楣＋柱＋土壁＋開戸（戦前〜）	袖壁＋片引戸	工法
5	縁廊下（江戸後期〜明治後期）	∅	風蝕具合
6	便所（江戸後期〜明治後期）	∅	工法
7	部屋（1955〜1965）	∅	材が新しい＋姑息的な納まり
8	天井（1955〜1965）	∅	天井裏にせがい軒残存
9	北台所＋風呂場（1965〜1975）	∅	材が新しい＋聞き取り
10	間仕切り	柱＋片袖付き引き戸	柱が切断されて残存
11	∅	棚	痕跡＋風蝕具合（棚の形態は推測）
12	柱	∅	痕跡＋風蝕具合
13	押入（江戸後期〜明治後期）		風蝕具合

	修理前	修理後	根　拠
14	柱2本（江戸後期〜明治後期）	柱1本＋土壁	柱が切断されて残存＋痕跡
15	建具＋雨戸	腰板壁＋土壁	貫穴＋板小穴＋見切板穴＋間渡穴
16	ガラス戸		
17	腰下見板張り＋土壁	腰板壁＋土壁	腰板壁一部残存＋見切板穴＋間渡穴
18	障子＋雨戸＋戸袋	格子窓＋板戸＋内法長押	痕跡（格子は類似による）
19	障子＋雨戸	板戸＋内法長押	痕跡（建具は調整）
20	ガラス窓＋雨戸＋戸袋＋土壁	土壁＋腰板壁＋片引戸	痕跡＋方立残存
21	ガラス窓＋雨戸	格子窓＋腰壁	活用のため整備
22	腰付障子	板壁	痕跡
23	ガラス戸／障子	板戸＋腰壁	板戸調整（障子は活用のため整備）
24	ガラス戸／ガラス窓	土壁	貫穴＋間渡穴
25	下地窓	土壁	貫穴＋間渡穴

図3.72-図3.75：保存修理工事報告書の図面を基に作成
図3.76, 図3.78, 図3.79：保存修理工事報告書より転載

3 日本における文化財民家建築の修理事例の検討

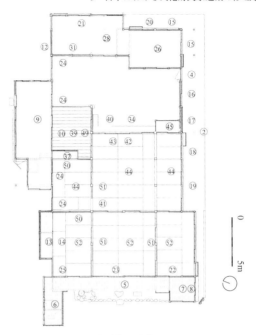

図3.72　変更前　平面図

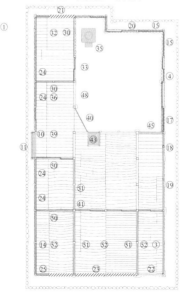

図3.73　変更後　平面図

323

巻末資料

土間部

	修理前	修理後	根拠
26	部屋(1935)	∅	風蝕具合
27	天井	∅	工法
28	部屋+柱(明治後期~戦前)	∅	風蝕具合+工法
29	天井(戦前)	∅	工法
30	∅	柱+土壁	柱を切断して束に転用して残存+番付
31	柱+土壁(江戸後期~明治後期)	∅	柱を切断して束に転用して残存+番付
32	∅	床	柱の煤け具合
33	∅	片引戸+袖壁	痕跡
34	上り縁(明治後期~戦前)	∅	材の仕上げ
35	∅	竈	発掘調査

座敷部

	修理前	修理後	根拠
36	∅	部屋を拡張	痕跡
37	棚(明治後期~)	∅	工法
38	根太天井(江戸後期~明治)	∅	工法
39	床板	床板	風蝕具合
40	∅	床	材の仕上げ+痕跡
41	神棚/一段高くなった天井(明治)	∅/一定の高さの天井	工法

	修理前	修理後	根拠
42	差鴨居+建具(明治後期~戦前)	∅	工法
43	床+天井	炉+天井開放	工法
44	畳	∅	床板が化粧仕上げ+煤け具合
45	物入(明治後期)	無目の敷鴨居	工法+風蝕具合(無目の敷鴨居は工法から推測)
46	根太天井	∅	工法
47	天井	より高い天井	廻縁の仕口
48	∅	開放	痕跡
49	ガラス戸	∅	痕跡
50	板壁	土壁	貫穴+間渡穴
51	ガラス戸/襖/障子/板戸片引	板戸	板戸残存個所と鴨居寸法同じことから建具を推測
52	畳	畳(仮設)	床板が化粧仕上げ+煤け具合(活用のため畳を仮設)
53	土台(江戸後期)	礎石建	工法

小屋組

	修理前	修理後	根拠
54	筋違(江戸後期~明治)	∅	工法
55	繋梁上に上屋梁端部を支持する束	∅	柄穴+あたり痕

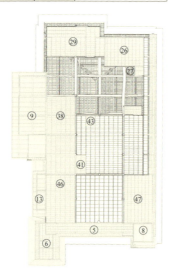

図3.74　変更前　見上図

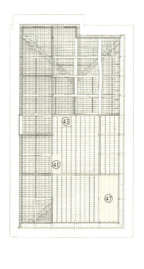

図3.75　変更後　見上図

324

3　日本における文化財民家建築の修理事例の検討

図3.76　修理前　外観　南西隅より

図3.77　修理後　外観　南西隅より

図3.78　修理前　オクより北部屋をみる　　図3.79　修理後　オクより北部屋をみる

325

巻末資料

M11　時国家住宅

所在地　　石川県輪島市町野
建立年代　18世紀中頃
修理年度　2005
修理内容　半解体修理
修理方針　当初復原

　当家は修理以前から別棟に移し、主屋を公開していた。今回、江戸後末期にかけて座敷化したナンド（上手中央部の部屋）のトコを撤去し、建具を土壁に変更し、閉鎖的な空間を再現した。土間に竈の周辺の間仕切、床組を撤去し、構造材の迫力を強調する統一した空間を再現した。式台、正面西隅の下屋庇を復原したが、庇ので、石置板葺のディテールについては一部推測が含まれている。

表3.11　時国家住宅　変更要旨

外回り

	修理前	修理後	根　拠
1	便所＋物置（桟瓦葺）	石置板葺の下屋庇	痕跡＋文書に葺材の記載がある／庇の出等が現状に倣う
2	式台(桟瓦葺＋両袖に漆喰壁付き)	式台(石置板葺＋東側開放)	痕跡＋文書／庇の出、材の寸法が下屋庇を参考にする
3	三間幅の木階	一間幅の据え置き型の木階	痕跡／段数は床高さから推定
4	袖壁＋舞良戸＋障子	袖壁＋舞良戸＋障子	痕跡
5	土壁	舞良戸形式嵌め殺し	風食具合／意匠によって推定
6	縁（江戸後期）	∅	墨書＋工法＋風食具合
7	縁(桟瓦葺)(1934)	石置板葺の下屋庇	痕跡＋文書に葺材の記載がある／庇の出等が現状に倣う
8	∅	塀	湯殿が手掛かりが不十分ので復原しない。庭と裏を仕切るために塀を整備
9	縁板＋ガラス障子	∅	材が新しい＋風食具合＋工法
10	桟瓦葺き	板葺き	文書
11	下屋庇	茅屋根葺き下ろし	工法＋近隣の例
12	叉首垂木＋丸太材の茅負	腕木＋出桁＋茅負（軒の出を復原）	腕木柄穴＋洋釘使用

土間部

	修理前	修理後	根　拠
13	床／上がり段	∅	床框は化粧に仕上げている＋材が新しい
14	板戸（江戸後期）	∅	工法
15	三間半の土間の突出部	三間の板張りの突出部	痕跡＋基礎石／柱割推測／窓を整備
16	帯戸＋上段	∅	煤け具合
17	∅	上がり段（9cm延ばす）	框仕口＋基礎石
18	竈5基	竈	発掘
19	∅	流し	推測

図3.80-図3.81：保存修理工事報告書の図面を基に作成

3 日本における文化財民家建築の修理事例の検討

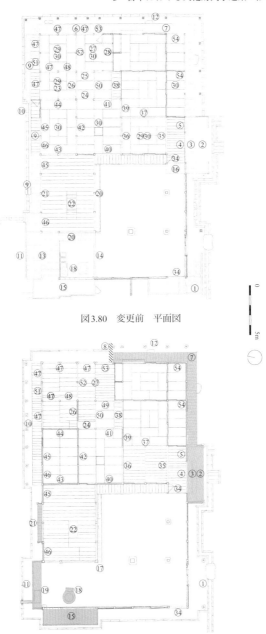

図3.80 変更前 平面図

図3.81 変更後 平面図

巻末資料

座敷部

	修理前	修理後	根　拠
20	舞良戸／舞良戸+障子(江戸後期)	∅	敷鴨居後補
21	障子	膳棚	棚の框・板の仕口／奥行きを推定
22	囲炉裏	囲炉裏	痕跡
23	二階床組+壁+根太天井(江戸後期)	小屋梁+貫	痕跡+梁が切断されて残存
24	襖	棚	痕跡
25	帯戸嵌殺し	∅	敷居の痕跡が無い+墨書
26	襖	間柱+板壁+板戸	柄穴+板溝+敷居が転用されて残存+墨書
27	畳(江戸後期)	板張(他室より一段高い)	煤け具合+痕跡
28	トコ+押入(江戸後期)	∅	工法
29	畳	∅	床板が化粧仕上げ+部屋の性格
30	棹縁天井	∅	工法+煤け具合
31	天井	天井(6cm下げる)	天井廻縁は二重
32	ニワ・メノヘヤ・オクノヘヤ・ゲダンノマの長押(江戸後期)	長押	工法
33	オクノヘヤ・ナンドの長押(江戸後期)	∅	漆塗り残存+煤け具合

柱間装置

	修理前	修理後	根　拠
34	板戸	土壁	小舞穴+貫穴
35	吊束+敷鴨居(開放)	無目(開放)	吊束、敷鴨居後補
36	障子	帯戸	建具転用されて残存
37	襖	帯戸	建具転用されて残存
38	土壁	板壁	板溝+板残存+止釘痕
39	襖	帯戸	鴨居溝幅
40	障子	舞良戸	オオチャノマ・オオヒロマ境に倣う
41	襖一枚嵌殺し	襖三枚突止め	当初敷鴨居残存
42	障子	板戸	鴨居溝幅+部屋の格
43	帯戸	舞良戸	オオチャノマ・オオヒロマ境に倣う
44	襖	板戸	鴨居溝幅+部屋の格
45	障子	板戸+障子	ゴエンザシキ西面に倣う
46	障子	土壁+板戸+障子	51の痕跡に倣う
47	障子	土壁	小舞穴
48	障子	土壁+板戸	小舞穴+敷鴨居痕跡+一本溝の圧痕
49	∅	板壁	板溝+胴縁柄穴
50	板壁	板戸嵌殺し	敷鴨居痕跡
51	障子	土壁+板戸+障子	小舞穴+鴨居圧痕+溝の圧痕
52	襖	土壁	小舞穴
53	土壁+板	土壁	小舞穴
54	板戸+障子	舞良戸+障子	意匠調和

図3.82-図3.87：保存修理工事報告書より転載

3　日本における文化財民家建築の修理事例の検討

図3.82　修理前　外観　南西隅より　　　図3.83　修理前　外観　南西隅より

図3.84　修理前　ニワ背面から南を見る　　図3.85　修理後　ニワ背面から南を見る

図3.86　修理前　オオヒロマからニワを見る　図3.87　修理後　オオヒロマからニワを見る

329

巻末資料－4

日本における文化財寺社建築の修理事例の検討

巻末資料

J01　法華経寺祖師堂

所在地　　千葉県市川市中山町
建立年代　1678
修理年度　1997
修理内容　解体修理
修理方針　元禄年間（1688~1703）の姿に復原

　調査によって小屋組の上部が後世の付加物であることが判明し、残存する当初材に基づいて本来の比翼入母屋造の屋根形式を正確に復原できた。それまで、この屋根形式の建物の事例は岡山県の吉備津神社本殿のみであった。また、安政の大地震（1868年）後に挿入された2本の大虹梁を撤去し、外陣の奥行きを二間に戻すなど、復原によって建物の形態を大きく変更した。

表4.1　法華経寺祖師堂　変更要旨

外廻り

	修理前	修理後	根　拠
1	入母屋造(1741)	鋲葺比翼入母屋造	当初野棟木・野隅木・野垂木・谷樋受け梁・束残存
2	銅板葺	柿葺	当初小舞の仕様／軒付は現状と同じにする
3	∅	谷樋	入隅隅木・谷樋受け梁・野垂木掛残存
4	妻飾	妻飾	小屋束・小屋二重梁に痕跡＋／けらばの出・妻飾の形式を推定
5	箱棟	箱棟	当初野棟木に箱棟束柄穴／棟端飾は現状のものを参考にする
6	丸柱6本＋長押＋格子戸(1931)	∅	刻銘＋材種＋工法
7	受付(戦後)	∅	仮設
8	腰板壁(1931)	∅	洋釘使用
9	桟唐戸＋障子	∅	材が新しい＋洋釘使用
10	内法長押＋蟻壁長押＋金網入欄間(1865~)	吊格子戸＋内法上板壁	中框・敷居・切目長押仕口＋吊金具痕跡＋板溝
11	内法長押＋内法上板壁(1865~)	桟唐戸	方立・小脇板・藁座・楣・蹴放痕跡＋扉軸穴
12	畳(1931)	∅	板床表面仕上げ
13	畳	畳	当初板敷／今後の利用を考えて畳を残す
14	∅(1931)	中框＋腰板壁	中框・無目敷居痕跡
15	床組み＋畳(1931)	板床(脇陣と同高)	材が新しい＋洋釘使用／当初根太欠込み仕口
16	竿縁天井(1931)	∅	工法

	修理前	修理後	根　拠
17	小脇壁	両脇小脇壁	土壁痕跡／口が必要
18	小脇壁	土壁	小舞穴＋土壁跡＋間柱仕口
19	小脇壁＋板戸	両脇小脇壁	土壁痕跡／17に倣う
20	小脇壁＋板戸	袖壁＋板戸	小舞穴＋土壁跡＋半柱仕口＋辺付・戸当痕跡
21	板壁内側に漆喰壁(1931)	∅	

大虹梁・造作

	修理前	修理後	根　拠
22	床組＋板床(1931)	板床(内陣と同高)	工法
23	西・東須弥壇	西・東須弥壇(元の位置に戻す)	柱に須弥壇框仕口
24	中央須弥壇	中央須弥壇(元の位置に戻す)	
25	大虹梁2本(1865~)	∅	材が新しい＋材種(松)＋絵様＋墨書
26	組物＋通肘木(1865~)	天井格縁＋天井板	天井格縁が切断されている
27	繋虹梁2本(後陣)(1865~)	∅	材種＋工法
28	内法長押(外廻)(1865~)	∅	材種＋不同沈下後の仕事
29	木階(6級)	木階(7級)	当初材一部残存＋痕跡

332

4　日本における文化財寺社建築の修理事例の検討

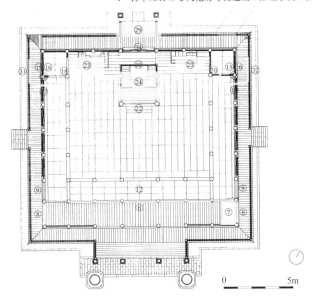

図4.1　変更前　平面図

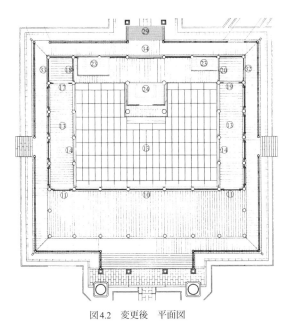

図4.2　変更後　平面図

巻末資料

柱間装置

	修理前	修理後	根　拠
30	桟唐戸 (1865～)	桟唐戸 (藁座付き)	風食具合+痕跡
31	障子 (中敷居)		使用上整備
32	花頭窓 (1931)	板壁+ 片引板戸	材は新しい／ 胴縁仕口+敷鴨居仕口
33	花頭窓 (1931)	板壁	材は新しい／ 胴縁仕口+板溝
34	障子 (1865～)	板戸	材種(松)+材は新しい／2本溝 敷鴨居転用されて残存／建具 不明

図4.1-図4.4：保存修理工事報告書の図面を基に作成
図4.5-図4.8：保存修理工事報告書より転載

図4.3　変更前　梁間断面図　内陣中央

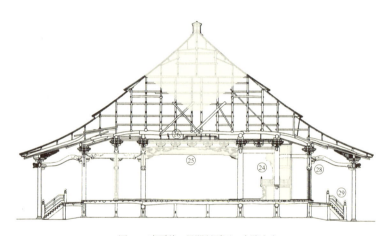

図4.4　変更後　梁間断面図　内陣西面

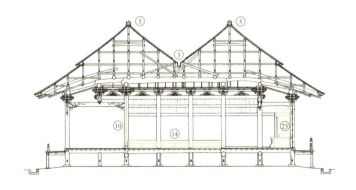

334

4 日本における文化財寺社建築の修理事例の検討

図4.5　変更前　正側面　南西

図4.6　変更後　正側面　南西

図4.7　変更前　内陣正面

図4.8　変更後　内陣正面

335

巻末資料

J02　飯盛寺本堂

所在地	福井県小浜市飯盛
建立年代	**1489**
修理年度	**1997**
修理内容	**解体修理**
修理方針	**建物を1713年の最も整った姿に復原**

　修理に当たって屋根形式を寄棟造から入母屋造に変更したが、残存していた部材からは屋根勾配のみを判明した。当初の屋根形式は宝形造または入母屋造だと考えられるが、周辺の民家に倣って入母屋造とした。また、建物の背後に崖があるため、落雪を考慮に入れて妻入とした。さらに、修理前の仏壇を撤去し当初の仏壇・須弥壇を復原し、宗教行事の際に脇陣から内陣が見えるように脇陣・内陣境の板戸・板壁を別途保存し、格子戸を設けた。

表4.2　飯盛寺本堂　変更要旨

外廻り

	修理前	修理後	根　拠
1	寄棟造 (1907)	入母屋造	勾配を束から判明／類例に倣って入母屋にする／敷地の都合から妻入にする
2	桟瓦葺 (1907)	茅葺	屋根勾配より推測
3	鉄板葺 (向拝) (1948)	柿葺	屋根勾配より推測
4	仏壇 (1794)	須弥壇	框・板・地覆痕跡＋繰型が当たりから判明／猫足を実肘木に倣う
5	仏壇 (1794)	仏壇	根太掛け・板掛け残存＋天板・地覆・際束痕跡
6	格縁(天井) (1907)	∅	丸釘使用
7	竿縁(天井) (1907)	∅	丸釘使用
8	∅	棚	框・束の枘穴
9	板戸 (1713)	格子戸	宗教行事用の必要から格子戸を仮設／板戸を別当保管
10	板壁 (江戸時代)	格子戸	宗教行事用の必要から格子戸を仮設／板壁を別当保管
11	賽銭箱＋ 板壁(1713)	格子戸	宗教行事用の必要から格子戸を仮設／賽銭箱＋板壁を別当保管

図4.9-図4.12：保存修理工事報告書の図面を
基に作成
図4.13-図4.18：保存修理工事報告書より転載

336

4　日本における文化財寺社建築の修理事例の検討

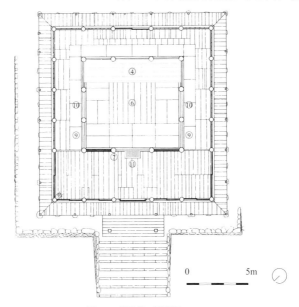

図4.9　変更前　平面図

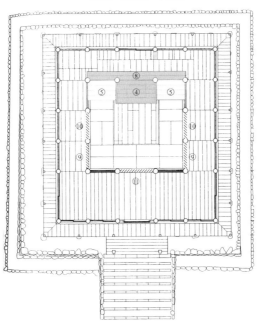

図4.10　変更後　平面図

巻末資料

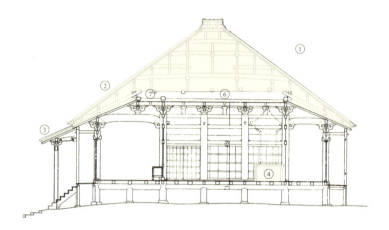

図4.11　変更前　桁行断面図

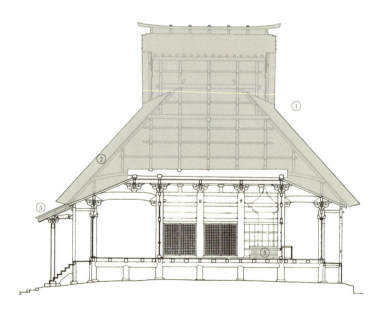

図4.12　変更前　桁行断面図

338

4 日本における文化財寺社建築の修理事例の検討

図4.13　修理前　正面　　　　　　　　図4.14　修理後　正面

図4.15　修理前　東側面　　　　　　　図4.16　修理後　東側面

図4.17　修理前　内陣　　　　　　　　図4.18　修理後　内陣

339

巻末資料

J03　竹林寺本堂

所在地　　広島県東広島市河内町
建立年代　1511
修理年度　1989
修理内容　解体修理
修理方針　建物が完成された1548の姿に復原

　本建物において、本来の屋根の上に後世小屋組が継ぎ足されていた。今回の修理に当たってこれを撤去し、残存していた当初材をもとに棟を本来の長さに戻し、当初の屋根形式を復原した。また、背面および両側面後方に突出していた仏壇・位牌壇を撤去し、内陣・外陣境に格子戸を設け、後補の軒支柱を撤去した。

表4.3　竹林寺本堂　変更要旨

外廻り

	修理前	修理後	根　拠
1	継ぎ足された小屋組(1724)	∅	工法
2	小屋組(17世紀末)	小屋組(棟を2.4m延ばす)	棟木・束・母屋が切断されている+痕跡+工法
3	茅葺(1724)	こけら葺	当初野小舞に竹釘残存
4	棟	鬼板付け箱棟	類例に倣う

柱間・装置

	修理前	修理後	根　拠
14	格子戸(1724)	板壁	板溝
15	板戸(1724)	板壁	板溝
16	丸竹を渡した結界(1879)	格子戸	敷居・辺付痕跡／建具形式不明
17	漆喰壁(内法上方)	∅	材が新しい+風食具合

外部・輪郭

	修理前	修理後	根　拠
5	縁(四周)(1724)	縁(正面+両側面前端間)	縁板・隅叉首痕跡+風食差／出・縁束の割が不明
6	高欄(1724)	∅	
7	軒支柱(1724)	∅	
8	向拝(1874)	∅	墨書
9	切石積基段(明治期)	∅	内側に自然石基段残存
10	正面階段(明治期)	正面階段(石段一級を足す)	当初の形式が不明
11	仏壇(19世紀末)	内法貫+上方土壁+下方板溝	工法／内法貫が切断されて残存+上方間渡穴+下方板溝
12	位牌壇(1912)	内法貫上方土壁+下方板溝	工法／内法貫残存+上方間渡穴+下方板溝
13	∅	内法貫(母屋梁行内法)	貫穴+内法貫端部・楔残存

図4.19-図4.22：保存修理工事報告書の図面を基に作成
図4.23-図4.28：保存修理工事報告書より転載

340

4 日本における文化財寺社建築の修理事例の検討

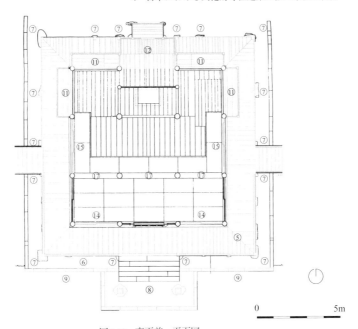

図4.19　変更前　平面図

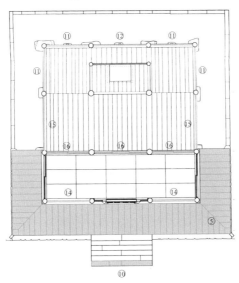

図4.20　変更後　平面図

341

巻末資料

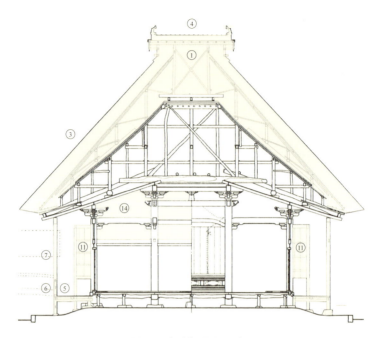

図4.21　変更前　桁行断面図

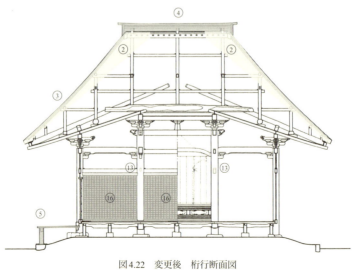

図4.22　変更後　桁行断面図

4　日本における文化財寺社建築の修理事例の検討

図4.23　修理前　境内全景

図4.24　修理後　境内全景

図4.25　修理前　内陣見返し　　　　図4.26　修理後　内陣見返し

図4.27　修理前　背面　北東より　　図4.28　修理後　背面　北東より

343

巻末資料

J04　寳林寺仏殿

所在地　　静岡県浜松市北区細江町
建立年代　1667
修理年度　1990
修理内容　解体修理
修理方針　当初復原

　修理前、屋根は寄棟造となっていたが、小屋組に当初の切断された束および妻面の部材が転用されて残存していたため、本来の入母屋造の屋根の形態を判明でき、これを復原した。ただし、本建物が類例の少ない黄檗宗の建築であるため、形式が不明であった棟、螻羽、妻飾、懸魚について京都の萬福寺に倣う必要があった。平面においては変更が少なく、失われていた須弥壇もやはり萬福寺のものにならって再現した。

表4.4　寳林寺仏殿　変更要旨

外廻り

	修理前	修理後	根　　拠
1	寄棟造 (1885)	入母屋造	前包・支外垂木・妻組残存 ＋当初束切断されて残存
2	∅	妻飾 (二重虹梁 大瓶束)	前包・妻組肘木残存＋ 大斗・板斗栱痕跡／ 萬福寺の類例
3	∅	けらば (3支)	支外垂木転用されて残存／ 推定
4	桟瓦葺	杮葺	竹釘・杮板断片・ 軒付板発見
5	∅	破風板	萬福寺に倣う
6	∅	懸魚	萬福寺に倣う
7	棟	棟	萬福寺に倣う
8	下見板張り (1907〜)	∅	洋釘使用＋材が新しい＋ 風食具合
9	板囲(1954)	∅	材が新しい
10	金撞台	∅	転用材使用＋ 仕口を造らない
11	∅	須弥壇	寸法・束割が当たりによる ／細部が萬福寺の須弥壇に 倣う
12	竿縁 (竿縁天井)	∅(鏡天井)	工法は粗雑＋煤け具合＋ 洋釘使用

図4.29-図4.32：保存修理工事報告書の図面を
基に作成
図4.33-図4.36：保存修理工事報告書より転載

4　日本における文化財寺社建築の修理事例の検討

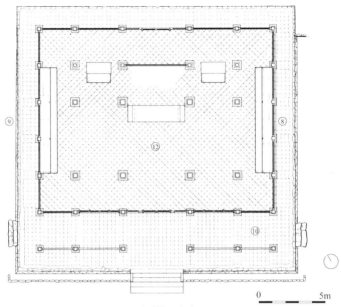

図4.29　変更前　平面図

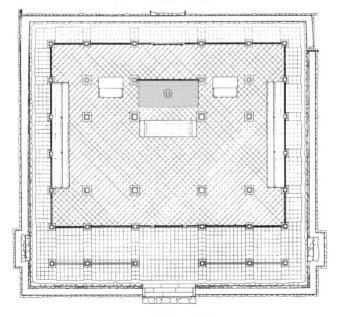

図4.30　変更後　平面図

巻末資料

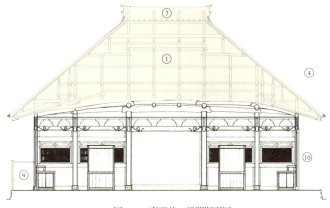

図4.31 変更前 梁間断面図

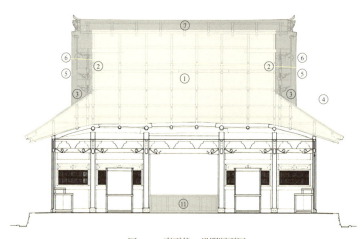

図4.32 変更後 梁間断面図

4 日本における文化財寺社建築の修理事例の検討

図4.33 修理前 南東より

図4.34 修理後 南東より

図4.35 修理前 内部背面通り　　　図4.36 修理後 内部背面通り

347

巻末資料

J05　清水寺本堂

所在地　　島根県安来市清水町

建立年代　1393

修理年度　1991

修理内容　解体修理

修理方針　当初復原

　　　　　小屋は資料が不充分のため現状修理

　　　　　縁は宗教活動のため現状修理

　本建物は数回に渡って改造を受けているが、今回は基本的に当初復原が行われた。ただし、小屋組は当初材が残存しないため本来の形式を判明できず、また縁は宗教活動に不可欠であるため、これらについては現状修理が行われた。

表4.5　清水寺本堂　変更要旨

外廻り

	修理前	修理後	根　拠
1	向背(1886)	∅	材が新しい＋納まり姑息的＋古図(1868)＋発掘調査
2	柱	∅	材が新しい＋他の柱より細い
3	柱＋斗栱	柱＋斗栱(一間南に移す)	礎石残存
4	大虹梁(1886)	∅	材が新しい＋工法
5	虹梁	虹梁(一間南に移す)	内々陣の柱と共に
6	虹梁	頭貫＋飛貫	材が新しい＋仕口が姑息／貫穴
7	∅	頭貫＋飛貫＋内法貫	貫穴
8	梁	梁(長い)	材が切断されている
9	∅	斗栱	柄穴
10	∅	来迎壁	板溝＋柄穴／仕様が不明
11	仏壇(造り付け)(1886)	置仏壇	框・化粧束転用されて残存／ディテール不明
12	∅	鏡天井	天井桁切断されて残存＋小釘穴／形式推定
13	∅	格天井	天井桁に格縁仕口
14	床(24cm高い)(1886)	床(他と同高)	材が新しい＋当初床板当たり
15	床(6cm低い)(1886)	床(他と同高)	材が新しい＋当初床板当たり
16	畳	∅	畳寄せ・当たり・風食なし
17	小部屋＋ツシ二階(1886)	∅	材が新しい＋工法
18	間仕切	∅	当初痕跡なし
19	∅	格子戸	無目・中敷居・鴨居仕口＋際束当たり／建具形式は内・外陣境に倣う

	修理前	修理後	根　拠
20	∅	中框＋腰板下方	無目・中框・腰板仕口
21	∅	板壁	板溝
22	∅	袖板壁＋板戸	無目・中敷居・鴨居仕口＋板溝＋辺付＋止釘穴
23	内法長押(正面＋両側面前から第4柱まで)	内法長押(7.5cm上に移す)	当初襟輪欠き仕口
24	内法長押(背面＋両側面前第4柱から後方)	∅	当初仕口・風食差なし
25	虹梁(江戸末期)	頭貫	当初仕口残存

柱間装置

	修理前	修理後	根　拠
26	∅	軸吊長押＋桟唐戸	長押転用されて残存＋長押仕口＋小脇板溝／建具形式を類例に倣う
27	∅	連子窓	上下框仕口／ディテール推定
28	∅	板壁	板溝
29	格子窓(1886)	格子窓＋上連子窓	中敷居・鴨居・框仕口／窓形式推定
30	格子窓(1886)	框＋連子窓	上下框仕口
31	板戸＋欄間(1886)	板壁	板溝
32	板壁	袖板壁＋板戸	鴨居の風食差＋板溝

348

4 日本における文化財寺社建築の修理事例の検討

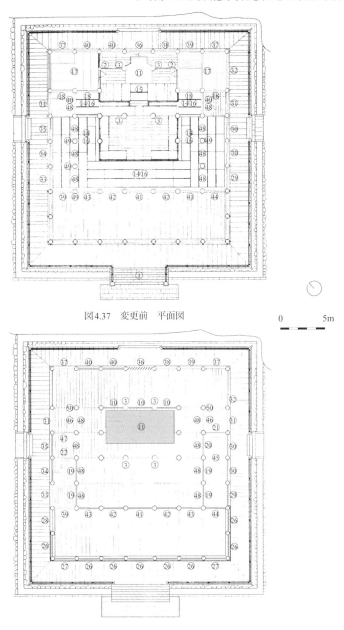

図4.37 変更前 平面図

図4.38 変更後 平面図

349

巻末資料

	修理前	修理後	根拠
33	格子窓(1886)	板壁	板溝
34	格子窓(1886)	袖壁+板戸+障子	中敷居・鴨居仕口+板溝+2本溝
35	格子窓(1886)	袖壁+板戸+上連子窓	敷鴨居・欄間上框枘穴+板溝+辺付止釘穴／欄間形式が類例に倣う
36	桟唐戸(1886)	桟唐戸	当初板戸／建具形式は活用のため
37	連子窓(1886)	板壁	板溝
38	連子窓(1886)	板壁	当初闘伽棚／中古板溝／痕跡不足のため中古の板壁を復原する
39	板戸(1886)	板壁	板溝
40	連子+障子(1886)	連子窓	上下框当たり+中古框転用されて残存
41	蔀+虹梁+板欄間(1886)	格子戸嵌殺+飛貫+内法貫+吹寄菱欄間	無目・中敷居仕口+貫穴／飛貫内法貫転用されて残存／建具形式中古材を基に推定
42	蔀(1886)	格子戸嵌殺	無目・中敷居仕口／建具形式中古材を基に推定
43	板戸	格子戸	無目・中敷居仕口+2本溝鴨居当たり／建具形式推定
44	板戸	格子戸	無目・中敷居・鴨居仕口／建具は41〜43に倣う

	修理前	修理後	根拠
45	∅	無目鴨居+上方板壁	鴨居仕口+板溝
46	障子	板壁	板溝
47	∅	袖壁+板戸	枘穴+鴨居仕口+板溝
48	筋違(飛貫・内法貫)(1886)	板壁	板溝
49	根肘木	∅	仕口は後彫
50	∅	根肘木	当初根肘木仕口+巻斗当たり

軒

	修理前	修理後	根拠
51	軒(1840)	軒(9cm縮める)(軒反りを変更する)	当初軒廻部材は転用されて残存／飛檐軒の反りを推定

図4.37-図4.40：保存修理工事報告書の図面を基に作成
図4.41-図4.44：保存修理工事報告書より転載

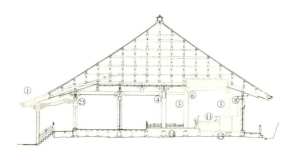

図4.39　変更前　梁間断面図

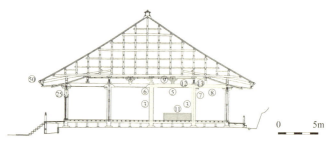

図4.40　変更後　梁間断面図

350

4　日本における文化財寺社建築の修理事例の検討

図4.41　修理前　境内全景

図4.42　修理後　境内全景

図4.43　修理前　内陣　　　　　　　図4.44　修理後　内陣

351

巻末資料

J06　寛永寺清水堂

所在地　　東京都台東区上野公園
建立年代　1631
修理年度　1996
修理内容　解体修理
修理方針　1694移築時の姿に復原

　本建物が1694年に現地に移築された後、外陣に段差を入れて結界を造り、内陣両脇に小部屋を設ける等の改造を受けていたが、今回の修理に当たってこれらを全て撤去した。また、正面の蔀、外陣・内陣境の格子戸など、建具をもとの形式に復原した。

表4.6　寛永寺清水堂　変更要旨

外廻り

	修理前	修理後	根　拠
1	間仕切(1904〜)	∅	丸釘使用
2	間仕切(江戸後期)	∅	方立柱等の納まりが姑息的
3	天井(1904〜)	∅	丸釘使用
4	天井(江戸後期)	∅	後設の天井の上に内陣の天井が一連に張られている
5	床組(高められた部分)	∅	工法
6	畳	板床	工法
7	結界＋造り付け賽銭箱	∅	
8	須弥壇(1904)	須弥壇(75cm延ばす)	仕口＋止釘穴

図4.45-図4.48：保存修理工事報告書の図面を基に作成
図4.49-図4.54：保存修理工事報告書より転載

柱間装置

	修理前	修理後	根　拠
9	折板戸(1904)	蔀	丸釘＋漆塗状況／無目鴨居残存＋吊金具・辺付跡／形式は背面格子戸に倣う
10	舞良戸(1904)	蔀	丸釘＋漆塗状況／無目鴨居残存＋吊金具・辺付跡／形式は背面格子戸に倣う
11	蔀(縦線のみ)(1904)	蔀(9・10と同形式)	背面格子戸に倣う
12	舞良戸(1936)	板壁	丸釘使用／板溝
13	ガラス窓(1936)	板壁	丸釘使用／板溝
14	花頭窓(1904)	板壁	丸釘使用／板溝
15	板壁(明治期)	∅(嵌殺格子戸を現す)	丸釘使用
16	ガラス戸(1904)	格子戸	漆塗状況／2本溝中敷居痕跡／建具形式整備
17	障子(1904)	格子戸＋障子	3本溝鴨居残存／建具形式16と調和する
18	∅	格子戸＋障子	3本溝鴨居当たり／建具形式16と調和する

屋根

	修理前	修理後	根　拠
19	一重裏甲	二重裏甲	転用された当初茅負に残る痕跡
20	棟(胴部漆喰塗＋両端獅子口)(1924)	棟(熨斗積)	1892年『東京名所図絵』
21	鬼瓦	鬼瓦	床下に江戸時代後期のものと考えられる鬼瓦残存
22	翼廊(〜1896)	∅	江戸時代の絵図に描かれていない

352

4 日本における文化財寺社建築の修理事例の検討

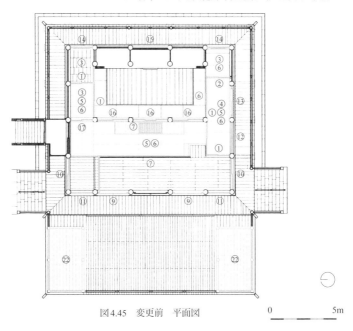

図4.45 変更前 平面図　　0　　　5m

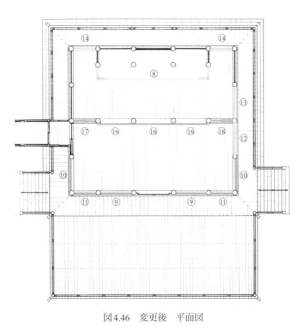

図4.46 変更後 平面図

353

巻末資料

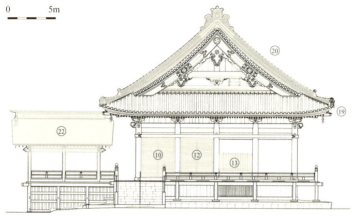

図4.47　変更前　南側面図

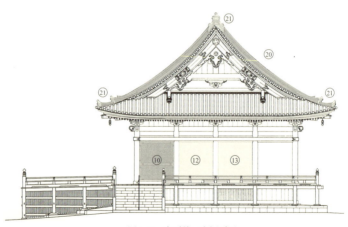

図4.48　変更前　南側面図

354

4 日本における文化財寺社建築の修理事例の検討

図4.49 変更前 正面

図4.50 変更後 正面 北より

図4.51 変更前 外陣

図4.52 変更後 外陣

図4.53 変更前 南側面

図4.54 変更後 南側面

355

巻末資料

J07　雨錫寺阿弥陀堂

所在地　　　和歌山県有田郡有田川町
建立年代　　1514
修理年度　　1997
修理内容　　解体修理
修理方針　　現状修理：天井・小屋組
　　　　　　当初復原：外回り・厨子・軒先・棟
　　　　　　新　　設：軒化粧裏板・裏甲・腰板壁

　建築当初は建具がなく、天井も張られておらず未完成な建物であった。その後、堂内に天井を張り、建具が一時期設置されたが、修理前の時点で建具が欠損していた。今回、外廻りに後世取り付けられた敷鴨居、物入を撤去し当初の姿を復原したが、天井は現状通りとした。当初からなかった軒化粧裏板・裏甲を挿入した以外、建物を基本的に完成させず修理した点に注意する必要がある。

表4.7　雨錫寺阿弥陀堂　変更要旨

外廻り

	修理前	修理後	根　　拠
1	物入(1789〜)	∅	工法
2	物入(近代)	腰板壁	丸釘使用／当初開放／腰板壁は他の間に倣う
3	角柱2本(1759)	角柱2本	角柱仕口穴＋扉軸穴＋肘木風食差
4	両折板唐戸(1759)	板唐戸両開＋竪板壁	竪板壁が転用されて残存
5	軒先	軒先(納まりを変更)	母屋の当たり
6	∅	裏甲	茅軒付の見切が必要
7	∅	軒化粧裏板	当初は張る計画があった／天井に防火層を設けるために必要
8	棟(鉄板巻)	棟(杉皮茅束＋巻き竹)	近在の類例に倣う
9	長押＋方立＋鴨居(開戸＋引違戸失)(1789〜)	∅	材が新しい
10	地貫＋内法貫＋間柱(部欠失)(1789〜)	∅	材が新しい
11	敷鴨居(引違戸欠失)(近代)	∅	丸釘使用

	修理前	修理後	根　　拠
12	窓鴨居(建具欠失)(近代)	∅	丸釘使用
13	鴨居＋鴨居上板壁＋辺付(開戸欠失)(近代)	∅	丸釘使用
14	敷鴨居＋鴨居上板格子(引違戸欠失)(近代)	∅	丸釘使用

図4.55-図4.58：保存修理工事報告書の図面を基に作成
図4.59-図4.62：保存修理工事報告書より転載

4　日本における文化財寺社建築の修理事例の検討

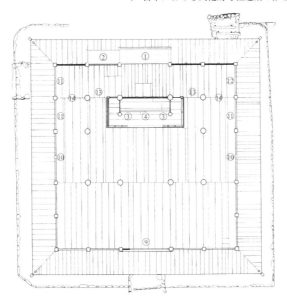

図4.55　変更前　平面図

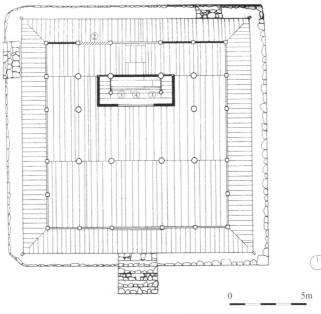

図4.56　変更後　平面図

巻末資料

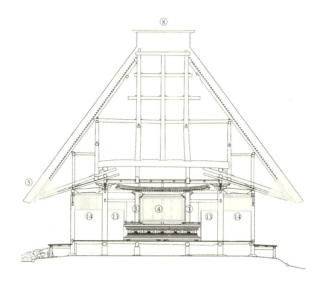

図4.57　変更前　桁行断面図

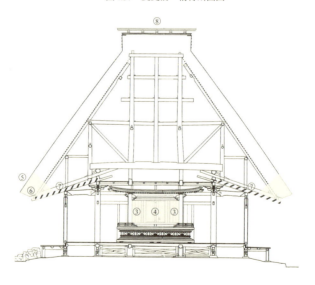

図4.58　変更後　桁行断面図

358

4　日本における文化財寺社建築の修理事例の検討

図4.59　修理前　北東隅

図4.60　修理後　北東隅

図4.61　修理前　背面　　　　　図4.62　修理後　背面

359

巻末資料

J08　飯高寺講堂

所在地　　千葉県匝瑳市飯高

建立年代　1651

修理年度　2002

修理内容　半解体修理

修理方針　当初復原
　　　　　見え隠れ部分の後補の構造補強を残す

　修理前、屋根は寄棟造になっていたが、小屋組に当初の束の切断された部分が転用されて残存し、また野垂木、梁も残存していたため、当初の矩勾配の入母屋屋根を忠実に復原することができ、建物のイメージは大きく変更された。ただし、箱棟、懸魚、破風板、鬼板の形態は類例に倣う必要があった。また、部分的に二重となっていた板床を撤去し、失われていた建具を復原した。

表4.8　飯高寺講堂　変更要旨

外廻り

	修理前	修理後	根　　拠
1	寄棟造（勾配7寸）（1899）	入母屋造（矩勾配）	当初小屋束・梁残存＋切断された小屋束・野垂木は転用されて残存
2	∅	妻飾（木連格子）	前包・格子下框・竪組子・化粧裏板を小屋内に発見＋風食具合
3	∅	破風板	位置は痕跡から判明／寺蔵絵図／大きさは類例に倣う
4	∅	懸魚	寺蔵絵図／類例に倣う
5	棟	棟（箱棟）	野棟木転用されて残存＋葺材＋寺蔵絵図
6	∅	棟両端飾（鬼板）	類例に倣う
7	鉄板葺	とち葺	天井裏からとち板発見＋葺足は風食差から判明

造作

	修理前	修理後	根　　拠
8	木階（2級）	木階（3級）	上り框の成＋柱の風食差
9	木階（ささら桁形式）	木階（ささら桁形式）	段板掛け柄穴／階段の出が現状を踏襲
10	切目縁（1885）	布縁（縁束割1.9m）	転用された当初縁葛に根太仕口／縁束の風食差＋礎石
11	間仕切（1872）	∅	材が新しい＋天井・長押が通っている
12	物入（1872）	∅	材が新しい
13	板床（板＋根太＋板）（1872）	畳（上層の床板撤去）	工法／下層の床板は荒床

	修理前	修理後	根　　拠
14	板床（根太二重＋板床）（1922）	∅（中央部と同高）	丸釘使用
15	板床（板＋根太＋板）（1876）	（下層の板床を現す）	下層の板床は拭き板
16	板床（板＋根太＋格子戸2枚＋板）（近年）	（下層の板床を現す）	工法＋間取り
17	板床（板＋根太＋板）（1922〜）	畳（上層の床板撤去）	工法／下層の床板は荒床

柱間装置

	修理前	修理後	根　　拠
18	無目敷居	∅（框成復旧）	当初框の仕口＋風食差
19	小壁（建築後間もなく）	∅	風食具合
20	舞良戸＋小壁	∅	丸釘使用＋小舞穴は元文改造土時の特徴
21	窓（舞良戸＋障子）（1738）	∅	風食具合＋辺付釘穴
22	菱欄間＋小壁	菱欄間（鴨居16cm上げる）＋小壁	仕口＋竪框・組子切断されてる
23	∅	格子戸	2本溝鴨居残存
24	格子嵌殺	格子戸引き違い	

4　日本における文化財寺社建築の修理事例の検討

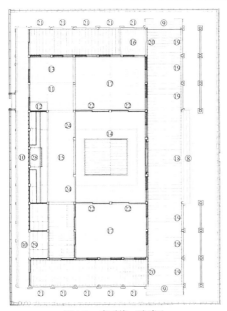

図4.63　変更前　平面図

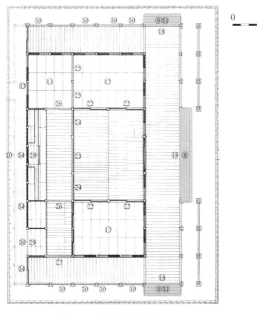

図4.64　変更後　平面図

巻末資料

	修理前	修理後	根　拠
25	∅	舞良戸	敷き鴨居寸法は仏間東間と同
26	∅	舞良戸	3本溝敷鴨居残存＋同様の落書のある舞良戸残存
27	板戸	板戸＋障子	3本溝敷鴨居残存／南側間に倣う
28	板戸(仏壇下納戸)	板戸(鴨居を下げる)	痕跡＋工法
29	ガラス窓	板壁	材が新しい＋丸釘使用
30	竪格子(床下)	板壁(床下)	丸釘使用／板決り残存
31	∅	板壁(床下)	板穴＋板溝＋板決り＋地覆目違
32	格子戸嵌殺(床下)	板壁(床下)	丸釘使用／板決り残存
33	簓子下見板(床下)	格子	丸釘使用／簓子柄穴＋下見板止釘穴
34	格子(床下)	簓子下見板(床下)	簓子柄穴＋下見板止釘穴

図4.63-図4.66：保存修理工事報告書の図面を基に作成
図4.67-図4.70：保存修理工事報告書より転載

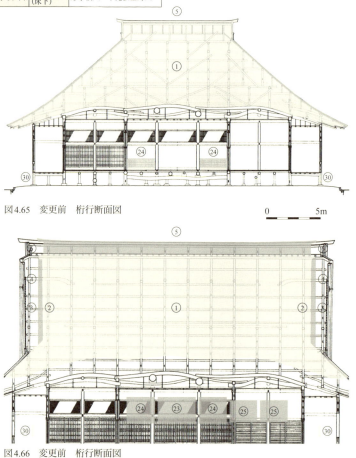

図4.65　変更前　桁行断面図

0　　　5m

図4.66　変更前　桁行断面図

362

4　日本における文化財寺社建築の修理事例の検討

図4.67　修理前　南東より

図4.68　修理後　南東より

図4.69　修理後　中座を南東より見る　　図4.70　修理後　中座を南東より見る

363

巻末資料

J09　泉福寺仏殿

所在地	大分県東市国東町横手
建立年代	1524
修理年度	2007
修理内容	解体修理
修理方針	1694の姿に復原

　今回の解体修理以前に本建物が三度の大修理を受けているため当初の屋根形式は判明できず、一部類例に倣って小屋組を中古の形式に復原した。屋根葺材を鉄板葺きから茅葺きに戻した。また修理前の仏壇を撤去し、残存する痕跡をもとに復原時点の形態の仏壇と須弥壇を再現したが、仏壇の花頭窓などの詳細は類似に倣って作った。

表4.9　泉福寺仏殿　変更要旨

外廻り

	修理前	修理後	根　　拠
1	仏壇 (江戸末期～ 明治初期)	板床	根太掛仕口＋床板決り
2	∅	花頭口	額縁・框痕跡／ 花頭口を類例に倣う
3	∅	板壁	辺付・框取付痕＋板溝
4	∅	須弥壇	框痕跡＋床の風食差＋ 基礎石を抜き取った跡／ 詳細を類例に倣う
5	桟唐戸 (外開)	桟唐戸 (内開)	藁座・落とし金具取付跡＋ 扉摺れ跡
6	ガラス戸 (1938)	土壁	間渡穴＋竪貫穴＋筋違柄穴 ＋漆喰土壁跡
7	小屋組 (1938)	小屋組 (形式変更)	扠首の痕跡＋部材一部残存 ／詳細は類例に倣う
8	鉄板葺 (1938)	茅葺	古図・古写真・小屋組形式

図4.71-図4.74：保存修理工事報告書の図面を
基に作成
図4.75-図4.78：保存修理工事報告書より転載

364

4　日本における文化財寺社建築の修理事例の検討

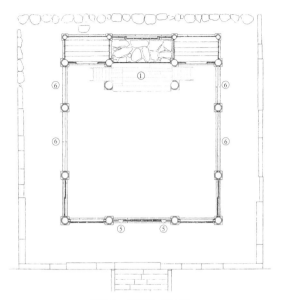

図4.71　変更前　平面図

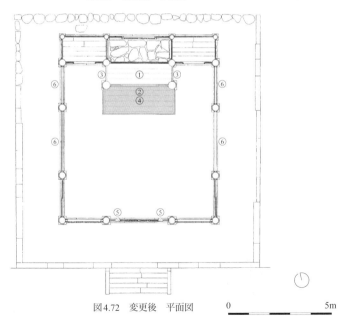

図4.72　変更後　平面図

巻末資料

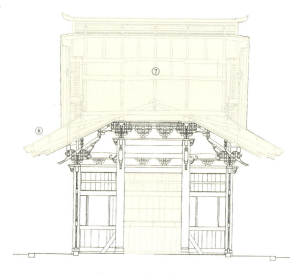

図4.73　変更前　桁行断面図

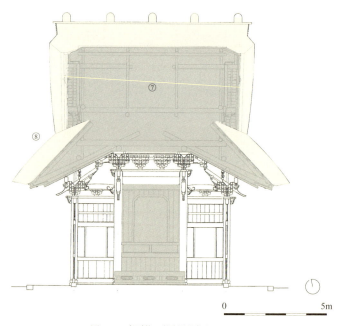

図4.74　変更後　桁行断面図

4 日本における文化財寺社建築の修理事例の検討

図4.75 修理前 外観

図4.76 修理後 外観

図4.77 修理前 内部正面

図4.78 修理後 内部正面図4.

367

巻末資料

J10　龍福寺本堂

所在地　　山口県山口市大殿大路

建立年代　**1479**

修理年度　**2012**

修理内容　**解体修理**

修理方針　**当初復原**

　　　　　　小屋組は1521の形式に復原

　本建物は本来天台宗の寺院の本堂であったが、1881年に現在地に移築するに伴い曹洞宗の本堂となり大きく改造された。そのため、当初の天台宗特有な平面は失われていたが、修理前開放になっていた内陣・外陣境に板扉、正面に蔀を復原した。また、本堂に接続していた下屋・渡り廊下等を撤去し、須弥壇を元の形態に戻し、小屋組を一部推測を含めて中古の形態に復原した。今回挿入した正面中央間の蔀は管理を補助するために吊り上げ装置（電動）によって開閉できる点が興味深い。

表4.10　龍福寺本堂　変更要旨

造作

	修理前	修理後	根　拠
1	須弥壇（一間幅）(1881)	須弥壇（三間幅）	当初材が転用されて残存＋墨書＋痕跡＋古図
2	下屋(1881)＋渡り廊下	∅	縁繋・隅叉首の痕跡
3	縁（三面）	縁（四面、出は43cm大きい）	当初材一部残存、痕跡
4	高欄	高欄	痕跡／意匠は現状の高欄を踏襲
5	石階＋側桁階段	木階	当初4面に木階／渡廊下を設けるため2個所に設置／腐朽を避けるため石階
6	内法貫＋内法長押（正面・両側面）	内法貫＋内法長押（40cm高い位置に）	釘痕＋風食具合＋仕口穴
7	∅	内法長押＋切目長押	釘痕＋風食具合
8	∅	頭貫＋内法貫＋通肘木	仕口穴＋部材が一部残存
9	∅	腰長押＋腰貫（脇陣・外陣境）	腰貫仕口＋長押襟輪仕口＋古図
10	∅	腰貫	仕口穴
11	内法貫＋内法長押	内法貫＋内法長押	材種＋内法貫が切断されている
12	∅	間斗束	転用された通肘木に残る痕跡＋他の間が全て間斗束
13	二重床板		材種＋痕跡がない

	修理前	修理後	根　拠
14	床組	床組（大引を撤去＋根太配置を変更）	工法＋痕跡
15	畳	板敷＋畳	当初は板敷き（活用を考慮して畳敷きにする）

柱間装置

	修理前	修理後	根　拠
16	障子(1881)	蔀	柱に決り溝＋地垂木に吊金具痕跡（建具の形態は類似に倣う）
17	障子(1881)	格子戸	2本溝敷鴨居転用されて残存＋古図（建具の形態は類似に倣う）
18	障子(1881)	幣軸構え板扉	当初材一部転用されて残存＋風食具合＋痕跡
19	障子(1881)	竪嵌板	板溝＋痕跡＋当初材一部転用されて残存＋古図
20	襖(1881)	竪嵌板	板溝＋痕跡＋古図
21	∅(1881)	竪嵌板	板溝＋痕跡＋古図
22	∅(1881)	幣軸構え板扉	幣軸・辺付け・楣仕口穴＋風食＋蹴放し転用されて残存＋古図
23	土壁（外廻りの頭貫・内法貫間）	横嵌板	板溝

368

4　日本における文化財寺社建築の修理事例の検討

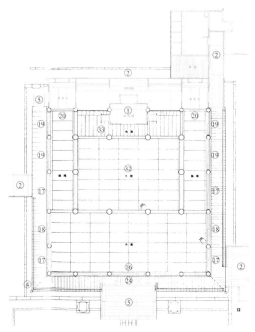

図4.79　変更前　平面図

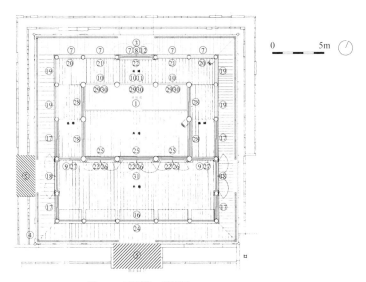

図4.80　変更後　平面図

369

巻末資料

	修理前	修理後	根拠
24	欄間	横嵌板	板溝
25	∅ (1881)	格子戸	2本溝敷鴨居転用されて残存 (建具の形態は類似に倣う)
26	吹寄せ襷欄間	横嵌板	板溝
27	∅	腰貫上連子窓＋腰貫下板戸＋内法貫上横嵌板	板溝＋古図 (建具の形態は推測)
28	∅ (1881)	舞良戸	辺付・樋端当たり＋止釘痕＋古図 (建具の形態は類似に倣う)
29	∅ (1881)	竪嵌板	板溝＋板が転用されて残存
30	欄間	横嵌板	内陣東・西面に倣う

	修理前	修理後	根拠
33	格天井 (1881)	∅	丸釘使用
34	軒廻り	軒廻り (六仕掛・出が20cm大きい)	隅木転用されて残存＋桁材に垂木割を示す釘痕
35	妻飾(土壁)	妻飾(板壁)＋枝外垂木勾配が緩い等	前包痕跡＋板溝
36	小屋組	小屋組	土居桁・野垂木転用されて残存＋貫穴＋墨書番付
37	桟瓦葺	桧皮葺	棟札写し＋記録(軒付の形態は同時代の形式に倣う)
38	棟	棟	県内の類似に倣う

天井・軒廻り・小屋組み

	修理前	修理後	根拠
31	∅	組子(外陣天井桁・通肘木間)	組子は切断されている＋桁に組子を入れる決り
32	格縁2列 (内陣天井) (1881)	∅	材種＋工法

図4.79-図4.82：保存修理工事報告書の図面を基に作成

図4.83-図4.86：保存修理工事報告書より転載

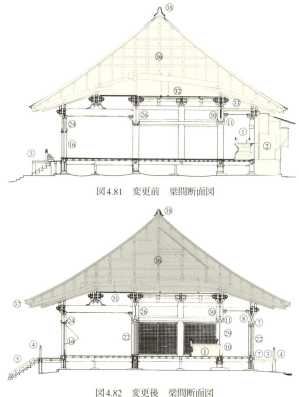

図4.81　変更前　梁間断面図

図4.82　変更後　梁間断面図

4　日本における文化財寺社建築の修理事例の検討

図4.83　変更前　正面

図4.84　変更後　正面

図4.85　修理　外陣　　　　　　　図4.86　修理後　外陣

371

初出一覧

序　章

第I部

  1　建築遺産保存原則の形成過程

  「学界展望　国際保護憲章等にみる文化財建築の保存原則」『建築史学』
  66号、2016

  2　木造建築遺産への保存原則の適応

  「学界展望　国際保護憲章等にみる文化財建築の保存原則」『建築史学』
  66号、2016

  3　建築遺産における「文化的意義」、「真正性」・「完全性」の概念の変
    遷と特質

  「国際的議論から見た木造建築遺産の文化的意義及びその真正性に関
  する考察」『建築の歴史・様式・社会』中央公論美術出版、2018

第II部

  4　ヨーロッパの木造建築遺産保存における基本方針の検討

  「木造建築遺産の修理方針に関する日欧の比較検討（前編――ヨー
  ロッパの修理事例の分析）」『文化財建造物研究――保存と修理』Vol.1、
  2016

  5　日本の木造建築遺産保存における基本方針の検討

  「木造建築遺産の修理方針に関する日欧の比較検討（後編―日本の修
  理事例の分析）」『文化財建造物研究―保存と修理』Vol.2、2017

  6　保存原則の観点から見た木造建築遺産の修理技法の比較検討

結　章

  本書の一部は既発表原稿に基づき、再編集にあたり加筆修正を行った。

口絵カラー図版

  すべて筆者撮影。

あとがき

　本書は、2017年3月に東京大学より博士（工学）の学位を授与された学位論文『木造建築遺産保存の理念と技法に関する日本と西洋の比較研究』を基としたものである。

　本研究課題に取り掛かったのは、スペインから留学した2010年4月以来のことである。当時は日本建築に興味があったものの、基礎知識が全くなく、指導教官である藤井恵介先生の日本建築史の講義を何回も聴くところから始めた。その後、建物の修理現場を見学する機会が与えられ、日本の建築遺産保存の方法に興味を覚えるようになった。本研究の起点は、その当時体験した刺激にある。

　本書は、多くの方々の指導や協力により成り立っている。

　留学して以来、藤井先生からは親身なご指導をいただき、励みとともに常に新たなアイデアとインスピレーションをいただいた。また、ミケル・ランダ先生には、スペイン・ナバラ大学で学部の時からご指導をいただき、遠方にもかかわらず研究を見守り続けてくださった。

　博士課程に進学した2013年から、文化財建造物保存技術協会・技術研修センターにおいてアルバイトをする機会を得た。当時は同センターに濵島正士先生、故村上訥一先生、益田兼房先生、高品正行先生が所属されており、非常に経験豊富な先生方から直接話を伺えるという恵まれた環境で過ごすことができた。センターでお手伝いをさせていただいた3年余りの期間では、3回にわたって開催された「文化財建造物の保存修理を考える」シンポジウムの企画に関わることができた。本書の問題意識は、当時の議論に起因する部分が少なからずある。その他、文化財建造物保存技術協会の多くの職員に協力や助言をいただいた。特に野尻孝明氏、井川博文氏から貴重なコメントや協力をいただいた。

　博士論文を纏める段階では、伊藤毅先生、益田兼房先生、加藤耕一先生、藤田香織先生に審査をご担当いただき、多くの批判と激励をいただいた。

　また、木造建築遺産保存を巡る国際的な議論に関して、日本イコモス木の

あとがき

委員会のメンバーから貴重な情報や意見を得ることができた。特に上北恭史先生には、「ウクライナ木造教会堂群保存手法の構築——日欧校倉造修理工法の比較議論を通して」（科学研究費補助金基盤研究B）の調査に参加する機会をいただき、ロシアおよび東ヨーロッパの木造建築遺産の修理の実態について理解を深めることができた。

　母語ではない言語で著書を執筆することに当たって、東京大学大学院日本建築史研究室のメンバーをはじめ、多くの方々の協力を得た。特に鬼頭貴大氏、萩原まどか氏、佐藤桂氏、宮本隆子氏に、単語や表現の修正のみならず、研究の内容や構造に関するコメントをいただいた。

　また、本書の出版に当たって中央公論美術出版の柏智久氏に貴重な協力と助言をいただいた。

　以上、全ての方に、あらためて深く感謝申し上げたい。

　本書の内容の一部は科学研究費補助金若手研究「伝統的木造建築技術の保存継承に関する日欧比較研究」の成果を含んでおり、出版に当たって科学研究費補助金（研究成果公開促進費）を受けている。ここに記して謝意を表したい。

　極めて未熟の最初の著書であるが、文化遺産保存の課題について視野を広げるために役立つ一冊となれば幸いである。

2019年1月、東京にて

マルティネス　アレハンドロ

The Conservation of Wooden Built Heritage:

A Comparison Between Japan and Europe

Contents

Introduction

1 Background and scope of the research

2 Structure of this dissertation

3 Research object and methodology

4 Literature review

PART I: THE CONSERVATION PHILOSOPHY OF WOODEN BUILT HERITAGE

1 The formation of the conservation principles for built heritage

1 Introduction

2 The origins of the conservation principles in French, English and Italian guidelines of the 19th century

3 The establishment and diffusion of the conservation principles through international charters

4 Conclusions

2 The adaptation of the conservation principles to wooden built heritage

1 Introduction

2 The first proposals for a charter for the conservation of wooden built heritage

3 The ICOMOS International Wood Committee meeting at Kathmandu and the

1999 charter

4 The *Principles for the Conservation of Wooden Built Heritage*

5 Conclusions

3 The cultural significance, authenticity and integrity of built heritage

1 Introduction

2 The evolution of the concept of cultural significance

3 The evolution of the concepts of authenticity and integrity

4 Conclusions

Conclusion to Part I

1 The question of the conservation principles of wooden built heritage

2 The characteristics of the cultural significance of wooden built heritage

3 Different approaches to the conservation of wooden built heritage

PART II: THE CONSERVATION PRACTICE OF WOODEN BUILT HERITAGE

4 Approaches to the conservation of wooden built heritage in Europe

1 Introduction

2 The "life extension" approach

3 The "revitalization" approach

4 Conclusions

5 The Japanese approach to the conservation of wooden built heritage

1 Introduction

2 Correction of deformations

3 Fukugen

4 Comparison of the Japanese and European approaches

5 Conclusions

377

6 Comparative study of repair techniques for wooden built heritage from the standpoint of the conservation principles

  1 Introduction

  2 Analysis of European repair manuals for wooden built heritage

  3 Classification of repair techniques for wooden members with a damaged end

  4 Comparison of repair techniques for wooden members from the standpoint of the conservation principles

  5 Conclusions

Conclusion

  1 The fundamental conflicts in built heritage conservation

  2 The characteristics of wooden built heritage and its conservation

  3 Diversity of approaches to the conservation of wooden built heritage

  4 The characteristics of the conservation of wooden built heritage in Japan

  5 The conservation of wooden built heritage from an international perspective

Bibliography

Annexes

  Annex 1 - Charters for the conservation of wooden built heritage

  Annex 2 - Side by side comparison of the *Principles for the Preservation of Historic Timber Structures* (1999) and the *Principles for the Conservation of Wooden Built Heritage* (2017)

  Annex 3 - Case studies of Japanese wooden built heritage conservation - residential architecture

  Annex 4 - Case studies of Japanese wooden built heritage conservation - religious architecture

Summary

This book is a reflection on the philosophy and the methodology of the conservation of wooden built heritage, from the comparison of the Japanese and European approaches.

The first part (Chapters 1 to 3) deals with the philosophy of conservation: theories, values, and principles. The second part (Chapters 4 to 6) deals with the methodology of conservation: approaches, practices, and techniques.

Chapter 1 revisits how conservation principles became established in Europe from the second half of the 19th century. Successive documents and guidelines in France, England, and Italy introduced the basic conservation principles that are observed still today: "minimum intervention", "maximum retention of material", and "separation and harmonization of new and old elements". These basic principles became accepted worldwide through their diffusion on international conservation charters during the 20th century. In addition, principles such as "using traditional techniques" and "reversibility" were incorporated in the second half of the 20th century.

Chapter 2 examines how these principles were applied to the conservation of wooden built heritage. This task was undertaken by the ICOMOS Wood Committee. Discussions among the specialists of this committee culminated in the redaction of a series of charters; the last one was adopted in 2017. Certain practices, such as the repair through dismantling and reassembly or the use of traditional versus modern techniques, have been the subject of a heated debate during this process.

Chapter 3 examines the concepts of cultural significance, authenticity and integrity related to the conservation of wooden built heritage. The values of heritage

379

buildings were first classified and organized by Alois Riegl, who already pointed out that conflicting values can lead to very different approaches to conservation. Bernard Feilden further expanded the list of values, and introduced the concept of "cultural significance", which emerges when all the values of a heritage building are considered jointly. The term "authenticity" was used very early on in European heritage conservation, but a clear definition was not made until the Operational Guidelines of the World Heritage Convention. However, the definition and evaluation method described in early versions of the Guidelines were considered to lack flexibility and be inadequate to judge the authenticity of certain buildings. The Nara Conference on Authenticity addressed these issues, leading to a new definition in the Nara Document.

Chapter 4 analyzes case studies of repair works of heritage wooden structures in Europe, and proposes that two main approaches can be identified: "life extension" and "revitalization". Repair works taking the "life extension" approach aim at decreasing the rate of decay; the scientific and emotional value of the old material are the target of the conservation efforts, and the deformed state of the structure is understood as part of its cultural significance. Typical repair measures follow the principles of minimal intervention, maximum retention of material and reversibility, and include the addition of reinforcements, shoring and consolidation interventions. This approach is exemplified by the repair works of the stave church of Urnes (Norway) and the roof structure of Le Petit Louvre in La Pacaudière (France). On the other hand, the "revitalization" approach aims at reverting the decay process. The value of the architectural and structural design is prioritized, and repair measures aim at recovering these features as well as the original load-bearing system of the structure. Repair works include the correction of the deformations of the structure and the repair or replacement of decayed members. Traditional materials, tools and techniques are often employed. This approach is exemplified by the repair works of Torre Jaureguia (Spain) and the Church of the Transfiguration in Kizhi Pogost (Russia) .

Chapter 5 analyzes case studies of repair works of heritage wooden

Summary

structures in Japan, concluding that the correction of deformations and the practice of *fukugen* are two main features of the Japanese repair approach. The correction of deformations is not limited to those that directly affect the structural stability; the sinking of the eaves and the deflections of non-structural members are also consistently corrected. This policy is regarded as common practice, to the extent that it is not considered necessary to represent deformations in drawings showing the state of the building before the repair, since it is taken for granted that they will be corrected. This reveals that in Japan deformations are not regarded as a feature that transmits the age value of the building, but only as a pathology. *Fukugen* is the restoration of the building to a former state, often carried out as part of repairs with dismantling and reassembly and also closely related to the thorough correction of deformations. The analysis of case studies shows that in Japan there is a strong tendency to apply this policy, even in cases where it requires removing later additions of architectural and historical value, or when it causes an inconsistency or a conflict with the current use of the building. The prevalence of this tendency reveals that in Japan the academic value of the building from the standpoint of architectural history is given precedence over other values when defining the repair approach. A comparison with the European case studies analyzed in Chapter 4 shows that the Japanese approach is similar to the "revitalization" approach found in Europe. However, the "life extension" approach, which aims at decreasing the rate of decay while keeping the building in its current deformed state, is not found in contemporary Japanese practice. This can be attributed to a combination of factors, including the frequency of earthquakes, the climate, and differences in perception of the cultural significance.

Chapter 6 analyzes the repair techniques for individual timber members described in European wooden architecture repair manuals, and compares them with those usually employed in Japan. Repair techniques can be classified in "replacement" and "addition"; replacement techniques can be further divided in "replacement using carpentry techniques", "replacement using adhesives", and "replacement using materials other than timber". Both in Japan and Europe, all of these techniques are employed. However, in Japan there is a strong preference for "replacement

381

using carpentry techniques". This can be interpreted as the result of an approach to conservation that focuses on keeping the original behavior of the structural system, and an awareness of the value of traditional techniques. From the point of view of conservation principles, there is not a single ideal technique that meets all the requirements of all principles. "Replacement" techniques tend to be more effective to conserve the original behavior of the structure and the design of the building, at the same time applying traditional techniques. "Addition" techniques tend to be less intrusive interventions, and make possible to retain a larger amount of material. Therefore, repair techniques should be selected according to the general approach to repair and the particular circumstances of the member to be repaired.

In conclusion, we can find a variety of approaches and techniques for the repair of wooden built heritage in Japan and Europe. Since wooden heritage buildings often present values of conflicting nature, there is no single approach or ideal technique that can equally conserve all of them at the same time. We can find a larger diversity of approaches and techniques in Europe, where it is possible to identify two opposed approaches ("life extension" and "revitalization") depending on which values are given priority. On the other hand, in Japan there is a tendency to give priority to the value of the architectural design, of the original structural system, and of the traditional building techniques. As a consequence, a more uniform approach is applied: deformations are consistently corrected, and restoration to a previous state is a common practice.

There is no single ideal answer to the question of how to conserve wooden heritage buildings. On the contrary, there is a huge diversity of buildings, values, approaches, and techniques. Understanding this diversity and what lies behind it is the key for handing down our wooden built heritage to future generations.

【著者略歴】

マルティネス アレハンドロ（Alejandro Martínez de Arbulo）
1984 年、徳島生まれ。
2008 年、スペイン・ナバラ大学建築学科卒業。
2017 年、東京大学大学院工学系研究科建築学専攻博士課程修了、博士（工学）。
2016 年、東京文化財研究所文化遺産国際協力センター・アソシエイトフェロー。
2019 年から京都工芸繊維大学デザイン・建築学系　助教。
本書の業績を中心に 2019 年度日本イコモス奨励賞受賞。
イコモス国際木の委員会会員。
著書に『建築の歴史・様式・社会』（共著、中央公論美術出版、2018)、『文化財建造物の保存修理を考える──木造建築の理念とあり方』（共著、山川出版社、2019)、『文化遺産と〈復元学〉──遺跡・建築・庭園復元の理論と実践』（共著、吉川弘文館、2019）など。

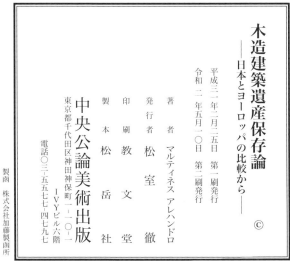

木造建築遺産保存論
──日本とヨーロッパの比較から──

平成三一年二月二五日　第一刷発行
令和二年五月一〇日　第二刷発行

著者　マルティネス アレハンドロ
発行者　松室徹
印刷　教文堂
製本　松岳社

中央公論美術出版
東京都千代田区神田神保町一-一〇-一
IVYビル六階
電話〇三-五五七七-四七九七

製函　株式会社加藤製函所

ISBN 978-4-8055-0861-9